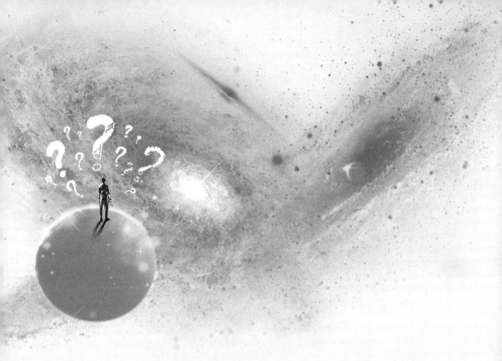

提摩太·凯勒 / 著
吕允智 / 译

Timothy Keller

为何是他
—— 怀疑主义时代的信仰

THE REASON FOR GOD
Belief in an Age of Scepticism

上海三联书店

The Reason For God

Author: Timothy Keller

Originally published in USA by Duton, a member
of Penguin Group Inc. , USA
中文海外简体版《为何是他》吕允智© 2012 CRM. Inc.
中文国内简体版 2014 年由更新传道会授权同意在
中国大陆地区出版

献给我的妻子凯西，
一个勇敢的人

目　录

引　言

—————— 第一部　怀疑的跳跃 ——————

中场时间

第二部　相信的理由

引言

我发现你没有信心——这令我不安。

黑武士,《星际大战》

双方都对

今天,在一般被称为"自由主义"和"保守主义"的两个阵营之间,存在着巨大的隔阂。双方敌我立场鲜明,一方不但要反对另一方,更要鄙视它,说它很疯狂(用最好听的话说),甚至说它很邪恶(用最难听的话说)。这种对立的情况在针对宗教议题时显得特别真实而强烈。追求社会进步的自由主义革新派人士喊叫说,保守主义基要派成长快速,无神论受到非难。他们指出,因为有超大型教会的推动和正统派信徒的支持,所以政治正在趋向右倾。而保守主义人士则不断地谴责这个社会,说现在的社会越来越受怀疑主义和相对主义的影响，许多大学、媒体和精英机构都非常世俗化，但却掌控了文化潮流。

哪一方说的才是对的呢？在今天的世界舞台上，是怀疑主义阵营还是信仰阵营占优势呢？答案是敌对双方说的都是对的：人们对于传统宗教的怀疑、恐惧和愤怒，有越来越强的力量和影响力；然而与此同时，接受健全和正统之传统信仰的人，也一样在增加和成长中。

在美国和欧洲，不上教会的人数一直在增长。[1]美国民调问卷中勾选"无宗教信仰"的人数在飞涨，达到十年前统计数字的两到三倍之多。[2]大约从一个世纪以前开始，大部分美国大学就都正式由以基督教为根基，转变成明显以世俗主义为根基。[3]因此之故，在许多具有文化带动力的组织机构中，传统基督教信仰就渐渐失去影响力了。然而，虽然越来越多的人说他们"没有宗教信仰"，但是有许多被看作过时的教会——即那些仍然相信圣经无误与神迹的教会——在美国却继续增长，并且在非洲、拉丁美洲和亚洲也呈爆炸式增长态势，甚至在欧洲大部分国家里，有些教会的参加人数也在不断增长。[4]除此之外，尽管绝大多数的大学院校盛行世俗主义，但在学术界的某些领域里，有宗教信仰的人数仍有增长：有人估计，在全美国所有的哲学教授和老师中，有百分之十至二十五的人是有正统信仰的基督徒，远超过三十年前少于百分之一的情况。[5]知名学者费什（Stanley Fish）可能早已看到这个趋势，因为他曾说："德里达（Jacques Derrida）过世时（2004 年 11 月），有一位记者打电话问我说，继学术界把高深理论和三大巨头（种族、性别和阶级）当作知性力量的中心之后，接下去的会是什么？我的回答像子弹一样射出：宗教。"[6]

简而言之，宗教在全世界呈现出两极化：一方面是宗教化增强，另一方面是宗教化减弱，这两种趋势正在同时发生。曾经有人坚信，世俗化的欧洲国家将会引领其他国家，而宗教的力量和其超自然的形式将会减弱，甚至完全消失。但是这种认为科技进步必将导致世俗化的理论，现在已经被撇弃或大幅修改了。[7]随着基督教微弱的成长，以及伊斯兰教指数性的成长，欧洲所面对的未来已经不再是世俗化了。

两大阵营

在讨论这个对立的现象时，我的个人经历使我拥有一个特别有利的角度。我成长于美国宾州东部一个主流的路德宗（信义宗）教会。当我在二十世纪六十年代初期成为青少年时，就参加了教会开设的两年坚信课程，内容包括基督徒的信仰、生活、礼仪与历史等，这个课程的目标是帮助年轻人对信仰有全面性的认识，以便可以公开地认信与委身。第一年课程的老师是一位退休的传道人，他非常传统和保守，常常讲到地狱的危险以及我们需要强大的信心；第二年课程的老师是一位刚从神学院毕业的年轻传道人，他热衷于社会行动，对传统的基督教教义充满怀疑。这两位老师几乎使我像是在学习两个不同的宗教信仰。在第一年，我感到我们是站立在圣洁公义的上帝面前，必须尽极大的努力和花极大的代价才能逃脱他的烈怒；然而在第二年，我们听到的是宇宙中一位慈爱的上帝，他对我们的主要要求就是去推动人权，并去拯救那些受压迫的人。那时我对这两位老师有一个最主要的疑问，那就是："你们俩谁在说谎？"但因为当时我只有十四岁，胆子还小，所以就只能保持沉默。

后来我们全家去了另一间更保守的教会，它属于一个较小的循道会宗派。虽然那里的牧师和会友都十分温和善良，但在那几年中，我的信仰观中"地狱之火"的层面被加强了许多。再后来我进入美国东北部的一所大学，是那些优秀的、自由的、小型的大学中的一个，它很快就在我想像的地狱之火上泼了冷水。

这所大学里的历史系和哲学系极受法兰克福学派新马克思主义批判理论的影响，风气是走社会激进路线。在1968年，这是领导风潮的前卫思想。社会行动主义极为吸引人，它对于美国资产阶级社会的批判也很引人注目，但是它的哲学理论基础却让我很困惑。我仿佛感到有两个阵营在我面前，但它们都有很严重的问题——那些热情献身社会公义的人往往在道德上采取相对主义，而那些严守道德主义的人却似乎无视世界上随处可见的欺压现象。我个人情感上倾向于前者的路线，哪个年轻人不是这样呢？——解放受逼迫的人，和你喜欢的人上床！但我一直在问这个问题："如果道德是相对的，那么社会公义不也是一样吗？"我的教授们和其跟随者似乎也就这个问题争闹不休。然而现在我也看到在传统教会中充满着明显的矛盾：我怎么能回到支持美国南方和南非国家之种族隔离政策的这种基督教当中？基督教对我开始显得非常不真实，可是我也找不到另一种人生和思想来安身立命。

当时我并不清楚，这种灵性上的"不真实感"，其实是来自我人生道路上的三重障碍。在我读大学期间，这三重障碍逐渐瓦解，使我的信仰逐渐活泼起来，并且对我的生命也产生了影响力。第一重障碍是知性上的。我曾经面对一大堆有关基督教的难题，例如："为什么其他宗教不对？为什么会有邪恶和苦难？为什么慈爱的上帝会审判和惩罚人？为什么一定要有信仰？"于是我开始阅读有关这些问题正反两方论点的书籍和理论，结果我越来越肯定基督教信仰是很有道理的。这本书就是要告诉您为什么迄今我对此仍坚信不移。

第二重障碍是属于个人内心的。当我们还是小孩子的时候，信仰的建立往往是因为别人的权威，但是当我们长大成人以后，就需要有个人化与第一手的信仰经验了。虽然多年以来我已经在"说祈祷的话"，也会在观赏高山、大海时有似乎来自上帝的神秘奇妙的感受，可是我从未经验到上帝与我个人的同在。不过这方面不需要什么祷告的知识和技巧，只要有一个让我看到自己之需要、缺点和问题的过程。而正如其他人一样，我的这个过程是被种种的失望和失败所引发的，但这得另写一本书来详述。我在此想要说的是，信仰的历程绝不只是理性的探索而已。

第三重障碍是有关社会方面的。我渴望要找到"第三阵营"，一群关心世界公义的基督徒，但其基础必须建立在上帝的本质上，而非个人的主观感受上。当我找到那"一群弟兄姐妹"（姐妹也同样重要！）时，事情对我就开始改变了。这三重障碍没有很快地瓦解或依次消失，反而是相互纠结，彼此依存；我也没有用什么特别的方法来解决它们，只是我到后来才了解到，这三重因素是如何互相作用在一起的。因为我一直在寻找"第三阵营"，所以我就开始想要建立一个新的基督徒团体，即一个新的事工。因此我在大学毕业几年后，就进入了这样的服事。

纽约客的看法

二十世纪八十年代后期，我和妻子凯西带着三个年幼的儿子，在纽约市的曼哈顿区开始了一个新的教会，对象是绝大多数不去教会的人群。在刚开始研究、筹备的阶段，几乎每一个人都对我说，这是一个傻子才会去做的事，因为教会意味着保守或温和，但是这个都市却是自由和躁动的；教会意味着家庭，但是纽约却充斥着单身的年轻人和"非传统式"的家庭；教会最主要意味着信仰，但曼哈顿区却是怀疑、批判和愤世嫉俗之地；教会最传统的对象——中产阶级——已经因为此地的犯罪率和生活费的不断上升而逃离了，留下的是最顶层和最底层的人，即有钱的大款和贫困的穷光蛋，而这些人只会耻笑教会（别人这样告诉我）。这个城市里大部分教会都在为生存而挣扎，参加的人数正在萎缩，甚至连维持教堂建筑都有困难。

我最初接触的好几个人都对我说，能够在纽约维持聚会人数的几个教会，多半都在传统的基督教教导中融入了城市中所流行的多元主义精神。他们说："不要告诉人们**一定**要信耶稣，这种想法在此地会被认为是心胸狭隘。"当我说到我要建立的这个新教会的信仰观，是要持守基督教历史上正统的教义——包括圣经的无误、基督的神性、灵里新生（重生）的必要等——即大部分纽约客认为过时而不能接受的教义时，他们都不敢相信我所说的话。虽然他们没有直接说"别妄想了"，但是空气中很明显弥漫着这个味道。

虽然如此，我们还是开始创立了"救赎主长老教会"（Redeemer Presbyterian Church），并在 2007 年年底，会众人数超过五千人，而且我们也在附近的都会区植了十多间分堂。我们教会包括了多元化的种族背景，而且有很多的年轻人（平均年龄大约三十岁），其中三分之二以上是单身。与此同时，曼哈顿区还增加了几十个正统信仰的教会，而在另外四个区，也增加了一百多个类似的教会。有一个统计调查指出，纽约市在过去几年中，仅仅是由来自非洲的基督徒所建立的教会就有一百多个。我们和很多其他人一样，都对这个报导感到很惊讶。

这种情况不单发生在纽约。在 2006 年秋季的《经济学人》（*The Economist*）杂志中，登载了一篇名为"新耶路撒冷"的文章，它的副标题是："除了伦敦以外，各地的基督教都在衰退"。这篇文章所讨论的问题，是一个发生在伦敦的现象：虽然在英国和欧洲的教会中，参加聚会的人数和自称是基督信徒的比例都在直线下降，但是有许多年轻的专业人士和新移民却涌进了伦敦的福音派教会。[8]这正是我在纽约所看到的现象。

由此我们得出了一个不寻常的结论：现今我们走到了一个文化的关键时刻，无论是基督教信仰的怀疑者还是信仰者，他们同时都感觉到其根基受到威胁，原因是世俗的怀疑主义和基督教信仰都同时有力而显著地兴起。我们现在既不是过去的西方基督教世界，也不是过去别人所预测的没有宗教信仰的社会；我们面临的完全是另一种情况。

一个分裂的文化

三代以前的人，大部分是承袭传统的宗教，而不是选择自己的信仰。那时绝大多数美国人都属于某个历史传承下来的基督教主流教派，或是罗马天主教会，可是今天这些传统文化上的信仰已被冠上"过时"的标签，而且它们都在快速老化和萎缩之中。现代人会选择无宗教的生活，或是不透过组织机构来建造个人灵性生命，不然就是加入一些正统而要求高度委身与归正经历的宗教团体。因此这种矛盾的现象——倾向宗教与倾向无宗教的人数同时在增加——才会产生。

因为双方的人数同时在增加，所以在我们的政治和公共讨论中，对于信仰和道德的看法常常出现僵持和严重分裂的情况。这种文化的战争造成极大的伤害，双方在情感和言词上都相当有火药味，甚至会到歇斯底里的地步。反对宗教的人说那些相信上帝和基督教的人是"将他们的信仰强加在别人身上"，而且是要倒退回民智未开的时代；而相信上帝的人则说那些不信的人是"真理的敌人"，是"传播相对主义和放纵行为的人"。彼此都不去理解对方，而只是谴责对方。

在相信与怀疑这两方的力量都在增强之时，我们走入了僵局，然而这个困境不能只靠提倡文明和增加对话而得到解决。有意义的对话需要有双方都能接受的参考点,然而当双方对事实的基本理解都有歧异时,就很难找到什么可以诉求的结论。哲学家麦金太尔(Alasdair MacIntyre)的著作《谁之正义?何种理性?》(*Whose Justice? Which Rationality?*)在这方面有很透彻的讨论。不过我们大概不会在短期之内就解决这个问题。

这样,我们要如何才能找到继续向前的路呢?

首先,我们必须承认宗教信仰与怀疑主义**双方**都在成长。无神论作家哈里斯(Sam Harris)和基督教右翼领袖罗伯逊(Pat Robertson)都应该承认自己阵营的影响力正在茁壮成长,这样就可以减少目前在各自阵营中泛滥的自说自话,也就是说自己快要被对方消灭或打垮了。如果我们停止对自己说这种话,也许大家就更能以文明和宽容的态度来看待对方的论点。

这样的承认不只会让人安心,也会让人谦卑。现在还有许多人认为世界会变得更世俗;他们很有把握地说,推崇正统的信仰是徒然想要"逆转历史的洪流"——虽然完全没有任何的历史证据支持基督教将会消失。然而基督徒也不应该那么轻视存有世俗怀疑想法的人,基督徒也应该想想,为什么我们以前的社会是以基督教为主流思想,但如今却有这么多人转身离开这个信仰。对于这个现象,我们肯定需要深刻反省。那个自命清高、藐视不同立场的时代已经过去,而现在我们还需要更多的一些东西,但我们需要的是什么呢？

重新检视对基督教信仰的疑问

在此我要根据多年来在年轻的纽约客中结出许多生命果实的经验，来提出一个建议：请双方阵营都从一个全新的角度来看人们对基督教信仰的**疑问**。

让我们先从信徒开始。不含一丝疑问的信仰，就像没有抗体的人的身体。一个人若是因为生活忙碌或是不在乎而从来没有深思过"为何要信"等严肃的问题，那么当他遭遇苦难或面对机智的怀疑者所提出的探索性问题时，就会毫无能力应付；一个人若长期忽视自己心里的疑问——他应该在反复思想其疑问之后才将之丢到脑后——他的信仰就可能会在一夜之间完全垮掉。

信徒应该承认他有疑问，并且尽力解决。这不只是指自己的疑问，也包括朋友所提出的疑问。仅仅持守传承下来的信仰是不够的；唯有在你对疑问有长期而深入、透彻的思考之后，你才能为怀疑者（和你自己）提供信仰的立足之地，使人看到基督信仰是值得赞扬的，而不是非理性或有攻击性的。并且，这样的过程不仅对我们现今的社会很重要，对你个人也同样重要，因为即使你已经有很坚定的信仰，这个过程也能引导你去尊重并了解那些怀疑者。

其次，不只基督徒需要去了解"为何要信"，怀疑者也应该去明白隐藏在自己推理中的"信念"，因为所有的疑问，不论它们表面上看来怀疑程度有多大，其实都是另外一组信念。[9]你会怀疑信念 A，一定是因为你有另一个信念 B。举例来说，如果你对基督教有怀疑，认为"不可能只有**一个**真正的宗教"，那么你必须认清，你的这个陈述本身就是一个信仰的行动，因为没有人能在经验上证实你的陈述，也不是所有人都认为它是一项能被接受、放诸四海皆准的真理。如果你到中东去宣传说："不可能只有一个真正的宗教！"那么几乎所有的人都会回答说："为什么不可能呢？"你质疑基督教（信念 A）的原因，是因为你有一个无法被证实的信念 B。由此可见，所有的怀疑都是基于一种"信心的跳跃"[①]（leap of faith）。

有人说："我不相信基督教，因为我不认为有绝对的道德标准存在；每一个人都应该可以决定他自己的道德真理。"说这话的人能够向那些不相信这话的人证明它是真实的吗？不能！这是一种"信心的跳跃"，即深深地相信个人的权利不仅存在于政治的范围之内，也存在于道德的范围之内。这个陈述的立场无法在经验中被证实，所以这个对于绝对道德标准的怀疑（或对于个人权利的信心），是一种"跳跃"。

---

① 指相信和接受一些无法被实证的事物或观念。——译者注（本书脚注均为译者注，以下不再注明。）

有人可能会这样回应上述的解释："我的怀疑不是基于信心的跳跃，我对上帝没有任何的看法，我只是不觉得我需要上帝，也没兴趣去思想有关上帝的事。"然而隐藏在这种感觉之下的，是一个在当今美国人中非常流行的信念，那就是上帝是否存在无关紧要，除非这件事会关系到我个人在情感上的需要。说这话的人是用生命来打赌没有上帝——就是那位你必须为自己的信仰和行为来向他交账的上帝；只要你不感觉需要他，他就不存在。这种想法可能是真的，也可能不是真的，不过它仍然是一种信心的跳跃。[10]

要正确而公平地质疑基督教，唯一的方法就是去察验每一个你所怀疑的地方，看看在其背后你所相信的是什么，并且找出你那样相信的理由。你怎么知道你所相信的是真的？如果你要求基督教提出的证明，比你要求自己为自己信念所提出的证明更多——常常都是这种情况——那么你就是有双重标准了，因此，为了公平起见，你也得要挑战自己的疑问。我的理论是，如果你能认清自己是根据什么信念来质疑基督教信仰，并且尽量找出能支持你信念的证据，就如你要求基督徒为其信仰提出许多证据一样，那么你就会发现，你的那些怀疑并不如它们最初所看上去那么有道理。

我建议读者两件事：对于怀疑者，我建议你仔细检验怀疑主义所根据的那些未经实证的"盲目信念"，并且看看要向其他没有这些信念的人证明它们会有多大的困难；
而对于基督徒，我也建议你仔细检验那些存在于个人和文
化中对于基督教信仰的反对理由。当双方都这样做了以
后，即使仍然保持原先的怀疑或原先的信仰，也将会变得
更清楚明白自己的立场，并且更加谦卑，对于相反的立场
会产生前所未有的理解和尊重的态度；而且信徒与非信徒
之间的关系也会提高到只是不同意对方论点的层次，而不
是一味地贬低对方。然而，这样的状态只会发生在双方都
明白了对方认为最有说服力的论点之时；也只有在此时，
"不同意对方论点"才会是无害和公平的。这样就能在一
个多元化的社会中表现出文明来，这可不是一件小事啊！

属灵的第三路线？

　　本书的内容是我这些年来与许多对基督教信仰有疑问
的人进行讨论的精华。不论是在我的讲道里，或是在我与
别人的接触中，我都尽量以尊重的态度来帮助那些对基督
教信仰有疑问的人，去检验他们自己的信念基础，而在同
时，我也敞开自己的信仰，接受他们严厉的批判。在本书
的第一部分，我们将会探讨七个对基督教信仰最大的反对
理由和怀疑，都是多年来我听到别人所说的；我会以尊重
的态度来提出每个怀疑背后所存在的另类信念。而在本书
的第二部分，我们则会探讨相信基督教的理由。

根深蒂固的传统保守主义与世俗的自由主义若能以尊重的态度来对话，将是一件极大的美事，因此我盼望本书能推动更多这类的对话。不过，我以在纽约作牧师的经验来写此书，还有另一个动机。我刚到纽约时就发现，此处相信或怀疑基督教的情况，并不如专家以前所认为的那样严峻。当然，掌控文化事业的年长白种人多半是非常世俗化的，但是在多元族裔的年轻专业人士和劳工阶级的新移民中，各种各样无法归类的宗教信仰比比皆是，其中特别是基督教，正在快速增长之中。

　　我认为这些年轻基督徒将是新的宗教、社会与政治局面的先锋，他们将会止息旧有的文化战争。当他们经历过对基督教的反对和怀疑的挣扎后，许多人接受了正统的基督教信仰，但他们并不属于当前自由派民主党或保守派共和党的分类之内。许多人发现，"文化战争"的双方都是将终极价值放在个人自由和快乐上，而不是放在上帝和公共利益上。自由派的个人主义所提出的是他们对于堕胎、性爱和婚姻的看法，而保守派的个人主义所提出的则是他们对于政府机构深深的不信任，以及对于贫穷的看法——贫穷只是因为个人没有尽到责任。然而这个新兴的、快速传播的、在城市里由多元族裔所组成的正统基督教教会，对于穷人和社会公义的关心远远超过共和党，而且他们对于基督教传统道德和性伦理的持守与关切，也大大胜过民主党。

虽然本书的前半段列出了许多曾经有过怀疑的基督徒所走过的路，但是本书的后半段则是更正面地解释了基督徒在世界上所活出的信仰是什么。以下是我们教会三位成员的见证：

琼恩毕业于一所长春藤盟校，在曼哈顿区居住和工作。因为她过度注意自己的外表，导致饮食失调，并且染上药瘾。她意识到自己正在自我毁灭，也察觉出自己没有任何动力来制止这样的虚掷生命——她的生命到底有什么意义？为何不能自我摧残？她来到教会，想要了解上帝的怜悯并经历他的真实。她见了教会中的心理辅导员，辅导员帮助她将上帝的怜悯和自己的需要连结起来，结果发现她似乎无止境地需要被接纳。最后，她终于有信心自己去寻找上帝。虽然她不能确切地指出是在哪一个特殊的时刻遇见了上帝，但是她第一次能感觉到"上帝无条件地爱她，她真是上帝的女儿"，而她也渐渐地脱离了自我伤害的行为，从而得着自由。

杰瑞是纽约市的一位音乐家，在保守的犹太家庭中长大。他的父母亲都因为得了癌症而受到很大的折磨和痛苦，母亲也已经因病去世了。他因为从小体弱多病，所以一心钻研并从事中医，同时也操练佛家和道家的打坐及静思，极为注重保健养生。当朋友邀他来我们教会时，他自觉没有任何灵性上的需要。他颇喜欢听道，可是"当讲道开始提到耶稣的事"时，他就不再听了。不久之后，他开始对基督徒朋友所表现出的喜乐，和他们对未来所拥有的那种他个人从来没有过的盼望，产生了羡慕之心，于是他就开始把讲道听完，发现那些内容所带来的知性挑战，是他从来不愿意面对的。最后出乎他意料的是，他在打坐时发现，"平日打坐的纯然寂静，居然常受到干扰，出现的竟是耶稣在十字架上的异象"。他开始向基督徒的上帝祷告，然后很快就察觉到，主导自己人生方向的思想竟是"远避受苦"。现在他看到这样的人生目标是多么无益。当他了解到耶稣为了拯救世人——包括他自己——而放弃身体健康和生命，他心中深深地受到感动。他得着了面对未来不可避免之苦难的勇气，也知道苦难临到时会有一条出路。于是他就接受了耶稣基督的福音。

凯莉也是毕业于一所长春藤盟校，她是一个无神论者。她十二岁的时候亲眼看到祖母死于癌症，并且看到两岁的妹妹因脑瘤而开刀，又作了化疗和放疗。当她进入哥伦比亚大学读书时，已经完全不相信人生有任何意义了。有几位基督徒同学向她分享信仰，但是他们的见证对于她就像是"种子撒在石头地上"，一点用也没有。可是当她的妹妹在十四岁因中风而瘫痪时，她反而转向上帝并展开更深的寻求。那时她在纽约居住并工作，遇见了未来的丈夫凯文，他同样也是毕业于哥伦比亚大学的无神论者，在华尔街的摩根资产管理公司（J. P. Morgan）工作。他们对上帝的怀疑根深蒂固，但是他们对自己的疑问也有怀疑，于是他们参加了我们教会。他们的信仰追寻之路既缓慢又辛苦，而让他们持续在这路上走下去的原因之一，是他们看见许多有信仰的基督徒，在成熟老练和聪明才智上完全不输给纽约的任何其他人。最后，他们不但被基督教信仰在知性上的可信度说服，更被它对于生命的看法所吸引。凯莉写道："身为无神论者，我自认为我的生活是有道德的，是关怀别人和关心社会公义的，但我发现基督教有更高的标准，而且这些标准深深地指向我们的思想和内心。因此，我接受了上帝的赦免，也邀请他进到我的生命中。"凯文则写道："当我坐在咖啡馆阅读路易斯（C. S. Lewis）的《返璞归真》（*Mere Christianity*）时，很快我就放下了那书而在自己的笔记本上写道：'针对基督教所宣称的信仰证据，真是多得不可胜数。'我了解到我的成就至终不能令自己满意，而从别人来的赞赏也转眼即逝；把生活仅仅当成是及时行乐的探险，其实是一种自恋和偶像崇拜。因此，我作了基督的信徒。"[11]

耶稣与我们的怀疑

凯莉的见证中还提到，新约圣经中有关多马的记载，成为她这个在怀疑和信仰中挣扎之人的安慰。在这段经文中（约 20：24—29），耶稣所示范的对怀疑者的回应，比今天的怀疑者或信徒所作的回应更加细致入微。当耶稣面对"怀疑的多马"时，他一方面挑战多马不要停留在怀疑阶段（"只要信!"），但另一方面他则更多地回应多马在证据上的要求。在另一事件中（可9：14—26），耶稣遇到了一位承认自己有许多怀疑的人，他对耶稣说："但我的信心不够，求你帮助我"（可9：24），意思就是说，请帮助我解决自己的怀疑！于是耶稣赐福给他，医治了他的儿子，以此作为对他诚实面对自己怀疑的回应。无论你认为自己是怀疑者还是信徒，我都在此邀请你像他一样诚实，并且追寻明白自己怀疑的本质，相信你必会得到超乎想像的结果。

第一部

怀疑的跳跃

第 **1** 章

怎么可能只有一个宗教是真的？

　　二十四岁的布莱尔住在曼哈顿区，她说："怎么可能只有一个宗教信仰是真的？你们说自己的宗教信仰比别人的优越，又想叫别人也去信你们的宗教，这都是很傲慢的。所有的宗教都是好的，都同样能满足各自信徒的需要。"

　　同样住在纽约市的二十多岁、来自英国的杰弗补充说："具有排他性的宗教不只是心胸狭窄，更是危险！宗教带来了无数的争斗、分裂和冲突，它可能是世界和平的最大敌人。如果基督徒继续坚持他们拥有的是独一真理——而其他宗教也这样做的话——这个世界将永无宁日。"[1]

我在纽约市居住了将近二十年，有许多机会问别人这样的问题："你对基督教最大的疑问是什么？关于它的信念和实践，你最不能接受的是什么？"多年来我最常听到的答案，可用一言以蔽之：**排他性**。

曾经有一所社区大学邀请我以基督教代表的身份参加座谈，与一位犹太拉比和一位穆斯林一起讨论宗教之间的差异。当时的讨论相当知性又有礼，而且也彼此尊重。每位讲员都承认，在这几个主要的宗教信仰之间，有着显著而无法消弥的差异，而其中的重点则是关于耶稣这个人。我们都同意这种陈述："如果基督徒所宣称的——耶稣是上帝——是真的，那么穆斯林和犹太人就犯了严重的错误，因为他们没有按照上帝真正的本质来爱他。但如果穆斯林和犹太人是对的——耶稣不是上帝，而只是一个先知和教师——那么基督徒就犯了严重的错误，因为他们没有按照上帝真正的本质来爱他。"所以最根本的问题在于：我们不可能在关于上帝的本质上都是同等正确的。

对于这样的结论，有好几个学生感到相当困惑。有一个学生坚持说，相信上帝并且作一个有爱心的人才是最重要的；如果坚持认为某个信仰比别的信仰掌握了更多的真理，那是很褊狭的。另一个学生看着我们这些神职人员，然后很沮丧地说："如果宗教界的领袖继续发表这种排他性的宣称，我们将**永远看不到地球上有和平**！"

很多人都认为，宗教是世界和平的主要障碍之一，特别是各大主流的传统宗教，它们都具有排他性的宣言，认为自己的宗教是比较优越的。我身为基督教的传道人，也同意这个说法——这也许会让你感到惊讶。一般说来，宗教很容易在人心中制造一种"惯性思维"：每一个宗教都教导它的信徒说，他们拥有"独一的真理"，这使得他们很自然地就感到自己比相信其他宗教的人更加优越。不只如此，每一个宗教也都教导它的信徒说，他们能借着虔诚地奉行此真理而得救，并且与他们的神相联结，但这个教导又把他们和那些不够虔诚、生活不够圣洁的人分别开来。因此，一个宗教团体很容易给别的宗教团体定性，并对其加以嘲讽；而当这种情况真实存在时，他们就很容易不假思索地将别人边缘化，甚至进一步地压迫、虐待别人，或对他们施暴。

当我们认识到宗教会腐蚀世界上的和平时，我们应该怎么办呢？世界各地的民权领袖和文化领袖正在以三种方法处理宗教上的分歧，那就是（1）将宗教非法化；（2）对宗教加以谴责；或至少是（3）将宗教完全个人化。[2] 许多人对上述方法寄以厚望，但可惜我认为这些方法完全不奏效；事实上，我怕它们只会令问题变得更糟。

将宗教非法化

处理宗教分歧的方法之一，是以严刑峻法来控制甚至禁止宗教。二十世纪曾有几次大规模的这种行动，例如在苏联、红色高棉以及纳粹德国等地所发生的，虽然他们的作法不同，但都是通过严管宗教行为，避免社会分裂或国家权力被侵蚀。然而其结果并不是和平与和谐，而是有更多的压迫。麦格拉思（Alister McGrath）在他所写的一本关于无神论历史的书《无神论的暮光》（*The Twilight of Atheism*）中，指出了这种悲剧性的反效果：

二十世纪产生了人类历史上最巨大也最悲惨的矛盾现象：这个世纪中最大的褊狭和暴力行动，竟是出自于那些坚信宗教会带来褊狭和暴力的人。[3]

与这些行动携手并进的，是十九世纪末、二十世纪初广为流行的一个信念——随着人类在科技上的进步，宗教将会式微。这种看法认为宗教在人类进步上扮演过一个角色：过去我们需要宗教的帮助来面对一个可怕而无法测透的世界，但是当我们在科学上更有进展、更能明白并控制环境的时候，我们对宗教的需要就逐渐消失了。[4]

然而这样的情况并没有发生，而且这个"世俗化理论"也被大多数的人所质疑。[5] 事实上，所有主要宗教的信徒人数都在增加，基督教的增长也是爆炸性的倍增，特别是在发展中国家。单单非洲尼日利亚一地的圣公会信徒，就比全美国的圣公会信徒多了六倍；而加纳的长老会信徒，比美国和苏格兰两地长老会信徒之总和还要多。在这一百年间，韩国的基督徒人数从百分之一增加到百分之四十，而许多专家预测，同样的情形也会发生在中国。如果五十年后会有五亿的中国基督徒，那么人类历史的方向都会改变。[6]在上述大多数情况中，基督教的增长并不像社会学家所预测的那样，变得越来越世俗化，或信仰越来越薄弱；相反，信徒们有强大的信心，相信神迹奇事，接受圣经的权威，看重个人的悔改重生。

因为这个信仰具有活泼的生命力，所以压迫和控制它反而只会使它更为健壮强大。宗教并不是一个暂时帮助我们适应环境的工具；相反，它乃是人类生命中一个永恒并核心的部分。对于那些没有宗教信仰的人来说，它是一剂难咽的苦药。每个人都希望能说自己是在主流之中，而不是极端主义者；然而事实上世界是由强而有力的宗教信仰所主导的，没有任何理由支持说这个事实将会改变。

对宗教加以谴责

宗教不会被消灭，其力量也不会因政府的控制而被减弱；但是难道不能借着教育或辩论等方法，以社会性的方式来抑止那些宣称拥有"独一真理"并到处游说人来相信的宗教吗？难道不能劝告所有的人——不论他们相信的是什么——任何的信仰或宗教都同样能通往上帝，也都同样能运用在世上的生活中吗？

对宗教加以谴责的方法带出了一种气氛，就是只要有人提出排他性的宗教宣言，即使只是在个人谈话中，都会被视为愚昧无知又极其无礼。而产生这种气氛的作法，是借着一再宣扬某些声明，只要反复地说，它们就会成为大家都接受的概念和共识，而那些未依循此共识的人，就会被贴上愚昧或危险的标签。比起前述第一个方法，这个方法对解决宗教分歧是有一些效果，但是它也绝对达不到终极的成功，因为在其核心之处有着致命的矛盾，甚至可说是表里不一，因此最后必会造成这种想法的彻底瓦解。以下是几个这类声明以及它们的问题。

"所有主要的宗教都是同样有效的，它们所教导的内容基本上也都是相同的。"

这种说法十分流行，甚至最近有一位记者写道，如果有人认为"某些宗教是比较差的"，那么他就是极端的右翼分子。[7]然而，难道我们真的不能说，大卫教派（Branch Davidian）① 或某些会杀害孩童来献祭的邪教，比其他信仰更差吗？绝大多数人无须多想，就会同意它们是不好的信仰。

主张宗教平等的人，大多是认为世界上那几个主要的宗教信仰是平等的，而不是指小教派。在那天晚上的座谈会上，有一个学生就提到这方面的意见。他认为犹太教、

---

① 美国的一个邪教组织，鼓励暴力和残杀，他们认为和异教徒争战而牺牲的人才可以进天堂。

伊斯兰教、基督教、佛教和印度教等宗教，在教义上的差异只是很表面又微不足道的，因为他们所相信的都是同一位上帝。但是当我问他那位上帝是谁的时候，他描述的则是一位宇宙中无所不爱的灵。其实这种立场是自我矛盾的，因为它一方面坚持教义并不重要，但同时又对上帝的本质有一些教义性的信念，而这信念却又和所有主要宗教的信念相冲突——佛教完全不相信有位格的上帝，而犹太教、基督教和伊斯兰教所相信的上帝，都是要人对自己的信仰和行为负责，而且这位上帝的许多属性并不能只被简化为一项"爱"而已。此外，令人感到讽刺的是，坚持教义并不重要的观念，本身就是一项教义——它对上帝是谁有其特定的观点，并且认为它比其他所有宗教的信仰更优越、更有启发性。因此，倡议此观点的人其实是在做他们禁止别人做的事。

"每个宗教都只看到一部分的属灵真理，没有一个宗教能掌握全貌。"

有些人会用瞎子摸象的故事作为这个观点的例证。瞎子摸象的故事是这样：有几个瞎子在路上遇到一个大象，他们就用手去感觉它。第一个瞎子摸到了大象的鼻子，就说："这个动物又长又富有弹性，像一条蛇。"第二个瞎子摸到了大象的腿，就说："不对，这个动物摸起来又粗又圆，像树干一样。"第三个瞎子摸到了大象的侧面，就说："不对，不对，这个动物又大又平。"每一个瞎子都只摸到大象的一部分——没有一个人能知道大象的全貌。因此有人这样推理：世界上的宗教都只掌握了一部分属灵真理，然而就像没有瞎子能认识到整个大象一样，也没有人能宣称他们完全认识真理。

然而这个例证所放的火，也回头烧到了说这话的人。这个故事是从一个没有瞎眼的人的角度来讲的；你怎么能确定每一个瞎子所认识到的只是大象的一部分呢？除非你不是瞎子，你能够看到整个大象！

当人说，"真理是大过任何人所能掌握的"，这在表面上看起来是很谦虚的，但是如果以此来判定所有关于真理的宣告都是无效的，那么这个宣称本身实在很傲慢，因为它认为这个知识（比别的知识）更优越……我们必须问："你有什么（绝对）优势的根基，能让你把不同圣典所作的绝对性宣告变成了相对性的？"[8]

除非你本身对于属灵的实质拥有一套超越和完全的认识，否则你怎么可以断言说，没有宗教能够完全认识真理？然而这不正好与你刚刚指出的——任何宗教都不可能完全认识真理——相抵触吗？

"宗教信仰非常受历史和文化的制约，因此它不可能是真理。"

大约二十年前我刚来纽约时，常听到这种反对基督教信仰的说法："所有的宗教都同样正确"。可是现在我常听到的是："所有的宗教都同样错误"。他们的反对论点是："所有道德和属灵上的信念都是特定历史和文化状况下的产物，因此没有人能够宣称他们掌握了唯一的真理，因为没有人能够评断哪一个道德和属灵实质的宣称才是更正确的。"

社会学家贝格尔（Peter L. Berger）曾指出这个常见观念中的严重矛盾。在《一个关于天使的美丽谎言》（A Rumor of Angels）一书中，他详细地描述了二十世纪所揭示的"知识的社会学"——即人们相信自己大多数的行为是因受到社会的制约才会去做的。我们以为我们的思想是从自己来的，其实没有那么简单：我们的思想往往是仿效自己所钦佩、所需要之人的思想。每个人都属于某个社会团体，而那个团体会鼓励、赞许某些信念，也会贬抑另一些信念。贝格尔指出，许多人就因这事实而下结论说，因为我们都受限于自己在历史和文化中的位置，所以就不可能判断几大宗教之间的对与错。

然而贝格尔进一步指出，唯有在相对主义者自己置身于其刀刃之外时，绝对的相对主义才可能存在。[9] 如果你因认为所有的信仰都受到社会制约而推论说"没有一个信仰是对普世之人都正确的"，并且又认为这个推论本身很完全，因为所有人都是社会景况下的产物——那么根据这推论本身的定义，它就不可能是正确的。贝格尔说："相对主义把自己相对化了！"所以我们不可能一直都采取相对主义。[10]没错，我们因为受到文化偏见的影响而在评估几大宗教的真理宣告时更加困难，而且信仰确实会受到社会的制约，但是我们不能因此就认为所有真理都完全是相对的，否则这个看法本身就会被自己否定掉了。贝格尔的结论指出，我们无法躲在"我们不可能认识真理"这种想法的背后，而不去衡量那些属灵和宗教的宣告；相反，我们必须努力去问：关于上帝、人性以及属灵实质的看法，有哪些是正确的？哪些是错误的？而我们就要将生活建立在**这些**问题的答案之上。

哲学家普兰丁格（Alvin Plantinga）用他自己的话阐述了贝格尔的论点。常常有人对他说："如果你出生在摩洛哥，你就不会是一个基督徒，而会是一个伊斯兰教徒。"他的回应是：

就算这种猜测是对的：假如我不是生长在密歇根州的基督徒家庭，而是生长在摩洛哥的伊斯兰教徒家庭，那么我的信仰就会截然不同。但这种情形也可能发生在那些多元主义者身上……如果一个多元主义者生长在摩洛哥，那他也很可能就不会是一个多元主义者。这是不是说……他的多元主义信仰出于一个不可靠的信仰产生过程？[11]

普兰丁格和贝格尔所讲的是同样的重点。你不能说：

"所有宗教上的宣称都被历史制约了，除了我现在所宣告的这句话以外。"如果你坚持认为没有人能决定信仰的对与错，那么我们为什么要相信你说的是对的呢？实际的情况是，我们都在作某种信仰的宣告，只是我们很难负责任地去衡量它们；然而我们别无选择，虽然很难，仍得努力地去做。

"坚持自己的宗教信仰是正确的，又努力叫人去信，这是很傲慢的。"

知名的宗教学者希克（John Hick）曾写道，如果你了解到，世界上有许多与你同样聪明和善良的人持守着和你不同的信仰，而且是你无法说服的，但是你还继续想劝服他们接受你的信仰，把你的信仰当成是最优越的真理，那么你的这种态度是非常傲慢的。[12]

这个说法和前面的说法一样，有着先天的矛盾。世界上大多数人并不认同希克的观点，即所有宗教都同样能令人信服。而很多不接受他观点的人，他们的聪明和善良也不亚于他，而且他们也都不可能改变自己的观点，因此，这句陈述："所有认为自己拥有较佳观点的宗教，都是傲慢和错误的"，根据它自己的定义，它也是傲慢和错误的。

也有许多人说，宣称自己的宗教比别的宗教优越，是一种族群的优越主义。然而，这句陈述本身岂不也是族群的优越主义吗？在大多数非西方的文化里，若宣称自己的文化和宗教是最优越的，并不会产生什么问题。然而在西方文化里，这种宣称则会被认为是错误的，其中的原因是深植于西方传统中的自我批判主义和个人主义。当一种文化指责别的文化具有族群优越主义这个"罪"时，它其实就是在宣告说："我们的文化对别种文化的观点比你的观点更为优越。"这样，我们所做的事就正是我们禁止别人做的事。[13] 历史学家萨默维尔（C. John Sommerville）指出："我们只能根据一个宗教来评论另一个宗教。"除非你是根据一些族群或伦理的标准——最终就是你自己的宗教立场——不然你就无法评论一个宗教。[14]

说到这里，我们可以很明显地看出，对一般宗教、特别是对基督教加以谴责的方法，有致命的瑕疵。怀疑宗教的人认为，任何以排他性的态度来宣称自己拥有关于属灵实质的超越知识的信念，都不可能是真的。然而事实上，这个反对的看法也是一种宗教性的信念，因为它假设上帝是不可知的，或假设上帝是慈爱而不会发怒的，或假设上帝只是一种不具位格的能量，而非一位在圣经中说话的上帝。以上这些看法都是无法被证明且是出于信心的假设；不仅如此，支持这些观点的人都相信他们衡量事情的方式是比较优越的，而且他们也相信，如果每个人都放弃传统宗教对上帝和对真理的看法，而采取他们的看法，那么世界就会变得更好。由此可见，他们对属灵实质的看法也是一种具有"排他性"的信念。如果一切具有排他性的观点都不应该受到鼓励，那么他们的看法也不应该受到鼓励；

如果持守他们的看法不算是心胸狭窄，那么持守传统宗教信仰的看法也不能算是心胸狭窄。

芝加哥大学教授里拉（Mark Lilla）曾经与一位很优秀的商学院学生谈话，后者在葛培理（Billy Graham）布道大会中决志信了主。这让里拉大惑不解，里拉写道：

> 我想要让他怀疑自己所将要走的路，帮助他看到还有别的方式去生活，去寻求知识、爱情……甚至去自我改变。我想要说服他，他的尊贵乃在于面对各教义时保持一个自由和怀疑的态度，我想要……拯救他……

> 怀疑和信仰一样，都是学来的，都是一种技巧。然而令人好奇的是，从古至今，怀疑主义旗下的跟随者多有改变信念的人。当我读到他们的改变时，常会想问："你为什么要在乎呢？"他们的怀疑主义对此问题没有好的答案，而我自己也没有答案。[15]

里拉对自我认识的智慧，显示出他对基督教的怀疑心态乃是一种学来的另类信仰。他认为个人的尊严建立在对各种教义的怀疑之上——当然，这也是一种信仰。而且正如他所承认的，他自己不可避免地相信，别人应该采取他对人性尊严的信仰观点，而不是采取葛培理的观点。

宣称某一个宗教是正确的（对不同的宗教持不同的看

法），和宣称所有宗教都是同等的（对不同的宗教持相同的看法），前者的心胸并没有更狭窄。我们对宗教的信仰都具有排他性，只是排斥的内容不同而已。

将宗教完全个人化

另外一个处理宗教分歧的方法，就是容许个人私底下相信某信仰是真理，也可以传扬那信仰，但是不可以带到公共事务范畴里。两位具有影响力的思想家罗尔斯（John Rawls）及奥迪（Robert Audi）主张说，在讨论公共政治时不能谈论有关道德立场的问题，除非它们具有一个非宗教性的基础。罗尔斯以一个观点而闻名，那就是他坚持在公共议题中不可含有他所谓的"完全宗教性"的观点。[16]最近，有许多的科学家和哲学家签署了一份文件，名为"护卫科学与世俗主义宣言"（A Declaration in Defense of Science and Secularism），这份文件呼吁政府领导人"不可让宗教信仰影响立法及行政措施"[17]，签署者包括哲学家与生物伦理学家辛格（Peter Singer）、生物学家威尔逊（E. O. Wilson）和科学哲学家丹尼特（Daniel C. Dennett）等人。以哲学家罗蒂（Richard Rorty）的看法为例，他认为宗教信仰必须严格限制在私人范围里，绝不允许被带到公共政策讨论中：只要提出以宗教信仰为基础的论点，都会使得对话停止，因为不信的人无法参与讨论。[18]

有人抱怨这种方法是对宗教的歧视，但罗蒂及其他人反驳说，这种政策只是为了实用目的而已。[19] 他们说他们并不是在意识形态上反对宗教本身，也不是想要控制宗教信仰，而只是要宗教保持在私人范围里，因为若经常在公共论坛中为宗教辩论，不但会造成分裂，也会浪费许多时间。他们认为因宗教而有的立场是褊狭的，是具有争议性的；而用非宗教性的推理来讨论道德立场，则更具有普遍性，更适用于所有的人。因此公共议题的讨论必须要世俗化，绝不能宗教化。我们应该在不提到神圣启示或传统信仰的情况下，联合起来解决我们今日所面临的巨大问题——包括艾滋病、贫穷、教育等等；我们应该将自己的信仰观点收起来，而和别人联合起来制定能对最多人产生益处的政策。

然而，耶鲁大学法学教授卡特（Stephen L. Carter）对此则回应说，我们在作任何道德立场的推理时，绝对不可能把我们对宗教的观点丢到脑后。

无论人再怎么精心筹划，他们在建立一个不含宗教对话的公共论坛时，到最后总还是会对那些参与有组织之宗教的人说（而不对参与别种团体的人说），如果他们要加入有关公共事务的对话，就一定要先把他们所认为的生命中最重要的那一部分丢到脑后。[20]

为什么卡特会这么说呢？让我们先讨论一下，什么是宗教？有人说宗教就是一种相信上帝的形式；但这个定义并不适用于佛教的禅宗，因为他们完全不相信有上帝。也有人说宗教就是对超自然的信仰；可是这又与印度教不合，因为印度教不相信在物质世界之外还有超自然的境界，它们只相信在能经验的世界里有属灵的实质。那么究竟什么是宗教呢？宗教就是一套信仰，这套信仰解释了生命的意义是什么，我们是谁，以及人类最重要、最值得花时间去做的事是什么。举例来说，有些人认为物质的世界就是所有的一切，我们的存在纯属偶然，人死了就归于腐朽，所以人生最重要的事就是去做能让自己快乐的事，而不要让别人把他们的信念加诸自身。请注意，虽然这些想法不是出自一个明确有组织的宗教信仰，但它包含了一个主要的观念或故事，其中说到生命的意义，也指出能达至这个意义的生活方式。

　　有些人称这是一种"世界观"，也有人称它是一种"叙事认同"（narrative identity）。[①] 这两个词都是指人用一套以信心为基础的假设来看待事物的本质；其实这就是一种内隐的宗教。一般人都了解，我们所持有和相信的某些关于世界和人类本质的观点，会渗入我们生活的每一个部分；不论我们是否经过深思熟虑，我们每一个人都是根

---

① 指一个人由其生命的故事而建构出他对自我生命意义的认同。

据一些从生命故事中所得到的对生命意义的看法来生活和做事的。当我们说"你应该做这个"或"你不应该做那个"时，就是将此内隐的道德和宗教立场化成外在的理由。实用主义者认为，我们应该撇下自己内心深处的世界观，而寻求对"什么有实效"的共识——可是事实上我们对于"什么有实效"的看法，却是根据我们对于"人为什么活着"（借用作家贝瑞［Wendell Berry］的书名）的看法。任何人所提出的对增进人类快乐生活"有实效"的方法，必定已藏有他对人类生命之目的的看法这个更深层次的信念。[21] 即使是最世俗的实用主义者，在讨论这些问题时，也必定带有他们对于人类如何能快乐生活的深层信念和解释。

罗蒂坚称，所有以宗教为基础的信念，都会使得有关公共事务的对话停止。但是所有我们对事物所持有的最根本信念，几乎都不可能向没有这些信念的人来证明。其实很多世俗的观念，例如"自我实现"及"人类自主"等，也是不能被证明的，因此也应该会造成"对话停止"，正如他们所说圣经会如此一样。[22]

有些话对于讲它的人来说，只是一般的观念，但其实那些话在本质上常常具有深刻的宗教性。假设有两位女士正在辩论：A 女士说：要拆除对穷人的重重保护网，因为"适者生存"。B 女士回应说：穷人也有过好日子的权利，因为他们也和我们一样是人啊！A 女士可能反驳说：今天许多的生物伦理学家都认为，所谓"人类"的观念是人为外加的，并无清楚的定义。（她可能会继续指出）我们不可能顾及所有生物的目的，只能将之作为一种手段；有些生物一定得死，好使别的生物能生存下去。这就是大自然的运作方式。B 女士可能提出实用主义的论点：我们应该帮助穷人，因为这会使社会更加美好。A 女士也可能提出许多实用主义的回应：那为什么不让一些穷人死去，这样会更增加效率。B 女士可能会被激怒，火气很大地回答说：让穷人饿死是很不道德的。A 女士可能会反驳说：谁说每个人的伦理道德都得是一样的？B 女士最后可能会咆哮说：我绝对不要活在你所描述的那种社会中！

在这场交锋之中，B 女士走的是罗尔斯的路线，她想要找到普世通行的"中立和客观"的论据，以说服所有的人，我们不应该让穷人挨饿。她失败了，因为没有这样的论据。最后 B 女士坚称，每个人都应当是平等和尊贵的，但这仅是因为她相信这个观点是正确的。在她的信念中有一条是认为人类远比石头、树木尊贵，虽然她不能从科学的角度来证实这一信念。终极而言，她在公共政策方面的看法是基于她的宗教立场。[23]

因此，法学教授佩里（Michael J. Perry）总结说："在任何公共议题的讨论中，若想在以宗教为基础的道德论点……和（以世俗为基础的）论点之间设立一个无懈可击的障碍，是非常不切实际的。"[24] 罗蒂和其他人认为，宗教的论点常会引起争议，但是佩里在他所写的《在上帝之下？

宗教信仰与自由民主制度》(*Under God？Religious Faith and Liberal Democracy*)一书中反驳说，以世俗作为道德立场的基础，其争议性并不比以宗教作为道德立场的基础更少；而且我们可以提出强有力的理由证明，所有的道德立场都至少是隐含着宗教性的。然而很讽刺的是，坚持要在公共论坛中排除宗教论点的看法，它本身其实就是一种具有争议性的"宗派"想法。[25]

当你进入公共论坛时，绝对不可能把你对终极价值的信念丢在脑后。让我们用婚姻和离婚的法令来作讨论。我们是否可能制定出能符合众意又"有实效"的婚姻和离婚法令，但却不牵涉到任何关于委身的观念？我不相信有这种可能。你所认为的正确或应该有的法令，是根据你所认为的婚姻之目的而定的。如果你认为婚姻主要的目的是养育儿女以造福社会，那么你就会让离婚的手续极为困难；但是如果你认为婚姻主要的目的是男女双方的快乐和彼此感情上的满足，那么你就会让离婚的手续非常简单。前一个观点的根基是人类的兴旺与安康，在这根基上，家庭远比个人重要，我们可以在儒家、犹太教和基督教的道德传统中看到这个观点。后一个观点对人性所采取的立场则是更为个人主义的，其根基是启蒙运动所带来的对事物的理解。因此，你所认为的"实用"的离婚法令，乃是基于你前设的信念——什么是快乐和圆满的人生[26]，然而对于这一点，并没有一个客观而普世通行的答案。虽然现在仍有许多人呼吁在公共论坛中排除宗教性的观点，但是越来越多的思想家——包括宗教界的和世俗的——承认这种呼吁本身也是宗教性的。[27]

基督教可以拯救世界

虽然我在前一节中讨论到，今天世界上用来解决宗教分歧的主要方法都没有效果，但是我仍然强烈地认同它们的目的。宗教的确可能成为世界和平的主要威胁。在本章开始时我提到过，每个宗教都很容易在人心中制造一种"思维惯性"，而这种思维惯性很容易就会导致压迫和暴力。但是，基督教——我是指健全而正统的基督教——拥有丰富的资源，可以使其信徒为世界带来和平。基督教在其本身中就具有强大的能力，可以解开并除去人类心中彼此分裂的倾向。

在尊重不同信仰的人方面，基督教也提供了坚固的基础。我们从耶稣的话中可以看出，耶稣认为在其周围文化中的不信者，都会很乐意地承认基督徒的很多行为都是"好"的（太5：16；参见彼前2：12），这表示基督徒的一些价值观与其他文化[28]和其他宗教[29]的价值观有重叠和相同之处。为什么会有这种重叠和相同的现象存在呢？那是因为基督徒相信所有人都是按着上帝的形象被造的，每个人都能行出良善和智慧的事。因为圣经的教义指出所有人都有上帝的形象，所以基督徒会认为，虽然非信徒受错误信仰的误导，但他们仍然可以是良善的。而在另外一方面，圣经的教义又指出所有人都是有罪的，所以基督徒又会认为，信徒本身也达不到正统信仰对他们的要求。因此之故，基督徒和非基督徒之间就可以在相互尊重的情况下合作。

基督教不单引导其信徒相信，持守其他宗教信仰的人也会有良善和智慧的贡献；它也让他们相信，那些人中的许多人在道德生活上也超越他们。在我们文化中的大多数人认为，如果有上帝的话，我们不但可以和他建立关系，而且还可以借着现在过一种良善的生活而在将来上天堂。我们且称这种观点为"道德改进"观点。不过基督教所教导的恰好与此观点相反。在基督徒的理解中，耶稣不是教导我们要如何生活才能有功德承受救恩；相反，他来到世上是要借着为我们生和死而赦免并拯救我们。上帝的恩典并非是临到那些在道德上有超越表现的人，而是赐给那些承认自己无法行善、并且知道自己需要救主的人。

因此，基督徒应当期待会看到比他们自己更好、更仁慈、更有智慧、也更良善的非基督徒。为什么呢？因为上帝接纳基督徒并非是因为他们的道德表现、智慧或品格，而是因为基督为他们成就的工作。大多数宗教和哲学都认为，人的灵性地位是根据他的宗教成就而定，因此就导致人在面对那些信仰和行为不如自己的人时，自觉超人一等。然而不论在什么情况下，基督的福音绝不应该产生那样的效果。

一般人常说，"基要主义"（fundamentalism）会带来暴力，但是正如前面我们所讨论的，其实我们每个人都持守了某种基要性的、无法被证明的信仰委身，并且认为自己的信仰比别人的更优越。因此，真正的问题在于：**哪一种基要信仰能引导其信徒成为最有爱心、最能接纳与自己不同的人？哪一套必然具有排他性的信念体系，可以带来谦逊和爱好和平的行为？**

历史上看似矛盾的例子之一，是早期基督徒的排他性之信仰与他们的接纳性之行为，这在比较他们与其他周围文化时最为明显。

当时的希腊罗马世界的宗教观点，表面上看起来是开放而包容的（每个人都可以有自己的神祇），但是其文化的现实层面则相当残酷：他们在经济上阶级分明，贫富悬殊相当大。然而基督徒则相反，他们单单坚信独一的真神上帝，就是受死的救主耶稣基督，但是他们在生活和行为上却与其他人不同，他们明显地欢迎那些在文化上的边缘人。早期的基督徒包含了不同种族和阶层的人，甚至使得其四周的人产生反感。希腊罗马世界鄙视穷人，但是基督徒不单慷慨救济同为基督徒的穷人，也惠及其他信仰的信徒。在社会中的普遍现象是，女人的地位极低，女婴经常被杀害，女人被强迫结婚，她们也缺乏经济上的平等权利。

然而基督教赋予女性比古典世界更大的保障和平等权利。[30]
当一世纪和二世纪城市中流行可怕的瘟疫时，基督徒们
为了照顾许多城市中的病患和垂死之人，甚至牺牲自己的
生命。[31]

为什么这样一个具有排他性的信仰体系，会产生对别
人如此接纳的行为呢？那是因为基督徒的信仰体系为他们
提供了最强而有力的资源，使他们能实践牺牲自己以服务
他人、慷慨奉献和促进和平的行为。在他们的观念深处，
乃是一个既为仇敌死、又为他们得赦免而祷告的耶稣，因
此，透过对此榜样的反思，基督徒能以极为不同的方式来
对待那些与自己不同的人；他们绝不会以暴力和压迫的行
动来对付反对他们的人。

虽然我们也不能故意忽略教会在历史上奉基督之名所
行的不公义之事实，但是谁又能否认，基督教最基要的信
念所产生的力量，会成为这个乱世中一股强大的和平推动
力呢？

第2章

良善的上帝怎会容许苦难发生？

　　一位英文系的大学生希拉利说："我就是不相信基督教的上帝存在。他会容许世界上有恐怖的苦难，所以他可能只是全能而不良善——不愿意结束邪恶和苦难；不然他就是良善而不全能——无法解决邪恶和苦难。这两种情况都显示圣经所描述的那位良善而全能的上帝是不可能存在的。"[1]

　　希拉利的男朋友罗伯又补充说："苦难对我不是一个哲学性的议题，而是一个个人性的问题。即使这位上帝存在，我也不愿意相信一个会容许苦难发生的上帝。也许有上帝存在，也许他不存在；但就算他存在，他也不可靠。"

对许多人来说，他们最大的问题不是基督教的排他性，而是世界上有邪恶和苦难的存在。有些人认为无妄之灾是一个哲学性的难题，以致他们从根本上怀疑上帝的存在；但这个问题对于另外一些人而言，则可能是一个极为个人性的问题。他们不在乎上帝是否存在这种抽象的问题，而是拒绝投靠或相信一位容许历史和生活中发生这种事的上帝。

2004 年 12 月一场猛烈的海啸，夺去了印度洋沿岸二十五万人的性命。在接下去的几周之内，报章杂志上充满了各样的信件和文章，它们都在询问："上帝在哪里?"一位记者写道："如果上帝真的是上帝，那他绝对不是良善的；如果他是良善的，那他就绝对不是上帝。他不可能两者都是，尤其是在我们亲历印度洋的大灾难之后。"[2]虽然这位专栏作家充满自信地这样断言，但其实这种努力要证明"邪恶否定了上帝的存在"的观点，"现在（几乎）已经被公认为完全破产了"。[3]这是为什么呢?

邪恶和苦难并非否定上帝存在的证据

英国哲学家麦凯（J. L. Mackie）在他的书《有神论的奇迹》（*The Miracle of Theism*）里提出这种否定上帝存在的观点。他的论点是这样：如果有一位良善又有大能的上帝存在，那么他就不会容许没有意义的邪恶发生。然而因为世界上确实有许多不合理、无意义的邪恶发生，所以基督教传统中所认为的那位良善又有大能的上帝是不可能存在的。不过，其他宗教里的神明可能存在，无神的情况也可能存在，但基督教传统中所认为的上帝绝对不可能存在。[4] 许多哲学家在麦凯的理论中找到了一个主要的破绽：这理论中塞藏了一个前提——世界上充满了没有意义的邪恶；如果邪恶对于我来说没有意义，那么它就**必定是**无意义的。

当然，这种推论是有谬误的。不能只因为你看不到或想像不出上帝怎么会让某件事情发生，你就说那件事情的发生是没有原因的。在此我们再次看到顽固的怀疑主义在其认知机制中所隐藏的强烈信心——如果我们的思想无法在宇宙深处探寻到苦难的答案，那么这个答案必定不存在！这是一种高层次的盲目信仰。

这个论点的核心谬误，可用哲学家普兰丁格的蠓虫例子来说明（蠓虫是一种极小的昆虫，人被咬后所引起的斑块远比蠓虫本身大）。如果你在一个狗窝里寻找圣伯纳犬，但是什么都没有看到，你可以合理地认定狗窝里没有圣伯纳犬。但是如果你在狗窝里寻找蠓虫，却没有找到，这时如果你想当然地认为它们不存在，那就不合理了，因为毕竟它们太小了。许多人相信，如果有好的理由可以解释邪恶的存在，它们就应该是我们的头脑能够想到的，它们应该像是圣伯纳犬而不像是蠓虫，而比较不能接受没

有蠓虫的答案。但为什么关于上帝的事就必定得是这样呢?⁵

这种反对上帝的论点不但在逻辑上不通,在经验上也不对头。身为牧师的我,经常会讲到《创世记》中约瑟的故事。约瑟曾经是一个被哥哥们所痛恨的骄傲的年轻人,他们因着对他的恼怒,就把他丢到坑里,后来又把他卖到埃及,使他为奴受苦。无疑,约瑟必定祷告求上帝救他逃脱,但是没有人及时伸出援手,于是他就开始了为奴生涯。然而,虽然他经历多年的捆锁和苦难,但他的品格反而被这些试炼所提升和加强。最后他被高举成为埃及的宰相,在饥荒中拯救了成千上万的百姓,其中也包括他自己的家人。若不是上帝容许约瑟多年受苦,他绝不可能有如此大的能力,可以维持社会的公义并带来灵性上的医治。

每当我讲到这段经文时,都会听到许多人说他们能和这个故事产生共鸣。许多人不得不承认,他们能够成功之最重要的因素,都是来自于其最艰难和最痛苦的经历。有些人在回头看他们所罹患过的疾病时,都发现那是他们个人与灵性成长所不可或缺的一段时光。我自己曾经罹患癌症,我妻子也常年患有克罗恩病 (Crohn's disease)①,我俩都能亲身见证这种说法。

_____

① 一种慢性消化系统炎症。

我在事奉的第一个教会中认识了一位男士，他因一次毒品交易的破裂而脸上被打了一枪，导致他几乎完全失明。他告诉我说，他曾经是一个极度自私又残忍的人，对于自己所遭遇的法律和人际关系问题，他总是怪罪别人。视力的丧失一方面将他彻底击垮，但另一方面也让他深深地谦卑下来。"当我的肉眼被关闭之时，我心灵的眼睛却被打开了。这件事终于让我看见自己在过去是怎么对待别人的。我改变了，现在我平生第一次交到了朋友，是真正的朋友！虽然我付上了惨重的代价，但是我必须说，这是值得的。我终于拥有了值得活的人生！"

虽然他们当中没有一个人会感激苦难本身，但他们也不会愿意用任何东西来换取他们从中所得到的洞见、品格及力量。对我们大多数人而言，只要有足够的时间和恰当的角度，就可以看到生命中某些患难和痛苦背后的好理由；那么，如果是从上帝综观全局的角度来看，这不也是可能的吗——所有的痛苦都有它们的好理由？

如果你相信上帝是既伟大又超越的，但是你对他很气愤，因为他无力制止世界上的邪恶和苦难，那么你要了解，你所相信的这一位既伟大又超越的上帝，可以有他的好理由而容许世上继续有邪恶和苦难，只是这理由是你无法知道的。事实上，你不可能两者都相信——既相信他的伟大和超越，又相信他没有能力或没有理由。

邪恶和苦难可能是上帝存在的证据

虽然那些恐怖而令人不解的苦难不能否定上帝的存在，但对于相信圣经的人来说它们仍是一个问题。可是，对于不相信上帝的人来说，这问题可能还要更大。英国知名作家路易斯曾经在《返璞归真》一书中谈到，他自己原先因为看到生命的残酷而拒绝接受上帝存在的观念，但是后来他意识到，若是依照他新接受的无神论来看，更难解释苦难的问题。最后他发现，苦难的存在其实更能支持上帝存在的论点，而非否定上帝的存在。

我拒绝相信上帝存在的理由之一，是因为宇宙看起来是非常残酷又不公平的。但我是从哪里得到"公平"和"不公平"的概念呢……当我宣称宇宙不公平时，我是用什么来与它相比呢……当然，我可以放弃自己对公平的概念，而说那不过是自己个人的想法而已。但如果我真的那样做了，我拒绝相信上帝存在的理由也就瓦解了——因为我拒绝相信上帝存在的理由是根据世界真的不公平，而不仅仅是因为我个人的想法没有得到满足……结果无神论就显得太粗浅了。[6]

路易斯看到，现代人拒绝相信上帝的理由，是基于一种要公平和正义的想法。我们认为，人类**不应该**受痛苦、被隔离、被饿死、被压迫。但是，物竞天择的进化机制却**倚赖**死亡、毁灭、弱肉强食等这些极为自然的现象。由此看来，无神论者有什么根据来评断自然界出了大错，既不公平又缺乏正义呢？不相信上帝的人对于不公不义的愤怒并没有好的依据，但正如路易斯所指出的，这却是他们反对相信上帝的第一个理由。如果你很**肯定**这个自然界是不公不义又充满邪恶的，那么你必定是根据一个在自然界之外（超自然）的标准做出这个裁定。对此，哲学家普兰丁格说：

> （如果上帝不存在，而我们只是进化来的），那么真的可能会有令人恐怖的邪恶这种事吗？我看不出这种可能性。唯有当有理性的受造者必须依照某种规范而生活时，才可能会有所谓的邪恶存在……从世俗的角度来看世界，不会有任何真正的道义存在……因此也不能说有真正和可怕的邪恶。由此可见，如果你真的认为有令人恐怖的邪恶存在（……而不只是一种幻象），那么你就拥有了一个强而有力的……（支持上帝之真实性的）论点。[7]

简而言之，悲剧、苦难、不公义等问题，是每个人都要面对的问题；对于相信上帝的人来说，这个问题不小，但对于不相信上帝的人来说，这个问题更大。所以，如果你以为放弃对上帝的信仰就更能面对邪恶的问题，那么你的想法虽然可以理解，却是一种错误。

有一天在我讲道之后，教会中的一位女士质问我所用的例子，那个例子是在说明邪恶的事情也会带来美善。她在一场暴力抢劫事件中失去了丈夫，而她的几个孩子也分别有着严重的精神和情绪障碍。她坚持说，有一件邪恶带来美善的故事，就有一百件看不到一丝希望的悲剧。同样，对于生命中真实受苦的人来说，本章到目前所讨论的内容，听上去可能会让人感到冰冷而毫无关联性；他们可能会说："就算苦难和邪恶不能在逻辑上否定上帝的存在，但那又怎样呢？我还是很愤怒；这种哲学性的讨论，**不能让基督教的上帝对世上的苦难和邪恶脱掉干系！**"对于这个反应，哲学家克里夫特（Peter Kreeft）指出，基督教的上帝来到世界上，特地要让自己陷入人间苦难。在耶稣基督里，上帝经历了最深的痛苦；因此，虽然基督教没有为每一件痛苦的经历提供解释，但它却提供了深厚的资源，使人能够以盼望和勇气而不是苦毒和绝望来面对它们。

比较耶稣与历史上的殉道者

所有福音书的记载都显示耶稣在面对将临的死亡时，并没有表现出一般人对属灵英雄所期待的那种镇定和无畏。知名的马加比的殉道者们（Maccabean martyrs）在叙利亚暴君安提阿古四世伊比芬尼（Antiochus Epiphanes）统治下罹难，他们就是在逼迫下仍然充满属灵的勇气——他们的最著名之处，是在承受断手、断脚的酷刑之时仍然很有信心地为上帝放胆直言。相对于他们，圣经描述了耶稣在面对将临的死亡时却深深地颤栗："就惊惧起来，非常难过。于是对他们说：'我的心灵痛苦得快要死了。'"（可14：33—34）路加也记载耶稣在死亡之前极其"伤痛"——他把耶稣因惊恐而在身体上产生的征兆都描写了出来（路22：44）。马太、马可和路加都记载耶稣为了避免死亡而求问天父是否有其他可行之路："阿爸，父啊，你凡事都能作，求你叫这杯离开我。"（可14：36；另参路22：42）到最后，当他在十字架上时，他并没有像马加比的殉道者们那样呼吁四周围观的众人要对上帝忠心，而是大声呼喊着说，上帝离弃他了（太27：46）。

耶稣在十字架上经历了三个小时之久的死亡过程——缓慢地窒息和失血。虽然这个过程极为可怕和痛苦，但是马加比的殉道者们所经历的死亡则更为痛苦和恐怖，然而他们却显出更大的信心，并且更为冷静。另外有两位知名的殉道者是拉蒂默（Hugh Latimer）和里德利（Nicholas Ridley），他们在英国改教运动中因着基督新教的信念而于1555年在牛津被处以火刑。当熊熊火焰燃起时，人们听到拉蒂默主教冷静地说："里德利先生，放心吧，拿出大丈夫的气概！靠着上帝的恩典，我们今天在英国点起了一根蜡烛，我相信它是永远不会熄灭的。"

为什么耶稣对自己将死的反应是如此强烈，远超过其他人，甚至远超过他的信徒呢？

上帝的苦难

要了解福音书在最后部分所记载之耶稣的苦难，我们就必须记得在福音书的开头之处，作者们是怎么介绍他的。福音书作者约翰在《约翰福音》1章中向我们介绍了上帝的一个奥秘，也是他极重要的一个属性，那就是他有三个位格。上帝的儿子不是被创造的，而是参与创造，并且从永远到永远都活在"父怀里"（约1:18）——这是指他与天父的关系是绝对亲密和充满爱的。然而，在他生命结束之时，他与天父的关系却被切断了。

应该没有什么比失去我们所渴望的关系，会带来内心更大的痛苦。如果一个泛泛之交的朋友批评责备你，对你说他永远不再理你了，你会感到痛苦；如果是你的恋人这样对你说，你会感到更加痛苦；但如果是你的配偶这样对你说，或是你的父母在你童年时这样对你说，你心理上所受到的创伤肯定会更加严重。

然而，我们无法测度，耶稣失去与天父从永远到永远的无限之爱，会是怎样大的痛苦；这不同于失去那些只能维系若干年的夫妻之爱或父母之爱。耶稣所受的痛苦，可能是我们永远都无法承受得起的。基督教的神学一直向我们指出，耶稣所承受的——代替我们所承受的——是人类所当得的、与上帝永远的隔绝。在客西马尼园中，即使耶稣只是初尝（和预尝）这种滋味，就已经无比惊恐了。新约学者莱恩（Bill Lane）写道："耶稣在被卖之前来到天父面前，然而他看到敞开在他面前的是地狱，而不是天堂，于是他惊恐起来。"[8] 在十字架上，耶稣因被离弃而大声喊着说："我的上帝！我的上帝！你为什么离弃我？"（可15：34）——这是一句关系性极强的话。莱恩又写道："这声喊叫是极其真实的……耶稣死时并没有放弃上帝。即使在被离弃的地狱之中，他也没有丢弃对上帝的信心。他在痛苦的祷告中，还是肯定地大声呼喊：'我的上帝！我的上帝！'"[9] 即使耶稣在经历与天父之无限隔绝时，他还是使用亲密的语言——"我的上帝！"

救赎与苦难

耶稣之死与任何其他人的死亡有着本质上的差异。他在身体上所受的痛苦，若比起灵里所遭受到的宇宙性的弃绝，可以说是微不足道。[10] 在全世界各种宗教中，只有基督教宣称上帝在耶稣基督里成为独特而完全的人，因此他能亲身理解绝望、被拒、孤单、贫穷、丧亲、被虐和被囚的痛苦。他在十字架上所经历的超越人类最深的痛苦，并且因为他的知识和能力无限地超越我们，所以他所经历的宇宙性弃绝和痛苦也无限地超越我们。他的死亡显示出上帝在爱中受苦，与所有遭到遗弃的人认同。[11] 但他为什么要这样做呢？圣经说，耶稣来到世上的使命是要拯救被造的世界。他必须要为我们的罪付上赎价，这样，有一天他可以不用毁灭我们而结束邪恶和苦难。

让我们来看看这对我们有什么影响。如果我们再来问"为什么上帝容许邪恶和苦难持续存在？"这个问题并注视着耶稣的十字架，我们可能仍然不知道答案是什么。但是我们现在能明白答案不是什么了：不会是他不爱我们，也不会是他对我们的境况不在乎或无动于衷。上帝如此关切我们的痛苦和惨况，甚至愿意亲自为我们承担。哲学家加缪（Albert Camus）对此有深刻的理解，他写道：

这位神—人（基督）也忍耐地受苦。邪恶和死亡不再能完全地归罪于他，因为他也受苦并死亡。各各他[①]的夜晚在人类历史上极为重要，因为在它的阴影里，他明显地放弃了神性的特权，一直活到最后一刻，经历了死亡的痛苦和绝望。因此这就解释了"拉马撒巴各大尼"这句话[②]

① 耶稣被钉十字架地点。
② 耶稣在十字架上用亚兰语喊出的话，意思是："为什么离弃我？"

以及基督在极度痛苦中所发出的可怕怀疑。[12]

因此，如果我们接受基督教的教导——耶稣就是上帝，而且他上了十字架，我们便能得着深深的安慰和力量，来面对这个世界上的残酷现实。我们知道上帝真的是"以马内利"——上帝与我们**同在**——即使是在我们最深的苦难之中。

复活与苦难

当我们在困难中的时候，所需要的不只是知道上帝与我们同在，我们也需要盼望，知道我们的受苦不是"徒然的"。你有没有注意到，某些失去所爱之亲人的家庭，是何等迫切地说出这样的话？他们努力地希望修改法令，或改变那些导致其亲人死亡的社会状况：他们需要相信他们所爱之人的死亡，会带来新的生命，而他们所遭遇的不公义，也会带来更大的公义。

对于在苦难中的人，基督教信仰所提供的资源不仅是关于十字架的教导，更是关于复活的事实。圣经所教导的未来，不是一个非物质的"乐园"，而是一个新天新地。在《启示录》21章中，我们看到的并不是人类被带出这个世界进入天堂；相反，乃是天堂从天而降，并且将这个物质世界变得洁净、更新和完美。当然，世俗的观点是看不见死亡和历史之后还有将来的复兴，而东方的宗教则相信将来我们都会失去个别的独特性，与万灵同归于一，因此我们在世界上的物质生活就会永远归于无有了。即使是其他相信有天堂和乐园的宗教，也只认为那是对今生有失丧和痛苦者的安慰，是弥补今生本应有的喜乐的所在。

然而圣经的观点则是相信复活——那个未来并非只是**安慰**我们（因我们现在所不能拥有的生活），而且能**复兴**我们（使我们拥有一个一直所渴望的生命）。这表示所有曾经发生过的可怕事件，不但会被消除和修复，而且会在未来以某种方式带来更大的荣耀和喜乐。

多年前我曾经做过一个可怕的噩梦，在梦中我的家人全都死了。当梦醒时我大大地松了一口气——那不仅是感到轻松，更使我对每个家人的爱立时大增。当我看到他们每一位时，心中除了感恩不已，更感到我是何等地深爱他们。为什么会这样呢？那是因为噩梦放大了我的喜乐！当我醒来以后，不但喜乐赶走了恐怖，而且到最后我对家人的爱也因着失而复得变得更深。这种翻转也会发生在你失去某些自以为理当拥有的东西之时；当你又找到了它（原先以为再也见不到它了），你的喜悦和感恩会更加深刻。

希腊哲学（特别是斯多葛学派）中有一种信念，认为历史是无止境的循环。宇宙每隔一段时间就会衰老，并且会在烈火中燃烧，经过炼净之后，历史重新开始，这被称为"再生"（*palingenesia*）。可是《马太福音》19:28 中耶稣讲到他再临时才是"再生"（*palingenesis*）①："我实在告诉你们，到了万物更新，人子坐在他荣耀的宝座上的时候，你们这些跟从我的人……"这是一个极为新颖的概念。耶稣强调他的再临将带有极大的能力；这个物质世界和宇宙中的所有败坏和破碎都要被清除，一切伤痕都要被医治，所有"要是能这样发生就好了"的事，都将"真的是这样发生"了。

《魔戒》三部曲的故事高潮之后，哈比人山姆发现他的朋友甘道夫居然出其意外地没有死，而是活得好好的。他喊着说："我以为你死了！然后我想我自己也死了！是不是所有哀伤的事，都不再是真的了？"13 基督教对于这个问题的答案是——确实是的。所有哀伤的事，都不再是真的了；那些曾经破碎或失去的，都将要变成更美好的。

相信基督教教义中的道成肉身和十字架，可以为苦难中的人带来极深的安慰。而相信复活的教义则可以使我们产生强而有力的盼望，因为它应许我们将要得着最渴望的生活——那个世界将是一个无比荣耀的世界，远远超过一个从不需要勇气、忍耐、牺牲和救恩的世界。14

陀思妥耶夫斯基（Dostoevsky）将此景象完美地表达了出来，他写道：

———————————

① 新译本译为"更新"。

我像一个小孩子般地相信，一切苦难都将得着医治，并且将被补偿；所有人类矛盾所带来的羞辱和荒谬，都将如海市蜃楼般令人心碎地消失，都将如一个最差的组合——无能加上无限小的欧几里德（Euclidean）之心智能力——那般地不见。我也相信，在世界的最终乐章里，在达到永恒和谐的时刻，将会有很宝贵的东西来到，它能满足所有的心灵，平息所有的愤怒，赎去人类所有的过犯，以及所有流人血的罪恶；它不仅能够带来赦免，更能够使曾经发生过的一切都变得合理。[15]

　　路易斯说得更简洁：

　　他们说某些暂时的苦难是"任何将来属天的福乐也无法弥补"的，殊不知当天国临到之时，将要逆转一切，甚至使痛苦变成荣耀。[16]

　　这就是苦难和邪恶最终的溃败——它们不仅仅是结束了，更是彻彻底底地被击败了，以至于所有发生过的事，都只会在未来把我们带进无限美好的生命和无限大的喜乐之中。

第 3 章
—————— 基督教是一件紧身衣

一位住在纽约市布鲁克林区的青年艺术家凯思说："基督徒相信他们拥有绝对的真理，而且世界上所有的人都必须相信它，否则后果堪忧。这种态度实在是危害每一个人的自由。"

另一位年轻的艺术家克萝伊也这么认为，她说："是啊，这种用一套真理走天下的作法太限制人了。我所认得的基督徒似乎都没有自己思考的自由。我认为每个独立的个人都必须决定什么才是适合自己的真理。"

一个相信绝对真理的信仰，真的就是自由的敌人吗？我在纽约所遇见的大多数人都如此认为。基督教把某些信仰称为"异端"，把某些行为归为"不道德"，这样它就把那些违犯其教义和道德标准的人排除在外了。对现代的旁观者来说，这就是危害人的自由，因为它会分裂人群，而不是使人团结起来。不仅如此，这在文化上似乎也显得很狭隘，因为它不能认同各种文化对于何为真实的不同观点。最后一点，它似乎会使它的信徒变得像奴隶一般，或至少是使他们变得像婴孩一般被操纵，因为它在每件事上都要决定他们应该相信什么或应该有怎样的行为。心理治疗大师佩克（M. Scott Peck）曾提起他所辅导过的某位女士对基督教的感受："**我**在那儿没有容身之地，只有死路一条……我不想为上帝而活，我也不会那样做。我只想……为自己而活。"[1] 她认为基督教会扼杀她的创造力和成长。二十世纪早期社会主义激进分子戈德曼（Emma Goldman）也如此认为，她说基督教是"人类种族的整平器，人类意志的粉碎机……有如铁网，又如紧身衣，使人无法发展或成长"。[2]

在 2004 年的电影《我，机器人》(I, Robot) 的结尾，机器人桑尼已经完成了他被设计的目的，现在他知道自己已不再有目的了。电影结束在他与另一位主角斯普纳探长的对话之中。

桑尼：现在我已经完成了我的目标，我不知道要做什么了。

斯普纳探长：桑尼，我想你要为自己找出路了，就和我们一样……这就是自由的意义。

　　在这句对话里，"自由"的意义就是指在我们的被造之上，没有支配一切的目的；若是有的话，我们就有义务要去遵循并满足它的要求，但那就是一种限制。真正的自由是创造属于你自己的意义和目的的自由。最高法院将此视为法律天条，因此它说"自由的核心"乃是"人有权利定义自己存在的概念、宇宙的意义，以及人类生命的奥秘"。[3]古生物学家与科普作家古尔德（Stephen Jay Gould）也同意此说：

　　我们之所以存在，是因为有一群怪鱼身上长的一种奇特的鱼鳍骨骼，后来它就发展变成了陆地生物的腿。又因为彗星撞击到地球，以至于恐龙绝种，因此哺乳动物能有幸存的机会……我们也许想要有"更高深"的答案，但是它并不存在。虽然从表面上来看，这个解释令人不安，甚至让人觉得很恐怖，但是这却至终能使人得着自由和激励。我们不能只是被动地在自然界的事实中寻找生命的意义；我们必须为自己建构出答案来……[4]

　　基督教好像变成了社会凝聚、文化适应、甚至真实人性的敌人，然而这些反对之词其实是误解了真理、社群团体、基督教和自由等概念的本质。

真理是不可规避的

法国哲学家福柯（Michel Foucault）写道："真理是一种属于这个世界上的东西，它只能在多种形式的强制下产生，包括权力的作用。每个社会都有它自己的真理体制，它自己的真理'政治'。"[5] 许多人受到福柯的影响，就认为所有对真理的宣称都是权力的操作；换句话说，当你宣称自己拥有真理时，你就是想要得着权力并控制别人。福柯师承尼采（Nietzsche），他们率先用这个方法来分析左派和右派的人：如果你在尼采面前宣称"每个人都应该为穷人主持公道"，那么他就会问你：你这样说是因为你是真的热爱公义和穷人，还是因为你想展开一场革命，以获得控制的权力。

然而，这个看法——认为所有的真理宣称都是权力的操作——所产生的问题，就如同认为所有的真理都受到文化的制约一样（详见本书第 1 章的反对论点）；如果你想用一刀切的方法看待所有的真理宣称，那么你就会发现，其实你自己拥有一个站不住脚的立场。基督徒作家路易斯在《人之废》（*The Abolition of Man*）一书中写道：

但是你不可能永远地"一刀切"，因为你将会发现，连你自己的解释都被"一刀切"了。你不可能永远地"看透一件事"，因为"看透一件事"，就是透过那一件事看到别的东西。窗户应该是透明的；透明的窗户很好，因为我们可以看到它外面的街道和花园，而那些是不透明的。但是如果连花园都是透明的，你可以"看透花园"，那会是怎么样呢？……一个完全透明的世界，是一个什么都看不到的世界。要"看透"所有的事，就等于什么都看不到。[6]

如果你说所有的真理都是权力的操作，那么你的这个陈述也不例外；如果你（像弗洛伊德一样）说所有关于宗教或上帝的真理宣称，都只是为了解决罪咎和不安全感的心理投射，那么你的这个陈述也是一样。所谓的看透一切，就是什么都看不到。

虽然福柯自己否认有真理，但他所做的却是想要从他对别人的分析中推出真理。由此可见，某种形态的真理宣称是不可规避的。当你拒绝承认真理存在，却又致力于对抗压迫时，就是一种前后不一致的矛盾，而这矛盾或许就是造成后现代思维中的"理论"和"解构"（反对结构主义）日益衰落的原因。[7] 英国的天主教思想家及作家切斯特顿（G. K. Chesterton）在差不多一百年前就提出了完全相同的观点：

新的反叛分子是怀疑论者，他们不相信任何理论……因此他们绝不会是一个真正的革命家，因为他们所有的指责都暗指出另一种道德信条……因此在这个反叛中的现代人，就其反叛的所有目的而言，实际上已经失去了功用。因为他们反叛所有的理论，因此就失去了反叛任何一个理论的权利……有一种思想会制止其他的思想，而这种思想就是唯一应该被制止的思想。[8]

社群团体不可能是完全容他性的

要成为基督教团体的一员，就需要接受某些特定的信仰：它并不是朝所有人开放的。因此就有人批评说这是分裂社会——人类的团体应该要能在共同人性的基础上，完全开放容纳所有人。这个观点的支持者指出，在许多市郊的社区中住着不同族裔和宗教信仰的居民，他们能够在共同的社区中和谐地生活与工作，这样的社群生活只要求每个人尊重别人的隐私和权利，并且努力做到让所有人都能平等地接受教育、工作和决定公共事务。在"自由民主"之下，不需要有共同的道德信仰。

但不幸的是，以上所说的观点是过度简化了自由民主。其实自由民主的基础包括了很广泛的前提——要重视个人的权益过于群体的权益，要区分个人的道德标准和公众的道德标准，并且要把个人的选择权神圣化。然而这些信念对于许多文化来说都是相当陌生的。[9] 由此可见，自由民主（和所有社群团体）建基于一套共同而特定的信念。西方社会乃是基于对理性、权利和公义的共同委身，虽然并没有一套被大家所共同接受的理性、权利和公义的定义。[10] 事实上，每一个人对于公义和理性的解释，都深藏在他对人类生命意义的一整套特定信念中，而这套信念并不为所有的人所共有[11]，因此，这种完全容他性的社群观只是一个幻想。[12] 每一个人类的社群团体都持守某些他们共同的信念，因此必然会有其范围——把某些人容纳在其中，同时也把另一些人排除在外。

让我们想像一下这个例子：假设某地区的"同性恋者和变性者社区中心"的一位董事宣布说："我经历了一个宗教性的经验，现在我认为同性恋是一种罪。"时间一周周地过去，他还是保持这个看法。再假设"反对同性婚姻联盟"的一位董事宣布说："我发现我的儿子是同性恋，但我认为他有权利和他的伴侣结婚。"无论这两个团体的董事会成员有多恩慈多宽容，总有一天他们必须对这两位董事说："你必须退出董事会，因为你和我们没有共同的信念。"通常一般人认为上述第一个团体的包容性比较大，而认为第二个团体比较有排他性，但其实它们在实际运作上几乎是一样的：它们都是以其共同的信念作为界限来运作，接纳一些人并排除另一些人。这两个团体都不能被视为是"狭隘的"，因为社群团体的本质就是如此。

如果一个社群团体没有要求其成员持守某些信念和实践，那么其成员就不会有集体的认同，也不会真正成为一个团体。[13]我们不应该因为一个团体要求其成员达到某一个标准，就说它有排他性。但这样说的话，我们是否还能够分辨出一个社群团体是开放而彼此相顾的，还是狭隘而彼此压迫的？答案是肯定的，我们有办法分辨出来。有一套更好的办法来测验它们：哪一个社群团体的信念会带领其成员以爱和尊敬来对待别人，去服务别人并满足他们的需要？哪一个社群团体的信念会致使其成员攻击那些触犯他们信念的人，并将之妖魔化，而不是以仁慈、谦卑和笑脸去对待他们？当基督徒谴责非信徒、又对他们很不恩慈的时候，我们应该责备那些基督徒；[14]但是当教会根据信仰而要求其成员维持一个标准时，我们就不应该批评他们，因为每一个社群团体都是如此。

基督教在文化上不是僵硬的

基督教也常被人视为文化上的紧身衣，认为它迫使不同文化的人落入单一的模子里，并且认为它是多元主义及多文化主义的敌人。然而，事实上基督教对于各样文化的接纳程度，比世俗主义及许多其他的世界观更大（并且也更少有破坏性）。

我们可以看到，基督教扩展的情况与世界上其他每个宗教都不同。伊斯兰教的中心和主要版图，仍然留在它原先开始的地点——中东；同样，印度教、佛教和儒教的地理中心，也都还在它们原先开始的地方。但基督教则不同：它先是以犹太人为主，以耶路撒冷为中心；后来是以希腊人为主，以地中海地区为中心；再后来许多北欧的蛮族接受了信仰，然后基督教便逐渐开始以西欧和北美洲为中心。今天世界上大多数的基督徒是在非洲、拉丁美洲和亚洲，相信再过不久，基督教就会以南半球及东半球为中心了。

有两项研究十分具有启发性。在 1900 年时，非洲有百分之九的人是基督徒，以一比四的比例低于伊斯兰教徒的人数；今天，非洲的基督徒人数占了百分之四十四[15]，在二十世纪六十年代就已超过穆斯林人数。[16]这种爆炸性的增长也在中国出现[17]——基督教不仅在中国农民中发展，也进入社会文化的更高阶层，甚至还有一些党员。依照现在的增长速度，在三十年内，中国基督徒的人数将会达到十五亿中国人口的百分之三十之多。[18]

为什么基督教在这些地区能够有如此爆炸性的发展呢？非洲学者萨内（Lamin Sanneh）提出了一个最能引人深思的答案。他说，非洲人有一个源远流长的传统，那就是相信超自然世界中有许多善与恶的灵，而当他们开始能阅读以自己的文字所译成的圣经时，就有许多人看到，耶稣就是他们非洲人在历史中所等待和盼望的最终答案。[19]萨内写道：

> 基督教借着重新定位非洲人的世界观而回应了这个历史性的挑战……人们从心里感受到，耶稣并没有嘲笑他们所尊重的神圣事物，或是他们所呐喊、期盼的那位无往不胜的救主，因此，他们就为他敲起神圣的鼓声，直到繁星在天空中踊跃跳舞。而这些星星在跳舞之后就不再微小了。基督教帮助非洲人成为更新了的非洲人，而不是仿造的欧洲人。[20]

萨内认为，世俗主义中的反超自然主义和个人主义，对当地文化和"非洲特性"的破坏性，远胜于基督教。非洲人在圣经中读到了耶稣的能力胜过超自然的邪灵，以及他在十字架上已经得胜，因此当非洲人成为基督徒时，他们的非洲特性就被转化，得以完善，也得到解决，而不是被欧洲或其他的特性所取代。[21]借着基督教，非洲人既能够承袭传统，也有足够的距离能够评论传统。[22]

有关基督教在文化上的包容性，我自己在纽约市曼哈顿区所服事的救赎主长老教会就是个有趣的例子。它在这种环境中的成长，让许多旁观者跌破眼镜。经常有人问我："你怎么能在这么世俗化的地方，接触并且吸引到数以千计的年轻人呢？"我的答案是：基督教在纽约所成就的，和它在其他有增长的各个地方所成就的一样——它很显著而正面地适应了周围的文化，但却没有妥协自身主要的信念。

救赎主长老教会所持守的基本教义——基督的神性，圣经的无误性，借着相信基督赎罪之死而得着属灵重生的必要性——和非洲、亚洲、拉丁美洲、美国南部及中西部等福音派和五旬节派所相信的正统信仰与超自然信念是一致的。这些信念常会造成我们与纽约其他许多具有不同观点和行为的人之间的冲突；但在同时，我们却很乐意接纳城市中多元文化的许多特色，例如我们重视艺术，珍惜种族的多样性，强调在都市中为**所有居民**追求公义的重要性，并且也以我们城市文化特有的语言和感受力与人沟通。但最重要的是，我们强调救主的恩典——他不但和当时社会所不齿的"罪人们"一起吃饭，而且深爱那些和他敌对的人。对曼哈顿区的居民来说，所有这些都非常重要。

因此之故，救赎主长老教会就接触并吸引了一群具有相当多样性的都市会众。有一次主日崇拜时，有人向我的妻子凯西介绍坐在她前座的人，那人是汽车大亨德洛雷安（John DeLorean）带来的，他是某位保守派的共和党总统候选人的讲稿撰写人。过了一会儿，坐在后排的一位女士拍拍凯西的肩膀，要介绍她认识另外一个人，而那位她带来的男士则是歌星麦当娜（Madonna）当时的主要作曲人。凯西很高兴他们两位都能来参加聚会，但是她也盼望这两位立场迥异的人，在听讲道之前不要碰面！

几年前，有一个人从美国南部来到纽约拜访我们教会，他听说我们虽然持守正统的基督教教义，但还能在这个充满怀疑和世俗化的都市里茁壮成长。他以为他会看到我们是用前卫的音乐和影片、激动人心的短剧、格外时髦的布景以及其他各种耀眼的景观来吸引人；但让他非常吃惊的是，他所看到的只是一场简单又传统的崇拜，从表面上看起来，这和他在保守的家乡教会所看到的几乎完全一样。可他又发现，会众当中的许多人是绝不可能踏进他所知道的任何一间教会的。在崇拜结束后他来找我，对我说："这对我完全是一个奥秘。那些像是在马戏团里跳舞的熊在哪里？那些把戏在哪里？听众为什么会来这里？"

我向他介绍了一些已经来我们教会一段时间的"城市艺术型"的人，这些人建议他要从表面往深处看。其中一个人说，救赎主长老教会与一般教会的差别很大，主要在于它本身的"反讽语言、爱心和谦逊"。他们说这个教会不像其他教会那样，会用夸大和煽情的话来操控人的情感；相反，大家都是用温和而带有自我贬抑的反讽语言来和别人说话。不仅如此，这间教会是以爱心和谦逊来表达信仰，因此使得曼哈顿区的人感到，即使他们不同意这个教会的某些信念，他们也是受欢迎和被接纳的。但最重要的一点是，救赎主长老教会的教导和沟通都是知性而细致入微的，在敏感于人的需要方面他们做得很好。

所有这些特色都受到曼哈顿人的赞扬，然而这些特色也都是出于历史上的基督教教义。例如，强调种族的多样性就是直接引自使徒保罗在《以弗所书》2章的教导：保罗在那里指出，教会中的种族多样性是一个重要的见证，显明在基督里合一的真理。神学家尼布尔（Reinhold Niebuhr）曾指出，这种反讽——消遣式地看待人类想要像上帝却又失败的情况——正是基督徒看待事情的特别方式。[23] 所有这些对文化的适应，都源于历史上基督教的教导，它们绝不仅是营销技巧而已。

　　为什么基督教比其他主要宗教更能适应这么多完全不同的文化呢？当然，所有形态的基督教都共同接受一个核心的教导（《使徒信经》、主祷文和十诫），然而对于如何在特定文化中表达出这些绝对性的内涵，则还有许多自由空间。例如圣经说基督徒要合一地用音乐赞美上帝，但是它并没有规定赞美的韵律、节奏、情感表达的层次或所使用的乐器——这些都可以根据文化而有不同的表达方式。历史学家沃尔斯（Andrew Walls）写道：

　　文化的差异性已经被嵌入基督教信仰之中……《使徒行传》15章宣布了外邦的基督徒不需要进入犹太的文化中……归信的人必须找到……一个希腊方式来作基督徒。（所以）没有人可以独占基督信仰。基督教没有所谓的"基督教文化"，像你到巴基斯坦、突尼斯、摩洛哥等

地所看到的"伊斯兰教文化"那样……[24]

　　圣经中有些经文,例如《以赛亚书》60章、《启示录》21至22章,指出在未来那个更新而完美的世界中,我们仍然保有文化的差异性("万口、万族、万民、万国"),这表示所有人类的文化皆有其(由上帝而来的)不同之美善和优点,使得整体的人类更加丰富。正如沃尔斯所指出的,虽然每种文化皆有其扭曲之处,也有一些成分需要借着基督教的信息来面对和改善,但每个文化仍然各有其美善和独特的元素,是基督教可以连结并适应的。

　　由此可见,基督教并不像一般人所以为的,是会破坏地方性文化的西方宗教;相反,它比许多其他宗教更能包容文化上的差异。[25]基督教中包含着深层的希伯来、希腊和欧洲等文化的洞见,在未来一百年还会进一步受非洲、拉丁美洲和亚洲等文化的塑造,因此基督教极可能成为最真实的"普世的世界观"[26],因为几个世纪以来,它的领袖已经是来自"万口、万族、万民、万国"了。

自由不是那么简单的

　　有些人认为基督教会限制个人的成长和潜力的发挥,因为它约束了我们选择自己信念和生活的自由。德国哲学家康德将"被启蒙"的人定义为是相信自己思想的力量而不相信权威或传统的人。[27] 现在这种在道德方面抗拒权威的态度，已然成为我们文化中一股汹涌的潮流——要作一个真正的人，必要条件就是拥有决定自己道德标准的自由。

然而这种看法过度简化了自由的本质。我们不应该用消极的措辞来定义自由——没有约束和限制——因为事实上，在许多事例中，约束和限制是通往自由的途径。

如果你有音乐方面的天赋，你可能必须年复一年地练习、练习再练习。这是一个限制，减少了你的自由；当你花时间练习的时候，就不能做许多其他可做的事情了。因此，如果你有天赋，只有坚持训练并有所限制和约束，才能释放出你的能力，否则那能力就不能被发挥出来。这意味着什么呢？就是刻意牺牲自己做某些事的自由，好使你能得到更丰富的自由来完成另一些事。

但这并不是说所有的限制、训练和约束都能够自动带来自由。例如一位一百六十三公分、五十七公斤的年轻人，不应该把人生目标设为美式足球的线卫球员①，因为他无论怎样训练和努力，都只会让他受挫甚至受重伤（身体上的）。他这样做是硬着头皮去和身体上的现实对抗——因为他就是没有这种潜力。在我们的社会中，有许多人费尽所有的力气去工作，只因为它是高薪职业，却不考虑那些职业是否合乎他们的才干和兴趣。时间久了，这样

————————

① 线卫球员通常是队中最高大的球员。

的工作就变成紧身衣，窒息并扼杀了他们的人性。

因此，只有当训练和约束能与我们的本性和潜力相称时，才能带来自由。就像一条鱼，因为它只能吸收溶在水中的氧气，而不能吸收空气中的氧气，所以它的自由只能被约束限制在水中。如果你把它抓到草地上，那么它活动和活命的自由非但没有加强，反而会被摧毁。我们若不尊重鱼的本性，它就会丧命。

在人生的许多事情中，自由不太关乎没有限制，而是关乎寻找到正确、能释放我们的限制。当限制能够符合我们的本性和现实世界时，反而会使我们产生更大的能力和发挥空间，也会为我们带来更深的喜乐和满足。那些实验、风险、错误之所以能使我们在一段时间之后有所成长，乃是因为它们能让我们明白自己的极限和能力。如果我们的理性、事业和身体的成长都需要有明智而审慎的约束，那么我们的灵性与德性的成长岂不更需要这些吗？与其坚持要有自由以创造灵性的实质，我们不如努力发现灵性的实质，并且训练和约束自己遵循它而生活。

那种认为我们可以订立自己道德标准的流行观念，其根基乃是相信灵性的范畴与现实的世界截然不同。然而真的有人是这样相信的吗？多年来我在主日早上和下午两堂的崇拜之后，都会留在会场，花一个小时时间来解答问题，每次总有几百个人留下来参加这个讨论会。我最常听到的看法之一就是："每个人都可以自己决定，对他来说什么是对的，什么是错的。"而我总是用另一个问题来回答对方："在这一时刻中，世界上会不会有一些人正在做的事，是你认为他们应该停止这么做的——尽管他们相信自己的行为是正确的？"通常对方都会说："当然会有！"那么我就会再问对方："这不就代表你**确实相信**有某一种道德的实质不由我们个人决定，不论人怎么感觉或怎么想，大家都应该去遵守？"几乎每一次在我说完这话以后，就是一片沉默，不管听众是在思想还是在不服气。

终极自由是爱，它比我们所认为的更有约束性

这样说来，什么是我们应该认知并发展的道德和灵性实质？什么是我们若自限于其中就能得自由的环境，就像鱼在水中就得自由一般？答案是爱，爱是最能限制我们、却又最能使我们得自由的。

不论是对朋友的爱或是对情人的爱，爱的原则之一就是必须要失去个人的独立性以得到亲密的关系。如果你想得着在爱里的种种"自由"——爱所带来的满足感、安全感和价值感——你就必须在许多方面限制自己的自由；你不可能既和朋友或者情人保持深入的关系，却又仍然独断专行，或是不让他们对你的生活发表意见。如果你想要经历到爱所带来的喜乐和自由，你就必须放弃个人的自主权。法国小说家萨岗（Françoise Sagan）在《世界报》

（Le Monate）的采访中把这个观念表达得很清楚。她说自己的一生过得很满意，没有任何的遗憾：

采访者：那么你是否拥有了你所想要的自由？

萨岗：是的……当我和人谈恋爱的时候，我的自由就显然地减少……但一个人并不是时刻都在恋爱之中。除此之外……我是自由的。[28]

萨岗说得没错，爱的关系会限制你个人的选择自由。这里我们再次面对了有关"自由"的错综复杂的观念。在爱的关系中，人类最为自由，也最有活力；我们在爱中才能作自己，而健康的爱的关系包含相互的、无私的服务，以及相互放弃自由。路易斯对这个观念的阐释很精彩：

爱就是愿意受伤害。不论你爱什么对象，你的心都一定会受伤害，甚至可能会破碎。如果你想要保持完整的心，那你就绝不能把心交给别人，甚至连动物都不行。把你的心用各样嗜好和小享受包裹起来，避免任何纠缠，把它锁在你自私的棺材中。在那安全、黑暗、没有活动、没有空气的棺材中，它会变质——它不会破碎，但会变得打不破、穿不透、赎不回。避免悲剧或至少是避免悲剧之危机的另一个选择，是永远的毁灭。在天堂以外，唯一能不受到爱所带来之危险和烦扰的安全之地，就是地狱。[29]

因此，自由并不是指没有限制和约束，而是指寻找到正确、符合我们本性并且能释放我们的限制和约束。

在一段健康的爱的关系里，彼此都一定会失去个人的独立性。爱绝不是单向的，双方都必须向对方说："我要为你调整，我要为你改变，我也要服务你，即使这表示我必须有所牺牲。"如果只有单方面的牺牲和付出，而另一方面只是要求和接受，这样的关系就是利用和剥削，它会压迫和扭曲双方的生命。

因此，当我们面对人与上帝的关系时，起初以为它在本质上会使人失去人性，以为这关系一定是单向的——只有上帝那一个方向的：因为这位神圣的上帝拥有一切的能力，所以我必须调整自己来适应他，他绝不可能调整自己来适应我和服事我。

这样的看法在其他有神的宗教中也许没错，但对基督教而言并不正确。上帝以最激烈的行动——道成肉身和赎罪——为我们做出了调整改变。耶稣基督成为受到限制的人，软弱地承受了苦难和死亡。在十字架上，他担当了我们——罪人——的景况，代替我们死，使我们得到赦免。上帝以最深刻的方式在基督里对我们说："我要为你调整，我要为你改变，我也要服务你，即使这表示我必须有所牺牲。"如果他已经为我们做了这些，我们就能够、也应该对上帝和其他人说出相同的话，正如使徒保罗所说："原来基督的爱激励（constrains）① 我们"（林后5：14）。

路易斯的一位朋友曾经问他说："爱上帝容易吗?"他回答说："对那些已经这样做了的人来说，爱上帝是容易的。"③ 其实爱上帝并不像这句话听上去那样吊诡。当你身陷爱河时，你就会想要取悦你所爱的人；你不会等到对方要求才有行动，你会热切地研究和学习每一件能让对方快乐的小事，然后就将它们带给对方，即使这要让你花钱或是使你很不方便。你会感到："你的盼望就是我的命令"，并且完全不会有受压迫或被强制的感觉。也许你的朋友只从外表来看你，所以会很困惑地想："她的一颦一笑都搞得他团团转。"但是你的内心简直快乐得像在天堂。

基督徒和耶稣的关系也是这样，因为他的爱激励（限制）我们。一旦你明白了基督如何为你而改变，如何为你而舍命，你就不会再害怕放弃自己的自由，并且会因此而在他里面得到真正的自由。

---

① 这个单词有"限制"之意。

第 **4** 章

————— 教会要为许多不公义负责

法律系的学生海伦坚持说:"我必须怀疑那些充满狂热分子和假冒为善者的宗教。很多完全没有宗教信仰的人比我认得的许多基督徒更为仁慈,也更有道德。"

另一位法律系的学生杰西卡则说:"历史上记载教会曾经支持过不公义和破坏文化的事。如果基督教所信的是真的,怎么会有这种事发生?"

芝加哥大学教授里拉,曾为《纽约时报杂志》(*The New York Times Magazines*)撰写了一篇文章,说他在青少年时期"重生"的经历,以及他到大学时代又"被扭转"放弃了基督教的信仰。怎么会这样呢?他从美国密歇根州的底特律市搬到不远的大学所在地安阿伯市后，加入了一个全国知名、以活泼灵性著称的基督徒团体，然而那里却让他"致命地失望"。那个团体非常专制，又有阶层制，成员们非常"教条主义……急切地想要把我圈在教条的框框中"。他认为这些人是战斗式地滥用圣经来控制别人的生活，因此他就"醒悟过来"。他说："我吃惊地发现那个引证反对我的人……竟然是对的……这就表示——这个想法第一次如此刺透我的心——圣经可能是错的……这就是我走出信仰世界而进入生活世界的第一步。"[1]

许多在理性上反对基督教的人，其背后都经历过个人对基督徒和基督教会的失望。我们都会根据自身经验而把一些问题提升到理性的层面。如果多年来你遇到过许多有智慧、有爱心、仁慈又有洞见的基督徒，也见到过许多不单执着于信仰，还热心公益，并且十分慷慨的教会，那么你就比较能支持基督教所提出的理性论据。但反过来说，如果你遇到的大多是挂名的基督徒（空有基督徒之名而无其实），或是自以为义的狂热分子，那就必须要有格外有力的论证才能说服你，让你承认基督教是可信的。里拉之所以认定"圣经可能是错的"，并非纯粹是哲理性的反思结论，而是因为他对某位特定人物的抗拒，因为那个人想要以基督教的名义来控制他。

因此我们必须探讨基督徒的行为——包括个人的和集体的——因为许多人因之而不能欣赏和接受基督教。有三个明显的问题需要讨论，第一是基督徒有明显的性格缺陷问题：如果基督教是真理，为什么许多非基督徒的生命比基督徒更加良善？第二是战争和暴力的问题：如果基督教是真理，为什么多年来许多教会组织都支持战争、不公义和暴力？第三是狂热主义的问题：虽然基督教的教导有许多很好的内容，但是我们为什么要与这群沾沾自喜、自以为义、危险的狂热分子为伍？

基督徒的性格缺陷

任何加入教会生活的人，很快就会发现，那些自称基督徒的人在性格上有许多缺陷。有的教会比其他志愿机构更有争斗性，结党纷争的现象更严重，而且基督徒领袖在道德上的失足人尽皆知。虽然说媒体可能过度地乐于刊登这些丑闻，可是这些事件并不是无中生有的；教会领袖的腐败似乎并不输给（如果不是胜过）世界上一般的领袖。

然而世界上同时也有许多没有正式宗教信仰的人，他们活出了值得我们效法的道德生活。如果基督教真如它自己所宣称的那样，那么基督徒的整体表现不是应该比别人更好吗？

其实，这样的假设来自对基督教真正内涵的误解，其中之一就是不了解基督教神学中所说到的"普遍恩典"（common grace）。《雅各书》1：17 说："各样美好的赏赐，各样完备的恩赐，都是从上面、从众光之父降下来的。"这句话的意思是说，不论表现出好行为的人是谁，每一个良善、智慧、公义和美好的行为，都是出自上帝所赐的能力。上帝"出于恩典"赐下智慧、才干、美丽和技艺等美好的礼物，完全不是因为人有什么配得这些礼物的功德；而且上帝所赐的这些礼物普及所有人，并不分宗教信仰、种族、性别或其他特点，为的是要使这个世界更加丰富、明亮并得以维持。

基督教神学也说到真正的基督徒在性格上仍会有严重的缺陷。圣经的核心信息之一是说我们之所以能和上帝建立关系，单单是出于上帝的恩典。我们在道德上的努力是极为薄弱的，而且动机也不正确，完全不足以让我们用自己的功德来赢得救恩。救恩乃是靠着耶稣——借着他的死和复活——赐给我们的，而我们只是白白地接受这个礼物。所有的教会都是以不同的方式来表达出所相信的这一点。一个人成为基督徒以后，就会逐渐地在性格上成长，并且在行为上改变，这是一个过程。然而许多人误解了基督教，以为人必须先把生命"清洁干净"，才能赢得上帝的同在；但这并不是基督教的信仰。不过这也解释了为什么教会中充满了不成熟和心灵破碎的人，他们在情感上、道德上和灵性上，还有很长的路要走。有一句话说得很贴切："教会是罪人的医院，而不是圣人的博物馆。"

美好性格的塑造大多是靠一个充满爱、有保障和稳定的家庭与社会环境，但这些条件都不是我们所能控制的。今天许多人成长的背景是一个不稳定的家庭，没有好的榜样，生命中充满了悲剧和失望的经历，因此他们背负着内心深处的不安全感和过度的敏感，并且缺乏自信心，他们也因此就落在各样困难的挣扎中，例如无法控制愤怒、羞怯、瘾癖等等。

假设有一位女士，她过去的生命是很破碎的，现在成了基督徒，性格就开始有显著的改变。虽然如此，比起另一位生活适应力较强、自觉不需要任何信仰帮助的女士来说，她仍然较为缺乏安全感和自制力。假如你在同一周内遇见这两位女士，除非你知道她们的人生过程有着完全不同的起点，否则你就很可能会下结论说基督教的价值不大，基督徒也达不到他们自己的高标准。在通常情况下，那些生活比较艰难、品格比较"低于标准"的人，往往比较可能承认他们需要上帝，并且归信于基督教。所以我们不应该有错误的期望，因为许多基督徒的生命的确是比不上那些没有宗教信仰的人[2]（正如住在医院中的人的健康状况，一定比不上那些参观博物馆的人）。

宗教与暴力

正统的宗教是否必然会带来暴力？英国著名的无神论作家希钦斯（Christopher Hitchens）在其著作《上帝不伟

大：宗教如何毒害一切》（*God is not Great：How Religion Poisons Everything*）中，便宣称"正统的宗教必然会带来暴力"。在这本书的第二章"宗教杀人"中，他从个人角度记录了发生在世界各地因宗教而燃起的暴力事件，包括在爱尔兰的贝尔法斯特、黎巴嫩的贝鲁特、印度的孟买、塞尔维亚的贝尔格莱德、巴勒斯坦的伯利恒，以及伊拉克的巴格达等。他认为宗教会利用种族和文化的差异，又会扩大其争端；他说："宗教和种族歧视并无不同……其中一个会激发煽动另一个。宗教一直都是族裔之间怀疑和仇恨的巨型扩大器……"[3]

希钦斯的观点算是合理。宗教会"升华"一般性的文化差异，致使双方都觉得他们是处在"善与恶"之间的宇宙性争斗中；这就是希钦斯会认为"宗教毒害一切"的原因。看起来他说的似乎也没错——基督教国家借着宗教法庭的恣意镇压，以及买卖非洲的奴隶，而制度性地施行帝国主义、暴力和压制；二十世纪中叶日本帝国的极权主义和军国主义，是源于佛教和神道教文化的深刻影响；伊斯兰教是今天许多恐怖主义的土壤，但是以色列的军队也常常无法无天；印度的民族主义者常常打着宗教的旗号，对基督教的教堂与伊斯兰教的清真寺进行血腥的攻击。以上这些事例似乎都指出宗教会加深人与人之间的分歧，直到仇恨沸腾，开始战争、暴力以及对弱势族群的压制。[4]

然而，这种看法是有问题的。二十世纪的几个共产主义国家都拒绝了所有有组织的宗教以及对上帝的信仰，他们这样做是追随法国大革命，后者以人本理由拒绝了传统的宗教。这些国家的社会都推崇理性和世俗化，但是它们都在不受宗教的影响下，对其人民进行了大规模的残害。为什么会这样呢？神学教授麦格拉思指出，当一个社会把上帝的观念除去时，它就会将别的东西或别的概念"升华"为道德上和灵性上的权威。马克思主义者是把国家绝对化，而纳粹主义则是将种族和血统升华。即使是自由和平等概念，也都可能成为对敌人施加暴力的途径。法国革命时期著名的政治领袖罗兰夫人（Madame Roland）在1793年因莫须有的罪名被押上断头台时，对着革命广场上的自由雕像鞠了一躬，然后说："自由啊，有多少的罪恶是打着你的名号而行的。"[5]

以基督教之名而行暴力之实，是一件恐怖的事，我们必须强调这是无可推诿的，并且要改正它。然而在二十世纪，因着世俗主义的影响而发生的暴力事件和道德上的绝对主义所引起的问题一样多。消灭一切宗教影响的社会对其人民的压制并不亚于那些深浸在宗教中的社会。因此我们只能得出这样的结论：某些暴力的推动力深深扎根在人心深处，不论其社会的信念是什么——社会主义或资本主义，相信宗教或不相信宗教，个人主义或极权主义——它都会表现出来，因此，从终极来说，暴力和战争的事实并不一定能成为否定那个社会主流信念的理由。

狂热主义

最让今天一般人对基督教敬而远之的，也许不是暴力和战争，而是狂热主义的阴影。许多非信徒的朋友或亲戚"重生"成为基督徒以后，就变得异常激动，他们很快就开始激烈地表达出他们对社会中不同团体的反对意见，特别是对电影、电视、民主党、同性恋、进化论支持者、激进的法官、其他宗教的成员，以及公立学校所教导的价值观等。当他们为信仰的真理而争辩时，往往表现得偏激而自义。这在许多人眼里就是狂热主义。

很多人认为基督徒是分布在两极之间，一极是"挂名的"基督徒，另一极则是"狂热的"基督徒。挂名的基督徒只有基督徒的头衔，但没有活出信仰来，也可能不完全真的相信；狂热的基督徒则是信得很着迷，又过度地实践基督教的教导。在这样的划分里，他们认为最好的基督徒是属于中间的人：不完全赞同基督教的教义，不过于专注和着迷（虽然还是相信它）。但是这种观点的问题在于它以为基督教信仰基本上是一种改善道德的方式，因此认真的基督徒就只是认真的道德家，若是在耶稣的时代，他们就会被称为法利赛人。法利赛人式的基督徒认为自己合乎上帝的心意，因为他们有道德的行为和正确的教义，而这就自然地使他们在其他不如他们那么认真的信徒面前，感到自己高人一等；这也衍生出各种形式的暴虐、排斥和压制——这就是我们所认为的狂热主义的本质。

然而基督教的本质是恩典带来救恩；我们得到救恩不是因为我们做了什么，而是因为基督为我们所做的。如果你相信你是单单因着恩典而被上帝接纳，你就会深深地谦卑下来。那些会成为狂热分子的人，不是因为他们过度委身于福音，而是因为他们委身得不够。

想想那些你认为是狂热分子的基督徒，他们专横傲慢、自以为义、固执己见、麻木不仁，而且尖酸刻薄。为什么会这样呢？并非因为他们太有基督的精神，而是因为他们太没有基督的精神了。他们狂热于大发热心和勇气，却没有狂热于谦卑、敏锐、有爱、同情、宽恕和理解——即"像基督"的品格。因为他们把基督教当成自我提升的课程，所以他们会效法基督在圣殿中挥舞鞭子，而不会效法基督自己——他曾说："你们中间谁是没有罪的，他就可以先拿起石头打她。"（约8：7）事实上，那些让我们感到过度狂热的表现，是源于没有全然委身于基督及福音。

圣经对宗教的批判

极端主义和狂热主义所造成的不公义和压制，是任何一个宗教团体都会有的危险，但是对基督徒来说，解决之道不是要淡化或减弱他们的信仰，而是要更全面、更准确地理解基督教信仰的含义。圣经中的先知们非常清楚这一点；事实上，哲学教授韦斯特法尔（Merold Westphal）就引证说，马克思的分析——认为宗教是一个压迫者所用的工具——早就被以赛亚、耶利米、阿摩司等希伯来先知所预见，甚至新约圣经的福音书也提过这样的信息。根据韦斯特法尔的看法，马克思对宗教的批评并不是原创的思想，因为圣经早已先于他了。[6]

耶稣曾对宗教有过重要的批判。在著名的登山宝训中（《马太福音》5 至 7 章），耶稣所指责的对象不是那些非宗教界的人，而是那些宗教人士。他责备他们在祷告、周济穷人、遵循圣经教导而生活等事情上，是以自己得到赞扬和权力为动机。他们以为可以借着其属灵的表现而施加压力在别人身上，甚至在上帝身上——"他们以为话多了就蒙垂听"（太 6：7）。他们也因为自己的属灵表现就喜欢论断别人，定别人的罪，快速地批评别人，而不愿接受指正。他们就是狂热分子。

耶稣讲道时，一再地对那些受人敬重、严守规条的人说："税吏和娼妓比你们先进上帝的国。"（太 21：31）他也不断地使用激烈的言词定罪他们的律法主义、自以为义、褊狭、贪爱钱财和权势——"你们法利赛人把杯盘的外面洗净，但你们里面却充满了抢夺和邪恶……你们把难担的担子叫人担，自己连一个指头也不动。"（路 11：39—46）"他们吞没了寡妇的房产，又用冗长的祷告作掩饰。

这等人必受更重的刑罚。"（路20：47）因此，当我们发现其实是这些相信圣经的宗教人士置耶稣于死地时，就不会太惊讶了。正如瑞士神学家巴特（Karl Barth）所言，钉耶稣十字架的是教会，而不是世界。[7]

耶稣这样说是跟随着希伯来先知的道路，就像以赛亚曾对他同时代的人说：

> 他们天天寻求我；乐意明白我的道路，好像行义的国民，不离弃他们上帝的公理；他们向我求问公义的判语，又喜欢亲近上帝。他们说："为什么我们禁食，你不看呢？为什么我们刻苦己身，你不理会呢？"看哪，你们在禁食的日子，仍然追求自己喜欢作的事，欺压为你们作工的人……我所拣选的禁食不是这样吗？不是要松开凶恶的锁链……折断所有的轭吗？不是要把你的食物分给饥饿的人，将流浪的穷困人接到你的家里，见到赤身露体的，给他衣服蔽体……吗？（赛58：2—7）

究竟先知们和耶稣在指责什么呢？他们并非反对祷告、禁食和遵守圣经对生活的教导，但是宗教人士倾向于借着遵守灵性和道德上的诫律，来获得对人和对上帝的权力，即以礼仪和善行来讨上帝的喜悦。因此这导致他们注重宗教的外表形式，同时也引致贪心、物欲以及对某些社会阶层的欺压。他们相信自己能借着高度的热诚和道德的善行来取悦上帝，所以就很自然地认为他们这一群人应该得到别人的尊敬和高于别人的权力。然而耶稣和众先知所相信的，是一位单单因着恩典而施行拯救的上帝：他不受宗教表现或道德表现所操控——人唯有借着悔改并放弃自己的权利，才能够寻见他。如果我们单单是因着上帝的恩典而被拯救，我们就只能成为感恩的、愿意服事上帝和邻舍的人，正如耶稣在差遣他的门徒时所说的："但你们中间却不要这样；谁想在你们中间为大的，就要作你们的仆役，谁想在你们中间为首的，就要作大家的奴仆。"（可 10：43—44）

在耶稣和先知们的指责中，总是说到自以为义的宗教人士对社会之公平、公正的无动于衷，然而真正基督信仰的标记却是对贫穷人和边缘人的深刻关切。瑞士神学家加尔文（John Calvin）在注释圣经中的先知书时说，先知们的哀哭深切地表达出了上帝的痛苦，他极为认同那些穷人。圣经也教导我们说，对待穷人的态度就等同于对待上帝的态度。[8]

虽然教会在那些不时出现的欺压人的事情上有着不可推卸的责任，但很重要的是，我们也应该要了解到，圣经**从信仰内部**为我们提供工具，用以分析和勇敢批判得到宗教支持的那些不公义。萨默维尔宣称，那些激烈批评基督教的世俗观点，甚至也是借用基督教内的资料来否定它。[9]许多人批评教会是一个渴望权力和关心自我利益的地方，但是在许多的文化中，却把追求权力和尊敬当成是一件好事；因此萨默维尔问：那么我们是从何而知什么是教会应该有的美德，从而来定教会的罪？事实上我们是从基督教信仰本身而得知的。

萨默维尔为了要向他的学生表明这个观点，就邀请他们作了一个思想实验。他指出，基督教到来之前的北欧民族，例如盎格鲁—萨克逊民族，他们的社会文化建立在荣誉的概念上——以赢得并保持别人的尊敬为其最高价值，否则就是一种耻辱；然而基督教的传教士们想要改变他们，希望他们能以爱心为价值的基础而寻求别人的好处。为了表达这两种价值观的差别，他要学生想像有一位矮小的老太太，晚上提着大皮包过马路，然后问说：为什么别人不可以把她打昏，抢走她的皮包和里面的钱？以荣誉（耻辱）为基础的文化会这样回答：你不可以抢她的皮包，因为如果你欺负弱者，你就是一个卑鄙的人，没有人会尊敬你，你也会看不起自己。当然，这样的伦理观是关心自我的利益，即你所专注的是你的行为会如何影响你的荣誉和名声。但是还有另外一种可以采取的思考方向。你可以想像被抢劫会给她带来多少痛苦，而失去金钱又会多么伤害倚靠她的亲人；因此，你不抢走她的钱是因为你盼望她和她的亲人都能过得好。这样的伦理观是以关心他人的利益为出发点；你是完全为她着想。

萨默维尔多年以来发现，绝大多数学生都是从第二个方向来思考，就是利他伦理。于是身为历史学家的他便指明他们的道德倾向是多么地"基督教化"。基督教改变了那些以荣誉为基础的文化——那些文化崇尚骄傲而轻看谦卑，崇尚掌权而轻看服务，崇尚勇气而轻看和平，崇尚荣誉而轻看谦逊，崇尚对本族之忠诚而轻看平等地尊重所有人。[10]

事实上，一般非基督徒对基督教会之压制和不公义的批判，是源自基督教信仰本身自我批判的资源。从历史的角度来看，教会的缺陷乃是在采纳和执行基督教福音之原则时不够完全。萨默维尔指出，盎格鲁—萨克逊民族的人初次听到基督教的福音信息时觉得不可思议，他们无法理解一个不惧怕和不尊敬权力的文化怎么可能存留下来；而当他们归信基督之后，也都还不能在信仰和生活上保持一致，而往往是把基督教的利他伦理和他们古老的传统混合在一起。他们支持十字军，以此来保卫上帝和他们自己的荣誉；他们让传教士、女人和农奴培养仁爱的美德，但认为那些美德对于有作为、有尊荣的男子并不适用。难怪教会历史中有那么多该受谴责的事。但是我们若抛弃基督教的标准，就完全没有可以用来衡量与批判的基础了。[11]

这样说来，当我们面对那些针对基督教会之历史记载而产生的公平又有力的批判时，应该怎么办呢？答案是：不要放弃基督教信仰，因为那会使我们失去能改正错误的标准和资源；相反，我们应该更全面、更准确地理解基督教信仰。圣经本身就告诉过我们会有滥用宗教的事，也告诉过我们应该要怎么办，因此在基督教的历史中，出现过许多重要的自我纠正的例子。让我们来看看其中两个最著名的例证。

奉耶稣之名而行的公义

基督教历史中最大的污点之一就是非洲奴隶贸易。在那段时间，买卖奴隶的都是以基督教为主流宗教信仰的国家，所以其教会和社会都有着不可推卸的责任。虽然在所有人类历史和文化中，普遍都有各种形式的奴隶存在，但却是基督徒首先挺身而出指责它的错误。社会历史学家斯塔克（Rodney Stark）写道：

尽管时下流行否认这个事实，可是的确在罗马帝国式微后不久，反对奴隶制度的教义就出现在基督教神学里，并且伴随而来的是除了少数边缘地区外，奴隶制度在整个基督教欧洲大陆都消失了。后来欧洲人在新大陆殖民区又开始奴隶制度，执意不顾教皇的激烈反对——这一段历史被人很任意地"遗忘"，直到最近才又重新引起注意。最后新大陆也废止了奴隶制度，从开始到完成，都需归功于基督教解放运动者的不懈努力。[12]

基督徒之所以要废止奴隶制度，并不是因为他们对于人权的认识，而是因为他们认为这种作法违背了上帝的旨意。在圣经时代，古老形态的契约式和无工资的奴仆制度，通常也非常严酷，但支持废除奴隶制度的基督徒则认为，这些以种族为基础、把奴隶视为终生财产、靠绑架而建立的制度，绝不符合旧约圣经或新约圣经的教训。[13] 许多基督徒的解放运动者，例如英国的威伯福斯（William Wilberforce）、美国的伍尔曼（John Woolman），以及其他许许多多的人，都因基督的名而奉献他们的一生来废止奴隶制度。然而在奴隶制度的背后，牵动着巨大的利益，因此教会内部也有许多想要使之合法化的动力，而许多教会的领袖们也袒护这个制度，使得这场自我纠正的奋斗变得艰巨无比。[14]

当最终英国社会愿意在其版图中废除奴隶制度时，其殖民地的农场主就发出警告，说解放奴隶会使投资者付出巨额的代价，而且各样商品的价格会灾难性地一飞冲天。然而这并不能动摇众议院中的废奴主义者，他们同意为了使奴隶自由而补偿农场主的损失，而这笔惊人的费用居然高达英国政府年度预算的一半。解放奴隶的法案在 1833 年通过，其所付出的代价之高，使得一位历史学家把英国解放奴隶称为是"经济自杀"。

斯塔克注意到，经济学家们迫切地想要找出为什么那些支持废除奴隶制度的人愿意付出如此大的牺牲。他引述历史学家坦伯利（Howard Temperley）的话说，大多数历史学家认为解放奴隶的这段历史令人感到不解，因为他们认为所有的政治性行为都是以自我利益为导向的。然而纵使过去五十年中有数百位学者想要去解释它，"但没有人能够成功地证明，这些最后达至成功的废奴主义者……有任何实际的得利企图……他们所衡量的不是会对国家造成多大的经济负担。"奴隶制度必须被废止，因为那个制度是错的，而基督徒就带头出来宣告这事。[15]基督教所具备的自我纠正机制，以及它对那些宗教所支持之不公义行为的批判，再一次肯定了它自己。

另外一个经典的例子，是二十世纪中叶发生在美国的民权运动。历史学家查普尔（David L. Chappell）论证说，在这段重要的历史中，这个运动基本不是一个政治运动，而是一个宗教和属灵的运动。北方自由主义的白人——他们和非裔美国人的民权领袖站在同一阵线——并不是在支持黑人的非暴力反抗，也不是在攻击白人的种族分离政策；他们乃是对人性的善良有一个通俗的信念，并且认为教育和启蒙必然会带来社会和族裔的进步。然而查普尔又指出，黑人领袖却是更扎根于圣经所教导的人心的罪性，也更像圣经中希伯来先知那般痛斥不公义的行为。查普尔还指出，正是那种基层老百姓的活泼信仰，使得非裔美国人在面对别人施暴来反对他们的诉求时，还有力量来坚持公平正义。因此查普尔说，除非你把民权运动看成是一种宗教的复兴,否则你不可能明白这整件事情。[16]

当马丁·路德·金(Martin Luther King)质问南方白人教会的种族主义时,他并没有呼吁南方的众教会要更走向世俗化。我们读他的讲章和他的"伯明罕监狱书信"(Letter from Birmingham Jail),就知道他是如何主张的。他呼吁白人基督徒要**更忠于**自己的信仰,要更了解圣经所真正教导的。他并没有说:"真理是相对的,每个人都可以自己决定对他来说什么是对的,什么是错的。"如果每一件事都是相对的,那么南方的白人就没有什么动机要去放弃自己的权利。相反,马丁·路德·金引用先知阿摩司的话说:"但愿公正好像潮水滚流,公义好像河水长流。"(摩 5:24)他真是我们时代中最伟大的公义斗士,他知道消除种族主义的解药不是要更少的基督教信仰,而是要更深入、更正确的基督教信仰。

奉基督之名力挽不公义狂澜的领袖,绝非只有威伯福斯和马丁·路德·金。当南非种族隔离政策被废止时,大家以为会有浴血暴动:过去的受害者会以暴力报复他们的压迫者,而过去的压迫者也会以武力自保反击。然而事实却不然:他们的基督教领袖,例如图图主教(Desmond Tutu)等人,在二十世纪九十年代中期设立了一个重要的"南非真相与和解委员会"(South African Commission for Truth and Reconciliation)——其名字就说明了它的原则与使命。这个委员会邀请受害者出来公开讲述他们的故事,他们也邀请过去实施压迫和暴力的加害者出来说明真相并请求赦免。委员会邀请每一方的人，毫不偏颇。委员会审核那些违反人权的报告，并且也考虑从各方而来的实施赦免的方案——包括从过去实施种族隔离的政府以及现在非洲国家议会而来的方案。这个委员会并非没有瑕疵或可批评之处，但它确实大大减少了一般人所预期的血腥暴力，有助于政权的转移。

二十世纪后期，东欧的天主教会不愿意在共产主义统治下被消灭，便借着"忍耐、蜡烛和十字架"开始一系列行动，最终推翻了极权政体。二十世纪八十年代早期共产党统治下的波兰，神父庞比乌斯高（Jerzy Popieluszko）以讲道和行动领导了一个支持自由贸易工会的运动，而当他被秘密警察谋杀后，有二十五万人前来参加他的葬礼，其中包括华勒沙（Lech Walesa），他所领导的团结工联运动最后推翻了共产党政府。许多前来参加葬礼的人在游行走过秘密警察总部时，手中拿着写有"我们宽恕"字样的横幅。[17]这一反抗运动具有基督教信仰的根基，这是很明显的。

还有许多其他因耶稣之名而受逼迫的殉道者，例如萨尔瓦多的罗梅洛大主教（Oscar Remero）。他因着保守、正统的教义观点而成为大主教，但当他就任新职以后，发现很多证据显示政府长期、暴力地侵犯人权，于是他开始放胆无惧地指责政府，最终在 1980 年举行弥撒时被枪击身亡。

当希特勒掌权时，著名的路德宗（信义会）殉道者朋霍费尔（Dietrich Bonhoeffer）正在伦敦牧养两个说德语的教会，但他不肯远远地置身事外，反倒回到家乡去领导认信教会——这个教会的会众不愿签名宣誓效忠纳粹政府——的一个地下神学院。在他经典之作《作门徒的代价》（*The Cost of Discipleship*）中，他批判了当时的宗教和教会，并且响应耶稣及先知们的呼吁，指出许多人因着灵性上的死亡和自满，才会与希特勒合作，并且盲目地无视那些有系统地摧毁并边缘化犹太人的计划。最后朋霍费尔被逮捕并处以绞刑。

他在狱中所写的最后一封信里说到，基督教信仰如何让他为了别人而放弃自己的所有。马克思曾说，如果你相信在今生之后还有来世，你就不会致力于使今生更好。但其实你也可以从相反的论点来说，如果我们所看到的世界——其好处是爱情、舒适和财富——就是所有的一切，那我为什么要为别人而牺牲自己？然而因为朋霍费尔拥有在上帝里面的喜乐和盼望，所以他才能做出他所做的事：

使人成为基督徒的不是那些宗教行为，而是在世俗生活中有份于上帝的受苦。这就是悔改：不先想到自己的需要、问题、罪恶和恐惧，而让自己走上耶稣的道路……痛苦是一位神圣的天使……人借着它（而非借着世界上所有的喜乐）而变得更伟大……一定会有渴望的痛苦（这经常能在身体上感受到），我们不应该也不需要把它摆脱掉，而是每次都要胜过它，这样就会有一位比痛苦天使更为圣洁的天使来到，那就是在上帝里面的喜乐天使。[18]

我为什么要举这些例子呢？因为它们都能证明马丁·路德·金是对的。当人奉基督之名而行出不公义之实时，就是不忠于那一位被不公义迫害而死、又呼吁世人要赦免敌人的耶稣之灵。当人像耶稣那样，为了使别人得自由而牺牲自己生命的时候，他们就会明白真正的基督教是什么，正如马丁·路德·金、朋霍费尔以及其他基督徒所呼吁的。

第 5 章

慈爱的上帝怎么会把人送到地狱去？

　　来自德国的研究生哈特莫说："我对存在一位审判人的上帝表示怀疑。这位基督教的上帝要用血来平息自己的愤怒；必须要有人死，他才会赦免人。他为什么不直接就赦免人呢？而且在旧约圣经里，充满了上帝下达屠杀命令的记载。"

　　在 Soho 区画廊工作的乔茜回答说："那些事情的确让人很难接受，但是我更不能接受的是有关地狱的教义。我认为唯有慈爱的上帝才是能让我相信的。圣经中的上帝只不过是一个原始社会中的神明，因为只有痛苦和苦难才能博其欢心。"

2005 年，皮尤基金会（Pew Fundation）主办了一次公开讨论会，由超大型教会牧师、畅销书《标竿人生》（*The Purpose Driven Life*）作者华理克（Rick Warren）面对许多资深记者演讲。一些出席者表示他们很难接受一项基督教信念对社会所隐含的意义，那个信念就是上帝会把某些人送到永远的刑罚里。其中有一位对华理克牧师说：

也许在你的观念中可以接受这样的矛盾存在；就拿温蒂（在场的一位不信上帝的记者）来说，她是一位美国公民，应该得到所有当得的保护，正如你教会中最资深的会友一般。但是当她死去之时，因为她没有得救，所以就会下地狱。但问题是，你认为那些跟随你的人——那些去你的教会、读你的书、在世界各地听你讲道的人——他们的心思也能像你这样复杂深奥，接受这种矛盾的观念吗？[1]

华理克回答说，他教会的人并不认为这些事情之间有什么矛盾，可是许多新闻工作者并不相信他的话；他们认为当基督徒认定某些人会下地狱时，必然也会轻看他们的尊严与价值。在这一点上，他们反映出今日许多人对基督教这项教义的疑虑，那就是基督教的上帝会审判人，并且把人送到地狱去。他们认定，这项基督教的信念必然导致排他、虐待、分裂，甚至暴力。

对我们的文化来说，上帝的至高审判是基督教最冒犯人的教义。作为一个牧师，我常常在讲道中根据圣经经文来指出上帝的愤怒、最后的审判，以及地狱的教义，也常常在教会主日崇拜之后的问题讨论时间（多年来我安排在崇拜之后有一段会众提问的时间）被纽约客们就这些教导进行"拷问"。不过，我认为他们对这个在历史上有重要意义的基督教信念深感不安，是完全可以理解的。虽然这种对地狱和审判观念的拒绝更多是一种强烈的反感，而不是一种怀疑，但是我们仍然可以从这种反感的态度中找到一些隐藏其下的具体信念。下面让我们逐一来分析这些看法。

"不可能有审判人的上帝存在"

贝拉（Robert Bellah）在其所写的极具影响力的《心灵的习性》（*Habits of the Heart*）一书中说到，"表达出来的个人主义"主导了美国文化。他在书中指出，百分之八十的美国人会同意这样的陈述："一个人应当具有其独立的宗教信仰，是不受基督教教会或犹太会堂所影响的。"[2]他也下结论说，美国文化最基本的信念是：道德真理应该依照个人良心而定。因此，我们的文化在接受上帝的慈爱这一方面毫无问题，即无论我们怎样生活，他都会完全地接纳我们；但是我们的文化却强烈地反对上帝会惩罚人这个观念，即当人很认真地持守一些其他信念，即使是一些误解，上帝也会惩罚他们。不过这种反对在文化上早已有之。

路易斯在他的经典著作《人之废》中，列出了他所认为的古代与现代对宇宙实体之看法的主要差异。路易斯反对现代人那种自鸣得意的看法，即古代人相信的法术后来被新兴的现代科学所取代。路易斯是中世纪研究专家，也精通中世纪到现代的历史转变，所以他知道其实中世纪时很少有法术，法术是到了十六、十七世纪左右才登上高峰期，而那正是现代科学发展的时期。所以他认为两者的发展都出于同样的原因。

> 在法术领域和在科学领域的认真努力，就像是一对双胞胎，只是其中之一生病而夭折，另一则强健而兴盛。但其实他们是双胞胎，是从同一股推动力所产生出来的。[3]

路易斯说，这股推动力就是对道德和灵性实体的新追寻。

有一种力量把法术和应用科学连结起来，同时也将这两者与较早世代的"智慧"分开。对古代的智者而言，最重要的问题是如何让灵魂去适应和符合宇宙的实体，而其解决之道是知识、自律和美德。但是对于法术和应用科学而言，最重要的问题是类似的，都是如何使那个实体

臣服于人类的愿望，而其解决之道则在于技术；然而在技术的运用上，它们都会去做一些至今仍被视为可憎和亵渎的事……[4]

古代的人相信在整体的宇宙中已经织入一个超越个人自身的道德法则。如果你违反了这个超越自然的法则，就会招致严重的后果，正如你违反了自然界的法则一样——如果你将手放在火上必然会被烧伤。因此，智慧之道就在于学习去适应和符合那个不变的实体，而要产生那样的智慧，主要在于发展品格的特质，例如谦卑、怜悯、勇气、谨慎和忠诚等。

然而现代性把这些都推翻了。超越自然界的法则不太会被视为最终极的实体：现代人更多是把自然界当成最终极的实体——并且这个实体是可以改变的。我们现在不再依照宇宙的实体而调整我们的欲望，反而是依据自我的欲望来控制和改造那个实体。古代的人见到一个焦虑的人会建议他在灵性和品格上作调整改变，但现代的人则会叫他去学习抗压的技巧。

路易斯知道读者可能会因此认为他反对科学方法，但他说自己并不是反对科学方法，而是要我们了解，现代性是在"对权力的梦想"中产生的。当路易斯在第二次世界大战中写作时，他经历到现代精神所产生的最苦涩的果子，而他的朋友托尔金（J. R. R. Tolkien）在其所写的《魔戒》中，也描述出人类追求权力与掌控、而不追求智慧与喜乐地享受上帝所"赏赐"之受造界的后果。[5]

现代精神又给了我们一种决定对与错的责任。因为我们认为自己可以控制这个物质世界，所以就产生了新的、过度的自信，以为我们可以重塑形而上的世界。我们自己决定说，发展婚外性关系是可以的，但后来发现有一位上帝要惩罚这样的事，于是我们就觉得这样不公平。我们深深地相信自己在这个形而上的范畴里有个人的权利，以至于认为上帝在末日的审判是不可能的。但是正如路易斯所说的，这种现代的信念紧紧相连于对权力和掌控的追求，这在世界近代历史上已经带来可怕的后果。不过今天并非所有人都接受对事物的现代观点，但为什么我们所表现出的行为仿佛还是逃避不了它的观点呢？

我在某次主日崇拜后的讨论会中听到一位女士说，上帝会审判人的观念非常冒犯人。我说："为什么你不觉得上帝会赦免人的观念冒犯你呢？"她的表情显出她对我的问题感到很困惑。我继续说："当你对基督教所教导的地狱观感到很被冒犯的时候，我要郑重地邀请你想一想自己身处的文化。"我继续指出，不信基督教的西方人不喜欢基督教教义中的地狱观，但是他们却喜欢赦免仇敌和被人打右脸就把左脸也转过来的教训。接着我就请她想像一下，不同文化背景的人会怎么看基督教的这个教导。在一些传统的社会里，这种"被人打右脸就把左脸也转过来"

的教导是绝对不合理的，它冒犯了人对是非对错的最深直觉；但对他们来说，上帝会审判人的教义却是毫无问题的。这种社会不接受西方人所喜爱的基督教教义，但却被西方人所不能接受的教义所吸引。

最后我下结论说：为什么西方文化所敏感的教义，就应该成为裁决基督教是否真实有效的最高法庭呢？然后我温和地问那位女士，她是否认为自己的文化胜过那些非西方的文化？她立刻回答说："不！"于是我继续说："那很好，但是为什么你的文化对于基督教的反对，就应该胜过其他文化的看法呢？"

为了讨论的缘故，让我们假设基督教不是任何一个文化的产物，而是出于上帝、出于超越文化的真理。如果这个假设是真的，那么我们就能预期，它在某些方面、对于某些人类文化会有抵触和冒犯之处，因为人类的文化一直在变化，而且也是不完美的。如果基督教是真理，那么它就一定会在某些地方冒犯你，并要纠正你的思想；也许上帝会审判人的教义就是那个冒犯你的地方。

"审判人的上帝不可能是慈爱的"

在基督教信仰中，上帝既是慈爱的，又是公义的，但许多人不能接受这一点，他们认为会审判人的上帝不可能同时又是慈爱的上帝。事实上，我本人也和其他传道人一样，都被问过上千次这个问题："慈爱的上帝怎么可能同时又是充满愤怒的上帝？如果他是慈爱和完美的，那他就应该赦免并接纳每一个人。他绝不应该发怒。"

我的回答总是指出，再怎么有爱心的人也会愤怒，这不仅是因为他们有愤怒，也是因为他们有爱心。如果你爱一个人，却见到有人在伤害他——甚至是他在自我伤害——你绝对会很愤怒。就如贝碧琦（Becky Pippert）在《给盼望一个理由》（*Hope Has Its Reasons*）一书中所写的：

> 试想当我们看到所爱的人因着没有智慧的行动或一段关系而遭受到伤害时，我们会有何感受？我们会像看到陌生人受伤时那样无动于衷吗？绝对不会。……爱的反面不是愤怒，而是憎恨，但终极的憎恨是漠不关心。……上帝的愤怒不是一种怒气的爆发，而是一种对迅速蔓延的罪的坚决反对，因为它已经侵蚀了整个人类的内心，而人类是他全心所爱的。[6]

圣经指出，上帝的愤怒是源自他的慈爱以及他对受造界的喜悦。他憎恨邪恶和不公义，因为它们摧毁了受造界的和平与完善。

耶和华在他一切所行的事上，都是公义的，他对他一切所造的，都存着慈爱的心。凡是求告耶和华的，耶和华都和他们接近，就是和所有真诚求告他的人接近。敬畏他的，他必成就他们的心愿，也必听他们的呼求，拯救他们。耶和华保护所有爱他的人，却要消灭所有恶人。（诗145：17—20）

然而许多人对这一点有抱怨，他们认为相信一个会审判人的上帝，就会使人不想要与敌人和好；而且如果你相信上帝会痛击恶人，那你自己也可能会想要做同样的事。耶鲁大学的神学家沃尔夫（Miroslav Volf）是克罗地亚人，他亲眼见过巴尔干半岛人的暴行，但他却不是这样看上帝审判人的教义。他写道：

如果上帝对于不公不义和诡诈欺骗不感到愤怒，也不制止暴力行为，那么这样的上帝不值得人敬拜。唯一防止我们全然依靠暴力的方法，就是坚持它只有在源于上帝时才是正当的……我的理论是，非暴力的实施必须建立在相信上帝会报应的信念上……但这在西方社会……是不会被普遍接受的。那种相信上帝不会审判、而人类应当实施非暴力的理论，只可能诞生于一个宁静安全的环境中；而在一片被无辜者的鲜血所浸湿、又被烈日所炙晒的焦土上，那种理论必会……和自由心灵中的其他快乐囚徒一起死亡。[7]

在这段精彩的分析中，沃尔夫还推论说，就是因为缺乏上帝会报应的信念，才促使"暴力秘密地滋长"。[8]人类对于施暴者的冲动反应，就是要他们为自己的罪行付上代价；这种反应势不可挡，绝对不可能只用"暴力解决不了事情"的陈腔滥调就搪塞过去。如果你曾亲眼见到自己的家园被焚毁，家人被屠杀或强奸，那么你就知道那种说法可笑至极，而且显出它完全不在乎公义。然而暴力的受害者也可能为了得到公义而做得过分，变成"以牙还牙，以眼还眼"的复仇心态，因此他们就被拖进无止境的报复循环中——打击和反打击不断地循环，双方都因对方的可怕恶行而有所行动并且自以为正确。

然而我们对公义的追求，如何能在不促进血腥复仇的情况下达成？沃尔夫指出，这个问题的最佳答案，就是相信上帝会有神圣的审判。如果我不相信上帝至终会改正一切错事，我就会拔剑而起，投身于那无止境的报复漩涡中；唯有当我确信有一位上帝会归正一切错谬，把所有的事都完美地安排好，我才会有能力抑制自己不去报复。

诺贝尔奖得主、波兰诗人米沃什（Czeslaw Milosz）曾经写过一篇著名的文章《虚无主义的朴实魅力》（The Discreet Charms of Nihilism），他在其中提到马克思说宗教是"人民的鸦片"，因为宗教应许人有来生，这使得穷人和工人愿意忍受社会上的不公平。但是，米沃什接着说：

现在我们见证到一个转变：真正的人民鸦片是相信死后什么都没有了——这个思想大大地安慰我们说，我们一切的悖逆、贪婪、胆怯、谋杀等，都将不会受到审判……（可是）所有大的宗教——基督教、佛教、犹太教、伊斯兰教——都认为人死后会有审判……都认为我们的行为是不朽的。[9]

许多人抱怨说，相信一位会审判人的上帝，会造成一个更为残暴的社会，然而米沃什却见证说——他本人也曾经历过纳粹和共产党的统治——不相信上帝会审判人的信念，才会引致暴虐。如果我们可以自由地塑造自己的人生和道德观，而不需要向任何人负上最终极的责任，那就会导致暴力的产生。沃尔夫与米沃什两人都力证说，基督教的这个教义——上帝最终要审判人——是人类践行爱与和平的必要基础。

"慈爱的上帝不会容许地狱存在"

你也许会说："啊！与世界上的邪恶和不公义斗争是一回事，但是把人送到地狱去又是另外一回事。圣经里讲到永远的刑罚，但这跟上帝的慈爱怎么能相合呢？我甚至不能把地狱的观念和慈爱的上帝连在一起。"我们应该如何来处理这种可理解的退避心态呢？

　　现代人对于地狱的观念大多是像这样：上帝给我们时间，但若我们没有在有生之年作出正确的选择，他就会把我们永永远远地丢在地狱里。当那些可怜的灵魂落入地狱时，他们会哭喊着求上帝施恩怜悯，但上帝会说："太晚了！你错过了机会！现在该受苦了！"然而这种漫画似的想法是完全误解了邪恶的本质；真正合乎圣经的图画应该是描绘出罪使得人与上帝隔绝，而上帝是一切喜乐、慈爱、智慧及美善事物的源头。因为我们被造本就是要活在上帝面前，只有在他面前我们才会发达、兴盛，并且发挥我们最高的潜能。如果我们完全离开他的同在，那就是地狱了——我们将不再有能力去接受或者付出任何的爱或喜乐。

　　圣经中常用火来描绘地狱的景况。[10] 火会瓦解物质，而我们在今生就可以看到人因为自我中心而造成的灵魂瓦解。我们都曾看见过自私和自恋所带来的那种刺透人心的苦毒、令人厌恶的忌妒、使人麻痹的焦虑、偏执多疑的思想，以及伴随它们而来的精神扭曲和否认。现在请你问问自己："如果我们的死并不是结束，而是灵魂会继续进到永恒里，那么结果会是什么呢？"由此可见，地狱就是一个灵魂的轨迹：活在自我中心和自我迷恋中，一直到永远……

《路加福音》16章中耶稣所说的财主和拉撒路的比喻，支持了我们在此处所表达的地狱观念。拉撒路是一个穷人，每天在冷酷的财主门口乞讨。当他们死了以后，拉撒路进了天堂，财主则进了地狱。财主在地狱里举目看见拉撒路在天堂——"在亚伯拉罕的怀里"，于是他就喊着说：

"我祖亚伯拉罕啊，可怜我吧！打发拉撒路来用指头蘸点水，凉凉我的舌头吧！因为我在这火焰里非常痛苦。"亚伯拉罕说："孩子，你应该回想你生前享过福，同样拉撒路受过苦，现在他在这里得安慰，你却要受苦了。不但这样，我们与你们之间，有深渊隔开，人想从这边过到你们那里是不可能的，从那边过到我们这边也是不可能的。"那人说："我祖啊！那么求你差遣拉撒路到我家里去，因为我有五个兄弟，他可以警告他们，免得他们也到这受苦的地方来。"亚伯拉罕说："他们有摩西和先知可以听从。"他说："不然，我祖亚伯拉罕啊，如果有人从死人中复活，到他们那里去，他们必定会悔改。"亚伯拉罕说："如果他们不听从摩西和先知，就算有一个从死人中复活的人，他们也不会接受劝告。"（路16：24—31）

然而此处让人惊讶的是，虽然他们的地位改换了，但似乎财主仍然没搞清楚究竟发生了什么事；他还以为拉撒路是他的仆人，可以随意打发他去做事。虽然财主没有要求离开地狱，但是他强烈地暗指上帝没有给他和家人足够的资讯以便知道人死后的事。解经家还注意到，财主这个在地狱里的灵魂有极多不接受的事，也有极多对别人的归罪和属灵上的盲目；而且这个财主与拉撒路有一个不同点，那就是圣经没有提到他的名字，只称他为"财主"，这强烈地暗指他的身份是建基于财产，而不是上帝，所以当他失去财产时，他也就失去了自我。

简而言之，地狱就是人自由地选择一个和上帝无关的身份，而这个选择将从现在延至永远。我们可以"见微知著"，在一些"小事"上看到这个过程，包括吸毒、酗酒、赌博以及色情等瘾癖。这些瘾癖首先会让人产生的是个人的蜕变，因为随着成瘾时间的增加，你会越来越需要更多令你成瘾的东西，才能得到相同的快感，而原来的快感也会越来越不能让你满足。其次会产生的是疏离，因为你会越来越责怪别人或环境，以便将你的行为合理化。你会越来越自怜，会自顾自地说："没有人了解我！所有的人都找我麻烦！"当我们将生命建基于上帝以外的事物，那件事物——无论是多么好的事物——就会成为奴役我们的瘾癖，因为我们必须要**拥有**它才能感到快乐。个人的蜕变范围更加广泛。在永恒中，这种蜕变永无终止之时。疏离、拒绝、妄想和自恋越发加增。当你失去所有的谦逊时，你就和宇宙的实体脱节了。没有人请求离开地狱，因为对他们来说，天堂的概念似乎只是一个假象。

路易斯在幻想小说《梦幻巴士》（*The Great Divorce*）中，描述了整整一车的乘客从地狱来到天堂的边陲。他们在那里被要求脱下缠累他们、使他们身陷地狱的罪孽，但是他们却拒绝了这个要求。路易斯对这些人的描写令我们震撼至极，因为我们从他们身上看到了自欺和自恋，而那些都是我们可以"见微知著"、在我们自己的瘾癖中所看到的。[11]

地狱开始于一种发牢骚的心态：总是抱怨，总是责怪别人……但这时你还能和它分开，甚至你自己也批评它，并且希望自己能停止这样发牢骚。然而可能到了某一天，你就停不下来了。那时的你不会再批评它，甚至还可能很享受它，那个发牢骚的心态会像机器一般永远运转下去。事实上不是上帝把我们"送到"地狱去，而是我们里面都有一样东西在不断地成长，最后就长成了"地狱"，除非我们在它还小的时候就把它除去。[12]

地狱中的人都很痛苦，但路易斯让我们看到其中的原因。我们看到怒气有如熊熊烈火，燃烧着他们的骄傲，他们的偏执，他们的自怜，他们的认定——别人都是错的，别人都是白痴！他们里面没有谦卑，因此他们也不再明智。他们彻底被自我中心所禁锢，而他们的骄傲也越来越增加，就像是越来越大的（原子弹）蘑菇云。他们持续地、永远地在崩解之中，责怪自己以外的所有人。放大了看，这就是地狱！

因此，把地狱描绘成人们求着上帝说："我错了！求你放我出去！"是对地狱的曲解。在路易斯的《梦幻巴士》中，那些来自地狱的乘客更愿意拥有自己所定义的"自由"，而不愿意拥有救恩。他们的错觉是这样：如果他们荣耀上帝，他们自己就会失去能力和自由。然而令人感到悲哀和极大讽刺的是，他们的选择破坏了自己可能发挥的更大潜能。正如路易斯所言，地狱就是"歌颂人类自由的最伟大纪念碑"。上帝在末日对人所做的，就是给他们所最想要的，包括背离上帝的自由，就如《罗马书》1：24所说的，上帝"任凭他们顺着……私欲"。还有什么会比这个更公平呢？路易斯写道：

世界上的人至终可分为两种类型：一种是对上帝说"愿你的旨意成就"，另一种则是在末日上帝要对他们说"愿你的旨意成就"。那些在地狱中的人都是自己选择了后者。没有那种自我选择，就不会有地狱。没有一个认真且一直只想得到快乐的灵魂会错过地狱：那些寻找它的人，就会寻见；叩它门的人，它就给他们开门。[13]

地狱与人的平等

让我们再回头看看皮尤基金会所主办的公开讨论会上与华理克牧师对谈的那些不信的新闻工作者。他们担心基督徒会因为认定某些人将落入地狱，就不认为他们也可以平等地享受应得的民权；但其实这种担心是因为误解了圣经中所教导的救恩与永远的灭亡。

正如路易斯所指出的，走向地狱是一个过程，其开始之处可能不是什么明显有害的事，就像是发牢骚的心态。没有人可以看看就能确实知道，在主日早晨崇拜的会众中，在洋基（Yankee）棒球场上的群众中，在大都会歌剧院的观众中，谁最后会上天堂，谁最后会下地狱。今天率直表达信仰的信徒，明天可能会变节；今天率直表达不信的非信徒，明天也可能会信主；因此我们不应该对任何人的灵性状况与其终极命运下最后的定论。

有一次我在曼哈顿区某个家庭聚会中分享基督教的信仰后，有两位女士上前来找我。她们都说因为我相信有最终和永远的审判，所以我就是一个褊狭的人。不过我反问她们说："你们认为我在这些宗教问题上的看法是错的，但我也认为你们的看法是错的。可是为什么你们就不认为自己是褊狭的人呢？"其中一位女士反驳说："那可不一样！你认为我们会永远灭亡，但我们却不认为你会这样，所以证明你比我们更褊狭。"我不同意她的话，所以我就向她们说出以下这些看法。

基督徒和非信徒都相信自我中心和残酷作为会带来很有杀伤力的后果，但基督徒因为相信灵魂不死，所以也相信在道德和灵性上的错误会对灵魂造成永远的影响。然而虽然非信徒也相信有些行为在道德和灵性上是错误的，例如剥削和压迫等，但因着他们不相信死后有生命，所以他们也不相信人做坏事的后果会带到永恒中去。这样说来，基督徒因为相信做坏事会有更长久的后果，他们就比非信徒更褊狭吗？

假设有两个人——杰克和吉尔——在争论一块饼干的品质。杰克认为饼干有毒，但吉尔认为饼干没有问题。杰克认为吉尔的错误认知会让她因中毒而进医院，甚至还可能会有更糟的后果，但吉尔认为杰克对饼干的错误认知会使他错过享受美味的机会。这样说来，杰克是不是比吉尔更为褊狭，只因为他认为吉尔若犯这个错误，其后果会更为严重？我想任何人都不会同意这样的看法。因此，虽然基督徒认为错误的思想和行为会有永恒的后果，但这并不表示他们比别人更褊狭。

"我只相信慈爱的上帝"

当我还在读大学、年仅二十出头的时候，就像许多人一样，我对于自己从小所接触的基督教信仰充满疑问。我的怀疑有许多主观的理由，例如基督教并没有成为我真实的体验，我还没有开始祷告的生活，我个人也还没有经历过上帝。我对基督教也有许多理性上的问题，它们都被我记在本书的各处，但我在此要讨论其中的一个问题。

以前我对那些强调地狱之火和永远刑罚的基督徒很不理解。我和我这一代的许多人都相信，如果所有的宗教共有一个核心，那么这个核心必定是一位慈爱的上帝。我想要相信的是一位慈爱的上帝——不论人们的信仰和宗教行为如何，他都愿意接纳他们。于是我开始选修一些关于世界上主要宗教的课程，包括佛教、印度教、伊斯兰教、儒教和犹太教，这些学习令我到如今还在受益，但是这些对各种宗教的研讨，证明了我在这个观念上的错误——以为所有宗教的中心是一位慈爱的上帝。

我发现，除了圣经以外，没有任何其他宗教典籍说有一位上帝是出于慈爱和喜悦而创造了世界。最古老的异教相信，这个世界的产生是出于诸神与超自然力量之间的争斗和暴力战争。我又转向仔细研究佛教，这是当年我最喜爱的宗教，但是我发现，它除了非常强调对人要有无私和不带感情的服务之外，完全不相信一位有位格的上帝——然而，爱是一位有位格者才会有的行动。

在我成为传道人以后，有几年时间我每个月都参加美国费城某个基督教教会和清真寺所合办的研讨会，并在其中担任讲员和基督教的发言人。在每个月的研讨会中，教会和清真寺都会各派一位讲员，针对某个既定题目，分别提出圣经和古兰经的看法。每当题目论及上帝的慈爱时，我们就发现彼此的观念差异大得令人震惊。我经常听到伊斯兰教的讲员说，从上帝对人的怜悯和仁慈来看，他是很爱人的；但是当基督徒讲到救主就像我们的配偶，我们可以亲密地、个人化地认识他，圣灵能够把上帝的爱大大地浇灌在我们心里时，我们的伊斯兰教朋友就会突然沉默下来。他们说，在伊斯兰教的观念中，任何人说他对上帝有个人化的认识都是大不敬！

今天我所见到的许多怀疑者都像当年的我一样，不相信圣经所描绘的那位上帝——会惩罚和审判人的上帝，因为他们只相信"慈爱的上帝"。但现在我要问：为什么他们会认为上帝是慈爱的呢？他们能够用今日在世界上的景况来说："这一切都证明了掌管世界的上帝就是慈爱的上帝"？或是他们能够用历史来说："这一切都证明了掌管历史的上帝就是慈爱的上帝"？还是他们能够用世上的宗教典籍来说，经书中的上帝就是慈爱的上帝？世界各大宗教都不认为上帝最高、最主要的属性是慈爱！因此我必须总结说："上帝是爱"这个观念的来源，就是圣经本身。但圣经告诉我们，这位慈爱的上帝同时也是会审判人的上帝，他将要在末日纠正一切的错误。

相信"上帝只有爱"——他接纳所有人但不审判人

——需要非常大的信心，因为这个概念不但在自然界的秩序中找不到证据，而且除了基督教认为上帝是爱以外，在历史或其他宗教典籍中也找不到支持。人们越去研究"上帝只有爱"这个概念，就越会发现它站不住脚。

第 6 章

科学已经否定了基督教

一位年轻的亚裔高级住院医师托马斯说："我的科学训练让我很难或几乎不可能接受基督教的教导，因为我相信进化论，所以无法接受圣经对生命起源的记载，那是在科学发展以前的。"

另一位医学院学生米雪补充说："而且圣经里有很多神迹的记载，那些都是不可能发生的事。"

在道金斯、丹尼特以及无神论作家哈里斯等人所写的无神论畅销书中，作者都假定科学——特别是进化论科学——已经使人不必再相信一个有神的信仰；有神论早晚会被淘汰。道金斯说过这样的名言："虽然无神论在达尔文之前已经在逻辑上能够站得住脚，但是达尔文确实使得无神论的理性基础更为扎实。"[1] 而他在《上帝的迷思》(*The God Delusion*)一书中则更进一步说：你若是一个理性科学的思考者，就不能持守任何的宗教信仰；二者只能选择其一。他为了支持自己的论点，就以 1998 年的一项调查为例，其统计资料显示出，在美国国家科学院中只有百分之七的科学家相信一位有位格、会和人产生关系的上帝；[2]他认为这就证明：人越有知识、越理性、越有科学的头脑，就越不会相信上帝。

道金斯说的对吗？科学已经在根本上否定了基督教信仰吗？我们只能在科学思维和相信上帝二者之间选择其一吗？

从科学角度来说， 神迹不可能发生吗？

造成许多人认为科学已经否定传统宗教的第一个原因，是各大主要的宗教都相信神迹——即上帝或神明介入自然界的秩序。神迹对于基督教信仰尤为重要，因为基督徒每年在圣诞节庆祝耶稣的降生，就是庆祝道成肉身的神迹，并且在复活节纪念耶稣脱离死亡，就是纪念身体复活的神迹；而且新约圣经中充满了耶稣在世传道时所行之神迹的记载。从科学角度来说，对圣经的不信任开始于启蒙运动的信念——认为神迹与现代理性的世界观无法调和。科学家们被这个前提武装起来，就攻击圣经说："圣经的记载不可靠，因为其中描述了神迹。"这句宣称背后的假设或前提就是："科学已经证明了没有神迹这回事。"[3] 然而这个陈述也是基于一种"信心的跳跃"。

如果说科学只是用来测试自然界背后的成因，而不宜为其他事作出结论，这话就没有什么问题；但如果坚持说科学证明了自然界背后不可能有其他成因存在，那就另当别论了。苏格兰神学家麦奎利（John Macquarrie）在其所著《基督教神学要则》（*Principles of Christian Theology*）一书中提到神迹和科学时说："传统观念的神迹与我们现代所理解的科学和历史是无法调合的。科学的发展是建立在这个假设上——世界上所有发生的事，都可以在同样发生在这个世界上的其他事中得到解释。但如果有一些事是我们无法完全解释的……那么科学相信，进一步的研究将会使我们更了解其他的一些因素，但那些因素会和我们已知的因素一样，都只是内在的和属于这个世界的。"[4]

麦奎利说得很对，当科学家研究一个现象时，都必须假设这个现象有一个自然界的成因，这是因为在研究它的时候，其方法论只能针对自然界的因素来研究。但如果坚持说科学证明了自然界背后不可能有其他的因素存在，那就有问题了，因为没有一种实验模型可以测试这句陈述："在任何自然现象背后，不可能有超自然的因素"。因此，这句陈述乃是一个哲学性的假设或前提，而不是科学性的结论。不过麦奎利的看法至终是一个循环论证①：他说从本质上来看，科学不能够查验或测试出超自然因素，因此，那些因素是不可能存在的。

对此哲学家普兰丁格回应说：

也许麦奎利想说的是，在科学研究中必须排除某些观念，（例如）上帝使死人复活的观念。当然，这样的论证——如果X是真的，就会让科学很不方便，所以它一定是假的——不太可能让人接受；我们不会以为上帝对宇宙的安排只是为了美国国家科学院的舒适和方便，否则我们就会像是一个醉鬼，坚持只在街灯底下寻找他遗失的车钥匙，因为那块地方比较亮（其实对那个醉鬼更好的描述是，他因为在黑暗中很难找到钥匙，所以就坚持它一定是在光亮之处）。[5]

"神迹不可能发生"，这句陈述背后的另一个假设或前提就是，"不可能有一位会行神迹的上帝"，因为如果可能有一位会行创造的上帝，那么发生神迹的可能性就不会不合逻辑了；毕竟一位能够从无而造出万有的上帝，若要照着自己的意思和时间来重新安排万有中的一部分，对他是

---

① 即想借着一个宣称来证明其结论，但此宣称又有赖于该结论的真实与否。

没有什么问题的。如果想要确定神迹不会发生，你就得百分之百地确定上帝不存在，然而那是一个信心的行动，因为上帝的存在是不能被证实或证伪的。

科学与基督教冲突吗？

今天很多人都认为，科学和宗教之间在不断地争战。这种印象的产生，部分可归因于媒体在报导新闻事件时，总要在故事中安排一些主角和其对手。他们常常公开报导普通人和宗教人士之间的争论，例如在学校所教导的进化论、干细胞的研究、试管婴儿的问题，以及其他许多在医学和科学范畴中的议题。这些争论都是源于一些人的宣称，例如道金斯、哈里斯等人，他们让人以为只有一个立场是对的——你若不站在科学和理性这边，就是站在宗教那边；二者只能选择其一。

多年来我在本教会（救赎主长老教会）曾与许多受过严谨的科学、生物学训练的人交谈过，他们都以非常谨慎的态度来看正统的基督教信仰。一位年轻的医学院学生对我说："圣经否定了大多数知识分子所接受的进化论，但竟然还会有那么多的基督徒。因为相信圣经就得用不合科学的方式来思考，这让我极为困扰。"他的困扰是非常能让人理解的，于是我就用以下的观念回答他。

进化论科学认为，复杂的生命形态是由简单的生命形态进化来的，其间经过了天择（natural selection）的过程。许多基督徒也相信这是上帝创造生命的方法，例如世界上最大的教会——天主教会，就正式宣称支持进化论，认为它与基督教信仰相合。[6] 然而，基督徒可能只是相信进化是一个过程，而不相信"哲学性的自然主义"（philosophical naturalism）——即认为每件事物都有其自然成因，而生命只是因为随机的力量所产生，并不受任何引导。当进化论变成了一个总括性的定律，把我们所相信、所感受和所做出的每一件事都用天择来解释时，我们就脱离了科学的范畴，而进入了哲学的范畴。把进化论当成是一个总括性的定律或把它当成是一种世界观，都有许多无法克服的难题。我们将在本书第9章讨论那些难题。

道金斯认为，如果你相信进化论是一个生物机制，那么你就必须相信哲学性的自然主义。但是为什么呢？在道金斯《上帝的迷思》一书出版的同年，柯林斯（Francis Collins）出版了《上帝的语言》（*The Language of God*）一书。柯林斯是一位卓越的科学家，也是研究人类基因的领袖。他相信进化论科学，批判"智慧设计"的运动（此运动否定物种之间会产生质变），但他却认为自然界的精细、美丽和秩序，都无疑指向一位神圣的创造者。他也在其书中提到自己由无神论者转为基督徒的归信过程。因此他就成了道金斯所认为不可能存在的人——坚定地相信进化论的生物机制，但却完全不相信哲学性的自然主义。当然，像柯林斯这样的例子并不少。[7]

相对于道金斯所提出的简略概念，还有很多人提出不同的模式，来说明上帝与现今我们所看到的生命形式之发展的关系。巴伯（Ian Barbour）在其《当科学遇到宗教》（*When Science Meets Religion*）一书中，就列出了四种不同的宗教与科学之间的相互关系：（1）彼此冲突，（2）相互对话，（3）协调整合，（4）各自独立。在它们相互关系的一端是"彼此冲突"，这正是"科学创造论"(Creation Science)① 的提倡者以及像道金斯这样的思想家所支持的模式。这两方的人都认为科学与信仰之间的关系是"彼此冲突"的：许多科学创造论者对《创世记》1章的解释，容不得任何一点进化过程存在的可能性；同样，道金斯所支持的哲学性的自然主义，也容不得任何一点宗教信仰存在的可能性。在宗教和科学相互关系的另一端是"各自独立"，即认为宗教信仰是个人的、主观的事，因此完全不需要在科学的范畴（由实验得出原则）中谈论；它们彼此之间完全没有任何交集。巴伯本人认为这种看法又太过头了，而他自己则偏向于采取两端之间的看法，以较中庸和复杂的方式来看科学与宗教信仰的关系——它们各有各的权威领域。[8]

不过，在上述模式中，"彼此冲突"是最被人所注意

---

① 即以科学来支持圣经《创世记》中有关创造的记载。

的；但可喜的是，越来越多的学者们不认同这个模式了。社会学家史密斯（Christian Smith）编著了一本重要而有影响力的书《世俗革命》（*The Secular Revolution*），讨论美国公共机构的世俗化历史。[9] 史密斯在书中表示，其实科学与宗教的"彼此冲突"模式，是在十九世纪末期经某些科学家和教育界领袖有意夸大和鼓吹出来的，其目的是为了减少教会对他们机构的控制，好使得他们的机构在文化上的权力能够增加。[10] 其实它们之间这种"彼此冲突"的关系更多不是因为理性而产生的，而是一种文化上的特定策略；因为许多科学家并不觉得相信上帝和他们的工作有什么不能相容之处。

有分别在 1916 年和 1997 年所作的两项研究支持这个论点。美国心理学家吕博（James Leuba）在 1916 年对科学家们作了第一次调查，询问他们是否相信一位会积极（至少是在祷告中）与人类沟通的上帝。回答中有百分之四十是肯定的，百分之四十是否定的，还有百分之二十的回答是不确定。历史学家拉森（Edward Larson）和作家威瑟姆（Larry Witham）在 1997 年又作了一次这项调查，询问科学家们同样的问题，并且将调查项结果发表在科学期刊《自然》（*Nature*）上。他们发现，虽然时隔八十年，但其统计数字的结果和当年并没有太大的差别。[11]

这样说来，为什么道金斯会宣称说几乎所有著名的科学家都不相信上帝呢？道金斯在他的《上帝的迷思》一书中引用了拉森和威瑟姆在次年所发表的跟进资料：当他们问到美国国家科学院的成员是否相信上帝时，只有百分之七的人回答"是的"。[12]道金斯引用这个统计数字来证明说，科学和理性的思考几乎都会导出这样的结论，那就是上帝并不存在。然而，不仅是道金斯，甚至包括拉森和威瑟姆，他们在解释这些研究数据时都犯了严重的错误。

首先，我们要注意到，这两次调查中的原始问题，都是询问科学家们是否相信一位会与人类有个人性沟通的上帝，因此如果任何一位美国国家科学院的科学家只相信其中的一部分，例如只相信有一位创造宇宙的超越之上帝，但不相信他会与人沟通，那么这位科学家就不会被归类为"相信者"，而会自动地被归类为"不信者"。由此可知，这份调查问卷只能"看出"那些持有保守和传统信仰观的科学家，而对于那些对上帝持有比较一般性看法的人，就会因问卷的设计方式而被排除在"相信者"之外。

第二，道金斯对这个研究数据的解读，是根据他在"科学思维"和"无神论"之间所建立的一种联系。他的假设是，美国国家科学院的科学家不相信上帝，是因为他们具有科学思维；但事实上这个研究并没有、也不可能证明这些科学家不相信上帝的真正原因。神学家麦格拉思也是牛津大学的生物物理学博士，他说他所认识的那些不相信上帝的科学家，多半不是因为科学的原因而成为无神论者的。一个人相信或不相信上帝有许多复杂的原因，有些人是因为个人的经历，有些人则是因为理性或社会性的因素。社会学家贝格尔指出，我们的信仰观大都是被同侪和那些与我们有重要关系的人所塑造而成，其影响之深远超过我们所愿承认的。科学家和非科学家都一样，他们的信仰观和态度的形成，极受他们所尊敬之人的影响。在麦格拉思的经验中，他的那些相信无神论的同事，是将他们对上帝的假设带进其科学研究中，而不是以其科学研究为基础而不相信上帝。[13]

不仅如此，道金斯还给他的读者一种印象，让人以为所有无神论科学家们都同意他的看法——没有任何具有理性和科学思维的人可能会相信上帝。然而，这并非事实。已故哈佛大学科学家和进化论学者古尔德（Stephen Jay Gould）是一位无神论者，也熟知这方面所有的研究，但他并不同意道金斯所认为的科学与基督教必然冲突的结论。他写道：

> 若不是我一半的同事们都是极端的愚笨，就是达尔文主义可以和传统的信仰相合——也同样可以和无神论相合。[14]

当古尔德说他"一半的同事们"时，可能不是严格地把"一半"当成统计数据来用，而只是想到自己身边有许多非常有科研声望的同事们，他们对上帝仍持守着传统的基督教信仰。古尔德不能同意道金斯的原因之一，是他更愿意这样说：科学可能无法解释所有的人类经验，而达到所有思想家都满意的地步。

另一位提到此观点的学者是哲学家内格尔（Thomas Nagel），他在《新共和》（*The New Republic*）杂志上评论道金斯在《上帝的迷思》中的论点。内格尔也是一位无神论者，但是他认为道金斯的论点是错误的，即如果我们要有科学思维，就必须接受"物理主义者的自然主义……就是对所有事物的最终解释都必须符合粒子物理学、超弦理论，或是其他纯粹和物质世界之组成元素有关的定律"。他问说，我们真的相信自己的道德直觉——譬如认为种族屠杀在道德上是错误的——不是真的，而只是在我们身体内部所设定的神经化学的结果吗？而物理科学真的能为经历这种事的人解释一切吗？内格尔对此存疑，他写道：

> 支持化约主义（reductionism）① 之人所做的，通常是要借着物理方法的分析，即行为学或神经生理学，来开拓和研究某些在世界上被忽略的领域；但是对于那些不能被过度简化的实体，它就否认其存在。我相信这种作法终将消失，因为像良心的经验、思想和价值观等都不是幻象，虽然它们不能用物理事实而被辨明出来。[15]

---

① 即认为把事物简化成较小的组成分子，会比较容易理解整体的事物。

这就是许多无神论者会认为道金斯有错的原因——科学无法解释每一件事，而这也就是他们认为科学与宗教信仰之间可以相合的原因。

虽然科学与宗教"彼此冲突"的观念还是很流行，但是我们应该除去这个谬误——以为我们要在科学与宗教之间选择其一，或以为你若成为基督徒，就一定会和科学有所冲突。大部分科学家都自认为有宗教信仰，只是程度不一，而在最近几十年中，这样的科学家数目还在不断增加。[16]科学与虔诚的信仰之间，未必一定存在着鸿沟。

进化论已经否定了圣经吗？

还有一个更具体的问题：进化论科学如何与圣经中《创世记》1 至 2 章有关创造的记载相合呢？我们在这个问题上是否遇到了迎面一击？并非如此！

对于科学与信仰之间的关系，不同的基督徒思想家会采取巴伯所提到的不同模式——彼此冲突、相互对话、协调整合、各自独立。有些基督徒在引起人们高度关注的创世科学运动中，采取冲突的模式，坚持认为《创世记》1 章所教导的"日"是二十四小时的一天，即上帝使用了六个二十四小时的"日"来创造出所有形式的生命，并且这一切的发生仅仅在几千年之前。在宗教与科学相互关系的另一端是"各自独立"，采取这种模式的基督徒认为，上帝只是在世界刚开始时是"第一因"（primary cause），然后世界就由自然界的因素接管而进行下去。还有一些思想家采取中间的立场：有些人认为上帝创造生命以后，就引导物竞天择的过程，使简单的生命发展出各式各样的复杂生命。在这个观点中，上帝的角色是一种由上而下的控制因子，并不违反进化的过程。也有一些中间立场的人认为，因为在化石记录中有断层存在，所以物种就只是这样"出现"了，而不是由简单形式的生命发展出来的；他们相信上帝是在几个长时间的阶段中，在不同的时间点作了几次大规模的创造。[1]

要了解科学与圣经的关系，不单系于我们如何解读科学的记录，也在乎我们如何解释某些关键性的圣经经文，例如《创世记》1章。接受圣经权威的基督徒都同意，解释圣经的主要目标是要找出圣经作者的原始意思，就是他盼望其读者能了解到什么，而这通常就表示我们要根据经文的文学体裁来解释它。举例来说，基督徒读《诗篇》时，要将其当作诗来读；而读《路加福音》时，因它自称是一个见证人的记录（参路1：1—4），所以就要将其当作历史来读。任何读者都知道，对于充满图画和意象的诗歌，当以隐喻的方法来读，而对于历史性的文字，则应该

---

[1] 由神学家古德恩所写的《系统神学》（张麟至译，更新传道会出版）一书，对这些理论都有详尽的说明。

以读历史的方法来读。

圣经中有些经文的解释很困难，原因就是不容易确认其文学体裁，也不能完全清楚作者究竟期望读者如何来解读这些经文。《创世记》1章就属于这类经文。在基督徒当中，即使在那些"高举"圣经启示的人当中，对于这章经文的解释也还是有争议。[17]我个人的观点是：《创世记》1章和2章之间的关系，就如《士师记》4章和5章、《出埃及记》14章和15章之间的关系一样——在每一组的两章经文中，其中一章是在描述一件历史上的事件，而另一章则是一首关于此事件之神学涵义的诗歌。当我们读《士师记》4章时，很明显可以看出它是在清楚地叙述一场战争；但是当我们读《士师记》5章时，就看到有关那场战争的"底波拉之歌"，其文体是隐喻的诗歌体裁。当底波拉唱到"众星从天上争战，从它们的轨道与西西拉交战"（士5：20），我们知道她的用词是一种隐喻。我认为《创世记》1章也有诗体的特征，因此它可以算是一首讲到上帝创造之伟大奇妙的"诗歌"，而《创世记》2章则是在描述创造是如何发生的。关于某些经文的解释，包括《创世记》1章，永远都会有争议，但是如果因此就下结论说，因为圣经中有一个地方的经文不能按字面解释，所以全本圣经都不能按字面解释，那么在逻辑上就不对了。这种逻辑对所有人类的沟通都是不正确的。

那么我们应该如何下结论呢？因为基督徒本身对《创

世记》1章的意义以及进化论的本质有不同的看法，所以那些把基督教当成整体来思考的人，就不应该让自己受到此内部分歧的干扰，而心存怀疑的寻道者，也不一定要先接受某种这方面的立场，才考虑接受基督教。相反，他们应该专注在探讨基督教的核心信念，而且唯有在对基督耶稣这个人、他的复活，以及其他基督教的核心信念有了结论以后，才需要好好地思想关于创造和进化的各种不同看法。

很多持守不同看法的代表人物，常常会暗示说他们的观点才是"基督徒对进化论的唯一正确立场"。[18]事实上，我可以肯定地说，很多读者会因为我没有在这里分析比较一些不同的观点而感到失望，所以我也在此表明我的观点以供读者参考：我认为上帝是使用了某种天择的过程来引导生物的发展，但我拒绝接受进化论是一个总括性的理论。有一位《创世记》的解经家正确地掌握了这两方面的平衡：

如果"进化论"……的地位被提升，成为一种认定事物本质的世界观，那么它就与圣经的信仰有直接的冲突。但是如果"进化论"的层次只是一种生物科学上的假设，那么似乎没有足够的理由认为以科学——生物学的层次——来探讨上帝创造的过程，会与基督徒对创造主的信仰有冲突。[19]

医治这个世界

对于那些不相信上帝会插手干预自然界运行的人，我不愿太苛求；神迹的确很难让人相信，因为它们本质如此。我们从《马太福音》28 章中看到使徒们在加利利山上遇见复活的耶稣，"他们看见耶稣就拜他，但仍然有些人怀疑。"（太 28：17）这是一个很重要的承认。在这份基督教的早期文献中，作者告诉我们说，在最早的基督教开创者当中，有人不相信复活的神迹，即使当时他们正亲眼看见、亲手触摸到耶稣。但若不是因为这件事是真实发生的，就没有理由这样记载。

这节经文告诉我们几件事：它警告我们说，不是只有现代、受科学熏陶的人才不容易接受神迹，就是古代、更早期的人也不容易接受。使徒们的反应和任何一群现代人一样——有的相信眼睛所见的，有的不信。这节经文也鼓励我们要忍耐，因为所有的使徒后来都成为教会的伟大领袖，虽然其中有人在信心方面比别人经历了更多的挣扎。

这节经文对我们最大的教训是关于圣经中神迹的目的：神迹不只是让我们能认信，更是要我们来敬拜上帝，敬畏上帝，赞美上帝。圣经中的神迹，特别是耶稣的神迹，从来不是魔术或把戏，只为了让人刮目相看或不得不信而已。你绝不会听见他说这类的话："看到那边的大树没有？看我把它烧成灰烬！"相反，他乃是用行神迹的能力来医治有病的，喂饱饥饿的，救活死亡的。但这又有何差别呢？现代人把神迹当作是自然法则的暂停，但基督耶稣却把它们当作是自然法则的恢复。圣经告诉我们，在上帝原先创造的世界中并没有疾病、饥饿和死亡，而耶稣来到世界上，则是要使错误的得着救赎，破碎的得着医治。他的神迹不只证明了他有能力，更是让我们预尝了他将来要以大能所成就的大事。耶稣的神迹不只是对我们思想的一个挑战，更是对我们心灵的一个应许——我们所期盼的世界终将会来临。

第 **7** 章

—— 你不能真的相信圣经的记载

投资银行家查尔斯说："我看圣经记载的历史有许多不准确的地方，所以我们不能确定圣经所记载的事件是不是都真的发生过。"

另一位在金融界工作的贾克琳回答说："查尔斯，我认为你是对的，可是在我看来，圣经最大的问题是它在文化上已经过时；圣经中大部分关于社会的教导（例如女性角色）都会导致社会的退化。所以我不可能像基督徒那样，接受圣经作为完全的权威。"

在我读大学的二十世纪六十年代末期，我修了一些圣经文学的课程，因此接触了当时最流行的一种见解。我的教授们说，新约圣经的福音书最早是源于地中海一带的许多教会团体，它的内容是由口传而来的。那些教会根据他们特有的问题和需要，发展出关于耶稣的故事——他们的领袖会确保故事中的耶稣支持他们团体的方针和信仰。口传的福音书经过若干年之后，渐渐地加进了各种传说的资料，最后，在真实事件发生许久之后，福音书发展成为文字的形式。到了那时，要想查清楚其中有多少是真实的历史事件，已经不可能了。

这样说来，原先的耶稣究竟是怎样的人呢？我读到的那些学者认为，"历史的耶稣"（historical Jesus）其实是一位很有领袖气质的老师，公义而有智慧，但因为他激起别人的反对而惨遭极刑。他们说，在他死后，他的跟随者对于他究竟是谁产生了歧见和分裂：有人宣称他就是上帝，并且从死里复活；也有人说他只是一个活在门徒心中的人物。经过一番权力斗争以后，"神性耶稣"派获得胜利，因此他们写下经文以推动此观点，而其他那些会显示出另一种耶稣的经文，据说都被他们压制和摧毁掉了。近年来，那些对于耶稣持有不同的、受到压制看法的经文，终于重见天日，例如诺斯替派福音书（Gnostic gospels）中的《多马福音》和《犹大福音》，因此有人说，早期基督教的信仰在教义上内容很广。

如果这些对新约圣经的来源和发展的看法是正确的，它会极大地改变我们对基督教之内涵与意义的了解——这表示没有人能真正知道耶稣说过什么话和做过什么事，因此圣经也不能成为我们生活与信仰的规范与权威；并且这也表示大部分基督教的重要教训——耶稣的神性、赎罪、复活——都是出于传说的误导。

当时身为学生的我，刚开始听到这些说法时，感到非常震惊。怎么可能这么多的知名学者都错了呢？然而当我亲自研究这些问题以后，竟发现他们都是以极少数的证据来改造历史，这也让我非常惊讶。不过令人鼓舞的是，这个对圣经之古老的、怀疑的看法，在过去三十年中正在稳定地瓦解，虽然大众媒体还会用一些书和电影来提倡这种说法，例如《达芬奇密码》（*The Da Vinci Code*）。

作家赖斯（Anne Rice）就是一位因发现支持"历史的耶稣"——耶稣只是一个人——的证据有多么薄弱而惊奇不已的人。她写过许多恐怖的情色小说，如《夜访吸血鬼》（*Interview with the Vampire*）等，并因此名声大噪，有多部作品被改编成电影或电视剧。她在天主教的教育中长大，在世俗的大学中失去信仰，后来嫁给了无神论者，并且因写了一些有关"黎斯特"（Lestat）——既是吸血鬼、又是摇滚乐歌星的人——的小说而致富。当她宣布自己重返基督教信仰时，震惊了整个文艺界和媒体界。

为什么她会这样呢？她在新出版的小说《基督是主：走出埃及》（*Christ the Lord：Out of Egypt*）的后记中解释说，她对"历史的耶稣"作了广泛的研究，读了许多最知名学府中研究耶稣之学者的著作，而他们主要的论点是说，现今我们所拥有的圣经文献，在历史上并不可靠。然而她对他们论点之支持证据的贫乏感到不可思议。

有些书的看法只是假设堆上假设……所作的结论只有极少、甚至没有数据的支持……这样的说法——把耶稣当成没有神性的人，蹒跚地进入耶路撒冷，最后被钉在十字架上……在自由派的圈子里流传，也是我作为三十年的无神论者所熟悉的画面。但这样的说法不能成立；不单这说法不能成立，有些书还是我在这个领域中所读到最糟糕、也最有偏见的学术著作。[1]

基督教信仰要求人要相信圣经，[2] 但这对许多人而言是一块绊脚石。我见过许多第一次被邀请来参加救赎主长老教会主日崇拜的纽约客，他们很多人都觉得很惊讶，甚至觉得很震撼，我们竟然还如此相信圣经上的话，因为我们每次崇拜的核心，都是一篇按着圣经经文所传讲的信息。他们大多数人会说，他们知道圣经中有许多伟大的故事和名言，但认为在今天"你**不能真的相信**圣经的记载"。他们的意思是说，圣经并不全然可信，因为其中有一些部分——或甚至绝大部分——在科学上是不可能的，在历史上是不可信的，在文化上是倒退的。关于这种看法的第一方面，即圣经与科学的问题，我们在前一章已经探讨了，现在让我们来看看另外两个问题。

"从历史角度来说，我们不能相信圣经"

很多人都认为，圣经是传说的作品汇集，缺乏历史上的可信度。有一群知名度极高的学者组成了以批判圣经为基础的非宗教性学术研究团体"耶稣研究会"（Jesus Seminar），他们宣称，圣经中所记载之耶稣说过的话和做过的事中，只有不到百分之二十是在历史上有迹可循的。[3]我们应该如何回应这个说法呢？本书在此并非想要逐一检验圣经各个部分在历史上的准确性，但我们要问：我们是否能够相信福音书——新约圣经中有关耶稣生平的记载——在历史上是可靠的？[4] 在此我所指的福音书是"正典"中的福音书，即《马太福音》、《马可福音》、《路加福音》和《约翰福音》，它们是在很早期就被教会接纳并且认定为真实而有权威性的圣经书卷。

新约圣经中的福音书常常被人说成是不可靠的，因为他们说福音书中的事件是在发生了许多年以后才写的，因此作者对耶稣生平的记载并不可信——即使它们不是全然想像出来的，也大都被美化了。还有许多人认为，在众多的记载之中，仅有四本福音书可以成为正典，而其他的书卷（包括所谓的"诺斯替派福音书"）则被贬抑，是因为那四卷书支持教会的权力制度。这种信念因着畅销书《达芬奇密码》的流行而再度得到大众的掌声。这本小说把原来的耶稣描绘成一位伟大、但显然只是人的教师，他死后多年被教会的领袖们塑造成为一位复活的上帝，因为那些人想要得到在罗马帝国中的权位。[5]

然而，有几个重要的理由可以让我们相信，福音书中的记载在历史上是可靠的，它们并不是传说。[6]

福音书的写作时间不够久远，所以它们不可能是传说

新约正典的福音书是在耶稣死后四十至六十年之间所写的[7]，而保罗的书信则是在他死后十五至二十五年之间所写的，其中已包括福音书所记载之耶稣一生的各大事件——他的神迹、宣告、被钉十字架、复活等。这表示圣经所记载之耶稣一生的事迹，已经在几百位亲身经历过那些事件的人当中流传；《路加福音》的作者就宣告说，他的记载是照着当时还活着的见证人所传给他的话而写的（路1：1—4）。

《耶稣与他的见证人》（*Jesus and the Eye Witnesses*）这部重要著作中，圣经历史学家包衡（Richard Bauckham）排列出许多历史上的证据，证明在福音书写作之时还有许多众所周知的、听过耶稣教导和见过耶稣事迹的见证人活着，而这些人既拥有清楚的记忆，又公开地终身投入教会中，继续为那些记载的真实性作资料来源人和保证人。包衡还用福音书本身中的证据来显示，福音书的作者会在经

文中提到见证人的名字，以向读者们保证其引述是真实无误的。

以《马可福音》的作者马可为例，他提到帮耶稣背十架到加略山的人是"古利奈人西门，就是亚历山大和鲁孚的父亲"（可15：21）。其实作者马可不需要提到这些名字，除非是因为读者们认识他或是和他有一点关系。马可的意思是说："如果你要问的话，亚历山大和鲁孚可以作证，我对你们所说的话是真实的。"此外，保罗也曾对读者表示，他们可以向活着的见证人查验他所说的有关耶稣事迹的真实性（林前15：1—6）[8]——他指出有五百位见证人曾同时见到复活的耶稣。除非真的有这些活着的见证人，可以确认作者所写的内容无误，否则他不可能会在一份预备要给公众阅读的信件上写出这样的话。凡此种种证据都可以驳斥前面提过的那个错误看法，即以为福音书是找不到作者、由口头流传下来而被收集起来的传统文集；相反，它们是真正的历史文件，是由亲身见过耶稣的见证人口述并被记录下来的，保存了耶稣所言所行的许多重要细节。

那些当时还活着的见证人不只包括支持耶稣的人，还包括许多旁观者、官员，以及反对耶稣的人，他们都听过他的教训，见过他的作为，也看到他的死亡，因此如果有任何编纂假造的内容，他们一定会站出来向之挑战。如果福音书的作者曾经对任何一个事件的记录作大量的修改或大肆美化，却又想要让大众相信他的记载，那么在时间上就必须是在那些亲历其事的见证人（以及他们的儿辈、孙辈）死去很久以后——他们绝对不能还活着，否则就一定会揭穿那些美化和造假的故事。然而从福音书的写作时间来看，这样的情况不可能发生，因为时间还不够长。

不仅如此，如果福音书中所记载之耶稣的话语和作为不真实，那么这个新的信仰也不可能传播得那么快。保罗曾在亚基帕王面前充满信心地确认，耶稣一生的事迹是大家都知道的，因为这"不是在背地里作的"（徒 26：26）。耶路撒冷的众人一直都在场——他们都见过耶稣，也听过耶稣。如果耶稣被钉十字架的事不是真的，那么当几千个见过耶稣、知道他是否真的被钉十字架的人还活着的时候，新约圣经就不可能这么记载。如果耶稣在死之后的显现不是真的，那个空坟墓不是真的，他所有的宣告不是真的，但新约的文本却仍这样记载，那么基督教就绝不会扩展下去；所有亲身听过耶稣的人都一定会嗤笑它们。

新约正典中的四卷福音书之写作年代，远早于那些所谓的"诺斯替派福音书"。诺斯替派文献中最有名的《多马福音》是从叙利亚文翻译来的，而根据学者们的研究，这份关于多马的叙利亚传统文本的写作时间不会早于公元 175 年，这比起早已广泛流传的正典中的福音书，时间晚了一百年以上。[9] 著名的作家高普尼（Adam Gopnik）曾在《纽约客》（*The New Yorker*）杂志的专文中提到，诺斯替派福音书写作的时间太晚，以致它们"对教会的信仰不足以构成挑战，就如同若有人在十九世纪的美国俄亥俄州找到一份支持英王乔治三世①的文件，并不足以对美国民主制度构成挑战一样"。¹⁰ 然而《马太福音》、《马可福音》、《路加福音》和《约翰福音》却在写成之后几乎立刻就被确认为有权威的见证，因此在公元 160 年时，里昂的教父爱任纽（Irenaeus）就宣称有四卷福音书，而且仅仅只有四卷。《达芬奇密码》一书中所提倡和流传的观念显然是不正确的，因为它认为新约圣经的正典是由君士坦丁大帝所确定的，且他排除了别人所假定的时间更早、更有凭据的诺斯替派福音书。¹¹

虽然大家都知道《达芬奇密码》的小说和电影故事只是虚构的，但其作者丹布朗（Dan Brown）却执意说其历史背景是真实的，也有许多人对此赞赏不已。这本畅销书描述说，在公元 325 年时，君士坦丁大帝以政令宣告耶稣的神性，却消灭了其他认为耶稣仅是一位人类教师的证据。然而，在保罗写给腓立比教会的书信中——历史学者认为这份文本是在基督受难后二十年之内所写的——我们就已经看到基督徒以耶稣为上帝来敬拜他（腓 2 章）。基督徒从最开始就相信耶稣的神性，这是早期教会成长的动力。有一位历史学家如此评论说：

_____

① 美国独立时的英国国王（1738—1820）。

（丹布朗说）君士坦丁大帝在公元 325 年的尼西亚大会中，给基督教的信仰强加上新的解释，就是以政令宣告耶稣神性的信仰，却否认了他所有人性的证据。这个意思就是说，基督教在罗马帝国中能赢得宗教竞争的胜利，乃是靠权力的运作，而不是靠它本身所发出的吸引力。然而真正的历史事实告诉我们，教会早在它还没有得到权势之前、在它还处在各样的逼迫之时，就已经在那个竞争中获胜了。如果历史学家以挖苦的角度来描述，会说君士坦丁大帝之所以会选择基督教，乃是因基督教已经领先群雄，而他只是想站在赢家这一边而已。[12]

福音书的反面记载太多，所以它们不可能是传说

今天很多人接受这样的理论，即福音书是由早期教会领袖写的，目的是要推展他们的政策，整合他们的权力，开展他们的运动。但是这样的理论与我们在福音书中看到的完全不符。

如果这种流行的看法是正确的，即福音书的内容被早期教会领袖所左右，以便支持他们自己，那么我们应该会在福音书中的很多地方看到，当耶稣与人辩论时，他会站在教会这一边。但是我们在福音书中却找不到支持这种看法的证据。举例来说，我们知道早期教会中的最大争议之一，就是有人认为外邦基督徒需要接受割礼，然而在福

音书的记载里，我们找不到任何耶稣就这件事所说的话——耶稣对割礼的事保持沉默，其中最可能原因就是早期教会没有随意编造出耶稣的话，把他没有说过的强加给他。

如果耶稣被钉十字架的事没有真的发生过，那为什么早期基督教运动的领袖们要编造这个故事？这只会带来反效果，因为对希腊或犹太文化中的人来说，当他们听到福音的故事时，都会自然地认为被钉在十字架上的那个人一定是个罪犯，不论说这故事的人如何去解释。如果耶稣能够自己开脱十字架的使命，那为什么基督徒还需要编造出耶稣在客西马尼园中祈求上帝的事？或是编造出耶稣在十字架上的呼喊——问上帝为什么离弃他？这些记载只会得罪或困扰那些在一世纪时可能信主的人，因为他们可能会下结论说，耶稣是软弱和失败的，辜负了上帝的托付。此外，在当时那个女性地位很低的社会中，为什么明知女人的证词在法庭上是没有效力的，却还要编造说最先几个见证耶稣复活的人是女性？[13]如果你要编造耶稣复活的故事，一定会以基督徒团体中的几位有威望的男性作为看见耶稣走出坟墓的见证人，那不是更合理吗？由此可知，圣经含有这些记载的唯一可信理由，就是这些事情都真实地发生过。

此外，为什么福音书经常把使徒们——后来成为早期教会的领袖——描绘成心胸狭窄、会嫉妒、迟钝得几乎无可救药的人，而且最后他们都成了懦夫，有意或无意地让他们的主失望？圣经历史学家包衡曾经有过类似的讨论，谈到福音书对彼得否认耶稣的描述，又指出彼得甚至还起誓咒诅了他的主（可 14：71）。为什么在早期教会中会有人要去强调教会中重要领袖的这个可怕失败？不可能会有人去编造这个故事；而且包衡又说，即使这件事是真实的，除了彼得自己以外，也没有人敢再提这件事。彼得自己必然是这个记载的资料来源人；他是保存和传扬这个故事的权威。[14]

当我们把正典福音书和"诺斯替派福音书"的内容进行比较，我们就再一次得到启发。《多马福音》和类似的文献表达出一种哲学思想，即所谓的"诺斯替主义"：它认为物质世界是黑暗和邪恶的所在，我们的灵魂若要离开物质的世界而得到拯救，就必须借着"神秘的启示"——又被称为"诺斯"（gnosis）①。这个思想与希腊、罗马的世界观极为相符，但却与一世纪耶稣所处之犹太人的世界观完全不同。[15] 因此，与《达芬奇密码》和类似文献所说的相反，在古代世界中，为了权力而趋炎附势的不是正典福音书，而是诺斯替派福音书；正典福音书因着对被造之物质世界有正面的评价，以及因着对穷人和被压迫之人的关注，而得罪了希腊、罗马世界之当权者。正典福音书不仅更能让我们从正确的历史角度看到耶稣的真实面貌，也勇敢地对希腊、罗马读者的世界观提出了挑战。

----

① 即希腊文的"知识"。

福音书的细节太多，所以它们不可能是传说

路易斯是一位世界级的文学评论家，他在阅读福音书时有如此的看法：

> 我一生中读过许多诗歌、浪漫故事、幻想文学、传说和神话，我知道它们的文学形式是什么样子，我也知道它们和福音书是截然不同的。对于（福音书）经文的看法只可能有两种：一种是认为它们是真实事件的据实报导……不然就是认为，某位不知名的（古代）作者……在不知道前因后果的情形下，突然拥有了写作现代小说之写实叙述的全套技巧……[16]

路易斯的意思是说，古代的小说和现代的小说完全不同——现代的小说是写实的，其中包含很多细节和对话，读起来就像目击者的记载，然而这种小说的文体，是在晚近三百年才发展出来的。但是在古代的文学中，不论是浪漫故事、史诗或传说，其内容都是高远而不可及的，通常会省略掉细节，除非是和主要角色及情节的发展有关。因此之故，你不会在北欧的史诗《贝奥武夫》（*Beowulf*）或希腊的史诗《伊里亚德》（*The Iliad*）中，读到主角正注意到下雨或是在睡前叹一口气的这种情节。只有在现代的小说中才会加上细节，以制造真实的气氛，但这是在古代的小说中绝对不会有的内容。

福音书的记载不是小说。在《马可福音》4 章中，我们看到耶稣在暴风雨的船上枕着枕头睡觉；而在《约翰福音》21 章中，我们读到当彼得看见岸上的耶稣时，他离岸约有二百肘（约九十公尺）的距离，然后他跳进水中，后来他们共打到一百五十三条鱼。此外，在《约翰福音》8 章中，我们看到当人把一个在行淫时被抓到的女人带到耶稣面前时，他正用指头在地上画字。圣经中没有说他在画什么字，也没有说他为什么要画字；这些细节都和情节以及角色的发展完全无关。如果是现代的我们要去虚构一个有关耶稣的动人故事，那我们就一定会加上这些细节，以使故事的气氛更为真实。但是这类的小说技巧在一世纪是不存在的，因此，为什么古代的作者会提到枕头、一百五十三条大鱼，以及用指头在地上画字等细节？唯一的理由就是因为这些细节深深地存留在见证人的脑海中。

圣经历史学家包衡收集了许多心理学家所作的关于回忆之标记的研究，又仔细察看目击者对事件之描述的标记，并且比较它们与虚构小说以及组织重建之历史间的差异。回忆是有选择性的——它定格在一些独特并有重大后果的事件上；它保留某些不相关的细节（正如路易斯的观察）；它采取一个参予者之有限的观点，而不是采取一个全知之旁观者的观点；它会显出经常被复诵的记号。[17]接着包衡指出，这些标记都出现在福音书的记载中。如果有人经常、反复地讲述一些生动而重要的事，那么你一定就会记住它们几十年。在古代世界中，门徒本来就应该牢记师父的教导，而且耶稣有许多讲论的形式就是为了让人便于记住；这些事实的因素都使人很有理由相信，这些记载是真实的。

包衡也从人类学中寻找证据，以证明门徒不至于肆意编造或美化耶稣一生的故事。二十世纪早期的批判学者假定，早期的基督徒使用相当流畅的手法传扬一些流行的民间故事，而且还为了配合他们当时情况而肆意修改那些故事。然而包衡引用历史人类学家范思纳（Jan Vansina）对非洲原始文化中有关口述传统的研究，来反驳他们的看法。在非洲原始文化中，虚构的传说和历史记载之间有明显的不同，这些文化更用心地来保存历史记载之准确性。这个研究的发现，削弱了百年来对福音书之批判研究的根基。包衡说：

> 以批判福音书的文学形式为开始的学者们，（相信）早期基督徒在传扬耶稣传统时，并没有区分过去历史上的耶稣与他们现在所相信的耶稣之不同，因为这不是一般口述社会所做的事。然而这个看法并不正确。[18]

在我写作的今天，似有一股随着丹布朗《达芬奇密码》涌来的洪流，就是《时代》杂志编辑毕尔马（David Van Biema）所称的"圣经的修正主义"。他所指的包括最近所宣称找到的耶稣坟墓，以及耶稣和抹大拉的马利亚结婚生子的传闻。其他学者也出版书籍说他们从诺斯替派福音书中找到一些新的亮光。看来似乎还继续会有别的新看法出来。毕尔马引用《出版者周刊》(*Publishers Weekly*)的资深宗教版编辑盖瑞特(Lynn Garrett)的话来表述她所称的"达芬奇密码效应":"在丹布朗之前,早就有人把历史翻案了,只是那些书从来没有成为畅销书,作者也从来没有被邀上电视台访谈。"[19]

所有这些修正主义者所说的历史,都完全忽略了一组逐渐壮大且严谨的学术研究,这些研究显示出,当年许许多多见证到耶稣一生的人,后来还继续活了好多年。正如英国学者泰勒(Vincent Taylor)的著名评论:如果怀疑论者对圣经的看法是正确的,那么"所有的门徒在耶稣复活之后,都应该立刻被提到天堂去"。[20]因为唯有如此才可能在福音书写作之时,在耶稣的故事中加入传说的元素;然而事实并非如此。因此,很讽刺地,大众媒体所宣传之耶稣生平的记载,乃是出于一个世纪以前所兴起的对圣经有高度怀疑的看法,但其学术根基却正在急速瓦解之中。[21]

"从文化角度来说,我们不能相信圣经"

二十年前我刚来到纽约的时候,一般人对于圣经最主要的问题,是我们前面已讨论过的科学与历史的问题,但我发现今天整个情形有些转变,现在令更多人不满意的是圣经中那些他们认为已过时和倒退的教导：圣经似乎支持奴隶制度，也赞成压抑女性。这些立场都会引起现代人的愤怒，以至于他们也不愿意接受圣经中其他部分的信息。

在救赎主长老教会成立早期，我花很多时间在那些第一次读圣经的人身上，也因此我必须经常去回应那些在读圣经时被某些经节噎到而无法消化的人。我还记得有一位穿着一身黑的年轻艺术家在聚会后来找我，因为他刚刚读到"你们作仆人（奴隶）的……要听从世上的主人"（弗6:5），这几乎要让他发狂。以下就是我对他和其他人在这方面的建议，就是当你看到圣经中有一些你反对或让你觉得被冒犯的经文时，应当如何来处理。

许多人一看到这样的圣经经文，心中立刻就会产生排斥感，再也不接受圣经中任何的教导了。我劝他们不要如此，而是试试看能否从其他不同的角度来看这个困扰他们的问题，这样做的话，即使他们还在与那些问题及观念挣扎，却仍然可以继续阅读和学习圣经，并从中得着帮助。

我恳请他们思想一种可能性，就是那些让他们困扰的经文可能并不是在教导他们所以为的意思。许多让人觉得被冒犯的经文，可能只需要有一部好的注释书将其历史脉络解释清楚，问题就可以解决。就以"你们作仆人（奴隶）的……要听从世上的主人"这段经文为例，今天一般的读者看到这节经文时，就会立刻想起十八至十九世纪时的买卖非洲黑奴，或是想起今日许多地方的贩卖人口和性奴隶；然而基督徒接下来对经文的解释又仿佛是说，经文是在教导甚至赞许这样的奴隶制度。

这是一个很典型的例子，就是我们忽略了今天的我们和圣经的作者与读者之间所存在的文化和历史距离。新约圣经写于一世纪的罗马帝国，那时的奴隶和一般自由人之间并没有太大的区别——奴隶和一般自由人在种族、语言或服装上没有差别，他们的外观和生活也与常人无异，他们也没有和社会中其他人有任何的隔离。从财务的角度来看，奴隶和自由劳工的工资相同，因此通常也不贫穷。不仅如此，当奴隶储存了足够的资本以后，还可以赎回自己的自由。但最重要的一点是，很少有人是终身作奴隶；大多数的奴隶都可盼望在十到十五年之间——就是最晚在他们三四十岁时——得到自由。[22]

相比之下，新世界（美洲）的奴隶制度之残暴却是更有系统、更统一的。这个奴隶制度是"动产"式的，即每个奴隶都是主人的财产——主人可随心所欲地强暴、虐待或杀害奴隶。在古代的奴隶制度中，那些不自由的奴隶或契约下的仆人，只有他们的生产力——即他们的时间和技能——是属于主人的，而且都只是暂时的；然而非洲奴隶制度却是依据种族来实施的，而且基本上是一生之久的。除此以外，非洲奴隶制度是靠绑架人开始并维持的，但圣经绝对禁止绑架和贩卖奴隶（提前 1：9—11；申 24：7）。因此，虽然早期的基督徒没有挺身而出以完全废止一世纪的奴隶制度，但近代的基督徒却起身对抗新世界（美洲）形态的奴隶制度，因为它是绝对不见容于圣经教导的。[23]

有些经文并不是在教导人乍看之下所以为的意思。但是有些人在仔细研读某些特定的经文并了解经文所教导的涵义以后，却**仍然**认为它的内容令人愤怒，而且是开倒车的，那么他们应该怎么办呢？

我要恳请他们再思，他们对经文的问题可能是出于他们自以为的、没有经过检验的时代优越感，即认为自己所处的历史时刻远远优越于别的历史时刻。我们不应该以自己的时代当作标准，就如我们不应该以自己的文化当作标准一样。想想看"开倒车"这个词的涵义：把圣经的教导当作是"倒退"、"开倒车"而不接受它，就是假设你所处的历史时刻是最终极的，你可以用它来分辨一切——什么是倒退的，什么是进步的。这种信念显然是一种偏颇而排他的信念，就像那些你所认为会冒犯你的圣经观点一样。

让我们想想今天的英国人和他们一千年以前的祖先——盎格鲁—萨克逊人——在观念上的差别。试着想像他们一同阅读圣经中的《马可福音》14 章：他们先读到耶稣自称为"人子"，并且说他将在末日与天使一同降临，要凭公义来审判全世界（可 14：62）。不久之后他们又会读到使徒的领袖彼得，他三次否认主，而且后来他为了保全自己竟然发咒起誓（可 14：71）；但是最后彼得得到了赦免，重回领导的地位（可 16：7；约 21：15—19）。第一个故事会让现代的英国人战栗，因为这个故事听起来非常具有论断性和排他性。但是他们会喜爱彼得的故事，因为很高兴连这样的人也能被重建和赦免。但是对盎格鲁—萨克逊人来说，第一个故事完全不会让他们感到困扰，他们完全知道末后的审判日，他们会很乐意更多知道一些相关的资讯！但是他们会对第二个故事大感震惊，因为在他们的观念中，像彼得那样不忠不义的背叛，是绝对不可原谅的——像他那样的人罪该万死，更别提他会当上最大的使徒。他们会因为对此事件的震怒，而将圣经抛弃，永远不再读它。

当然，我们会认为盎格鲁—萨克逊人太原始了，但是焉知将来不会有人把我们文化中的主流观点也看为原始呢？我们怎能用我们时代中所认为的"进步"当作标准，用它来决定圣经中的哪个部分可信，哪个部分不可信呢？我们祖父和曾祖父的许多信念，今天看起来非常愚蠢，甚至令我们感到很窘，但是时代之轮不会就此停住，将来我们的子孙也会认为我们许多的观点是过时的。如果我们因着一个很快就会变得脆弱和错误的观念而把圣经抛弃一边，那岂不是一个悲剧吗？如果你因为部分的圣经教训得罪了你，你就远离基督教，那么这就表示，如果真的有一位上帝存在，他没有哪个观点会让你不高兴。然而这样的信仰合理吗？

我还有一点建议，要给那些在挣扎中而不能接受某些圣经教训的人。我们必须将圣经中主要的思想和信息与其他次要的教导加以分别看待。圣经讲到基督的位格和工作，也讲到教会要如何照顾寡妇，但是前一个主题更是信仰的基础——如果没有这项基础，建于其上的第二层次的教训也就失去了意义。所以，我们应当用合宜的先后次序来理解圣经中的教训。

让我们用一个今日很热门的话题来作为例证。如果你说"我不能接受圣经对性别角色的教导"，那么你必须知道，基督徒本身对于某些相关经文的意义也有不同看法，就如他们在许许多多其他的事情上有不同的看法一样。然而他们都共同接受《使徒信经》中所讲的：耶稣在死后第三日复活。因此，在你搞清楚基督教信仰的核心教导之后，再来思想性别角色的问题也不迟。

你可能会继续说："如果圣经对性别角色的看法是落伍的，我无论如何也不能接受圣经。"那么我会用这个问题来反问你："你的意思是不是说，因为你不喜欢圣经对性别角色的看法，所以耶稣就不可能从死里复活？"我相信你绝对不会坚持这种不合理的推论。如果耶稣真的是上帝的儿子，我们就必须严肃考虑他所教导的，包括他对整本圣经之权威性的信心。如果他不是自己所宣称的那一位，那么我们又何必在乎圣经中所说的其他的事呢？

你可以这样来想：如果你跳入圣经池子的最浅处，那里有许多对经文之解释的争论，因此你就可能会被刮伤；

但是如果你跳入圣经池子的中央，那里有的几乎都是共识
——包括基督的神性，他的死亡和复活——那么你就是安全的。因此，在你为了一些非核心的、具有争议性的圣经教导而拒绝它之前，认真地思考圣经中最核心的宣告——耶稣是谁，他是否从死里复活等——是极为重要的。

你顺服圣经， 还是让上帝顺从你？

如果我们容让那些没有被检验过的信念来破坏我们对圣经的信心，其代价可能会超乎我们所能想像的。

如果你对圣经的信赖不够，以至于不肯让它来挑战和纠正你的思想，你怎么能够和上帝建立一种**个人性**的关系呢？在任何真实的个人性关系中，都必须要给对方有反驳你的空间。举例来说，如果一位妻子绝对不能顶撞她的丈夫，他们夫妻之间就不可能有亲密的关系。还记得电影《超完美娇妻》（*The Stepford Wives*）吗？在康涅狄格州一个叫史坦佛的小镇上，那些丈夫们决定把他们的妻子都变成机器人，这样她们就永远不会违逆丈夫们的心意了。这样的妻子虽然美丽又完全顺服，但是不会有人认为这种婚姻关系是亲密而个人性的。

现在，如果你从圣经中删掉那些冒犯你感受、违逆你心意的部分，结果会是怎样？如果你只选择相信自己可以接受的部分，而排除其他不能接受的部分，那么你怎么可

能会有一位能够违逆你的上帝？不会的，你只会有一个一味顺从人的上帝，就如史坦佛小镇上那些不会顶撞丈夫的妻子一样！这样的上帝在本质上是你自己制造出来的，而不是那位真正可以和你建立关系、产生真实互动的上帝。唯有当你的上帝能够对你说一些会令你感到被冒犯或挣扎不已的话时——就像是在真实的朋友和婚姻关系中的情况——你才能知道自己相信的是真神上帝，而不是自己虚构的想像而已。因此，一本有权威性的圣经，绝不是拦阻人与上帝建立关系的敌人；相反，它是建立这种关系的先决条件。

中场时间

> "你们来，我们彼此辩论。"
>
> 《以赛亚书》 1:18

　　从字面上来看，"中场时间"的意思是指在旅程与旅程之间、或任务与任务之间的一段间歇。这就是我们现在所处的位置。在每一种对基督教的怀疑之下，都潜藏着一些其他的信念，以及一些对事物本质的假设，但是那些假设都是没有经过证实的。到目前为止，我已经剖析了身处现代文化中的人拒绝或怀疑基督教信仰的七个主要理由，以及隐藏于其下的信念。对于这些理由，我都很尊重，但我却不相信其中有任何的理由能够撼动基督教的真理，使它变成不可信的。不过我们还有另一段旅程要走，因为要论证没有足够的理由不相信基督教是一回事，而要论证有充分的理由**相信**基督教又是另一回事——这就是我在本书后半部分想要讨论的内容。

可能有人会说："请等一下！你要向我们论证有充分的理由来相信基督教吗？那你要怎样定义'基督教'，你又要怎样定义'充分的理由'？"以下就让我一一来回答这些问题。

何种基督教？

从外表上来看，不同的基督教教会及其传统彼此差异很大，几乎就像是不同的宗教。其中部分原因是由于它们的崇拜形式非常不同，而另一个原因就是我在本书第 3 章中所提过的，基督教是世界上传播得最广泛、进入最多文化地区的信仰，因此它包纳了极为众多的文化形态。此外还有一个造成教会之间彼此相当不同的原因，那就是几个世纪以来发生在神学上的分歧：第一次分歧是在十一世纪，发生在东方的希腊教会和西方的罗马教会之间，它们就是今天的东正教和罗马天主教；第二次分歧则是发生在罗马天主教和新教（Protestantism）之间。

所有认真思考真理和教义的基督徒都会同意，这些教会之间的差异是非常重大的，因为它们会影响到一个人对信仰的持守和在生活中的应用。然而，虽然如此，所有的东正教、罗马天主教和新教的基督徒都共同接受在教会历史的前一千年中所立下的伟大信经：例如《使徒信经》、《尼西亚信经》、《卡尔西顿信经》，还有《阿塔那修信经》

等等。这些信经已经展现了基督教对宇宙实体的最基本观点，其中包括对上帝的基本认识——在古典的表述中，基督徒认为上帝是"三位一体"的；这个"三位一体"的信仰就使得基督徒的世界观完全不同于多神论者、（非"三位一体"的）一神论者，以及无神论者的世界观。我将在本书第 13 章再详细讨论这一点。此外，这些信经也十分强调耶稣基督拥有完全的神性和完全的人性，因此基督徒并非只是把耶稣视为另一位教师或先知，而是认为他是世界的救主。这些教训使得基督徒之间的相同点大过他们的相异点。

基督教是什么？为了本书的目的，我在此将基督教定义为接受上述那些伟大之普世性信经的信徒群体——他们相信"三位一体"的上帝创造了这个世界，人类因堕落而陷在罪与恶之中，上帝在基督耶稣里降临以拯救世人，耶稣借着受死与复活为我们成就了救恩，我们可以靠着恩典而被接纳，他建立了教会和属他的百姓，借此继续进行他拯救与和好的使命，并且耶稣在末日时将要再来更新天和地，从世界上除去一切的邪恶、不义、罪恶和死亡。

以上这些信念是所有基督徒都相信的，但是基督徒并不只相信这些。如果你开始问："基督如何借着教会而在世上工作？""基督的死如何成就救恩？""我们如何靠着恩典而被接纳？"那么罗马天主教、东正教和新教的基督徒就会告诉你不同的答案。然而，虽然他们的答案不同，但其实也不可能真的会有一个完全无宗无派的基督徒，因为每一个基督徒都要回答这些"如何做"的问题，才能过他的基督徒生活；而他的答案立刻就会把他划入某一个传统或某一个宗派中。

读者对于这一点的了解是很重要的，因为我在这本书里所提到的基督教真理是所有基督徒都会接受的，它们都不是某个宗派才接受的特别信念。可能有些眼尖的长老教会的读者会注意到，我在某些特别的神学信念上保持缄默，但我这样做是为了想要尽可能地代表所有的基督徒；不过当我谈到基督福音中的罪与恩典时，我就一定是从新教基督徒的角度来解释，当然这就必然不同于天主教基督徒的角度。

何种理性？

我在本书后半段中要指出，我们有充分的理由要相信基督教。今天有许多不相信基督教的名人，例如道金斯、丹尼特、哈里斯和希钦斯等人，他们坚持认为没有充分的理由可以相信上帝的存在。举例来说，道金斯认为，"上帝存在"的宣称是一个科学上的假设，所以应当要开放地寻求理性上的证明。[1] 他和他那些怀疑主义的同伴们，想要得到一个关于上帝存在的合乎逻辑或合乎实际观察经验的论证，这论证必须完美到使所有的人都能信服。在找到这样的论证之前，他们不会相信上帝。

这样的想法有错吗？我认为是有错的，因为他们在评估基督教的信念时，所采用的是所谓"强烈的理性主义"（strong rationalism）①。[2] 支持这种思想的人设定了一个所谓的"查证原则"——人不应该相信任何论点，除非他能借着逻辑而在理性上、或借着感官经验而在实际观察上证明那个论点是真的。[3] 那么所谓的"证明"是指什么呢？支持这种思想的人认为，"证明"就是指有一个强力的证据，没有任何一个人在运用正常逻辑思维的情况下，能提出不相信它的理由。无神论者和不可知论者对上帝的存在就要求这样的"证明"。然而并不是只有他们支持这种强烈的理性主义，有许多基督徒也强烈地宣称他们有相信上帝的理由；他们强烈到一个地步，认为只要是不接受他们想法的人，就都是因害怕或固执而思想封闭的人。[4]

尽管所有这些书都呼吁基督徒要提供证明来肯定信仰，但是你不会看到一个真正的哲学家是这样要求的，即使是极端的无神论者也不会，因为他们绝大多数人认为，我们几乎不可能为强烈的理性主义来辩护。[5] 首先，它无法达到自己的标准：你怎么可能从实际观察经验来证明，人

---

① 这是在探讨信仰与理性之关系时所采取的一种立场，即认为宗教信仰系统必须是可被证明的；与这个立场相反的是虔信主义，即认为宗教信仰系统不必受理性的评估。

不应该相信没有实际观察经验证明的论点呢？你证明不了，所以到最后，还是显明那是一种信念。[6] 强烈的理性主义也假定，要得到"不受任何影响的观点"——即几乎完全客观的立场——是可能的；但是事实上，今天所有的哲学家们都承认那是不可能的。此外，我们每一个人都是以我们各种的经验和信念背景来作判断和评估，而那些背景深深地影响了我们的思想和思考方式，因此，若是要求有一种论点是能让一切有理性的人都臣服于它，这要求是不公平的。

哲学家内格尔是一位无神论者，但是他在其著作《最后之言》（*The Last Word*）中承认，他无法在谈到有关上帝的问题时保持全然的客观；他承认自己有"宗教恐惧"，但他也怀疑会有人在讨论这个议题时不存在强烈的动机，想要看到某一方的论证得胜。

我说的是……对宗教本身的恐惧，这是从我自己的经验来说的，我有很强烈的这种恐惧：我希望无神论是对的……这并不只是因为我不相信上帝，当然，我希望我的信念是正确的，但事实上我是真的希望上帝不存在！我不希望有上帝的存在：我不希望宇宙是像这样的……我很好奇是否真的有人完全不在乎上帝存不存在，我认为无论一个人对这件事真正的信念如何，他总是会特别希望其中一方的答案是正确的。[7]

让我们来想像一下：假设某一位法官要审理一个案件，但其中牵涉的一方是这位法官本人投了巨资的公司。因为这位法官对这个案件的发展存有某种特别的期望，因此他就可能会借助其法官席位来保障自己的利益。内格尔的意思是说，当论及上帝是否存在这件事的时候，我们每个人都像那位法官一样——我们会根据自己对宗教的经验，对其他事情的信念与委身，以及我们本身的生活形态，而深深地希望看到这件事的发展朝着其中一个方向进行。但麻烦的是，我们无法退出这个法官的席位。虽然内格尔还是存着怀疑，但因为他不接受强烈的理性主义，所以他非常尊重信仰和宗教，这使得他的口气和姿态明显地不同于道金斯及哈里斯等作者。

因为道金斯和丹尼特的书使用了在哲学上无法辩护的"强烈的理性主义"，所以他们出人意外地在学术性的期刊上遭到了严厉驳斥。就举其中一个例子来说，马克思主义学者伊格尔顿（Terry Eagleton）在《伦敦书评》（*London Review of Books*）上，针对道金斯的《上帝的迷思》一书，写了一篇苛刻的评论。伊格尔顿攻击了道金斯两个幼稚的概念，一是以为信仰没有理性的成分，二是以为理性并不需要很大的信心基础：

道金斯认为所有的信仰都是盲目的，而且基督徒和穆斯林的孩子们都是从小就被灌输了要无条件地相信。但是现在连那个在小学曾经打过我、不太聪明的圣职人员都不这么想了。对主流的基督教来说，理性、论证和诚实的怀疑，都在整体的信仰中扮演一定的角色……当然，对信徒而言，理性不会自始至终都占很重要的角色，但是对于最敏感、最有文化的非宗教人士来说，情况也没有不同。即使是道金斯本人的生活也是依靠信心多于依靠理性。我们持守的许多信念在理性上都没有完美无缺的理由，但去接受它们却都是很合理的……[8]

　　如果我们不接受强烈的理性主义，那是否就表示我们得要困在相对主义之中——即认为我们无法分辨出不同的信仰系统？完全不是！我已经在本书的第 2 和第 3 章中讨论过，完全的相对主义是不可能站得住脚的。[9]在本书的后半部，我所要采取的立场叫作"批判性的理性"（critical rationality）①[10]——它假设有一些论点是许多或绝大多数有理性的人所能信服的，虽然事实上没有一个论点能够在不顾个人观点的情况下说服每一个人。它也假设某些信仰系统是比其他信仰系统更为合理的，虽然所有的论点到最后

---

① 这是在探讨信仰与理性之关系时所采取的另一种立场，即认为虽然宗教信仰系统无法被证明，但应该要接受理性的批判和评估。

都能够被合理地否定掉；也就是说，你总是能找到理由不去接受某个不全然是偏见或固执的论点。然而，这并不代表我们不能评估信仰，这仅仅是说我们不应该期望有总结性的证明，这类的期望和要求是不公平的。即使是科学家也不会用这样的态度来进行科学研究。

通常科学家不太愿意承认某个理论已经被"证明"出来了，甚至连道金斯都说，达尔文理论至终无法完全被证明，他说："新的事实也许会出现，迫使我们的后继者……放弃达尔文主义，或把它修改到连我们都认不出来的地步。"[11]但这并不表示我们不能用科学来检验各项理论，以找出其中在经验上更能被证实的理论——当一个理论在组织证据和解释现象上超过另一个可选择的理论时，它就是一个"在经验上更能被证实的理论"。换句话说，如果一个理论在经过检验之后，能使我们更准确地预期很多不同的事情，并且它比另一个使用同样资料而得到的理论更为准确，那么这个理论就会被人接受——虽然从"强烈的理性主义"角度来看，它并没有被"证明"出来。

牛津大学哲学家斯温伯恩（Richard Swinburne）在他所著的《上帝是否存在？》（*Is There a God?*）一书中，就是以这样的方式有力地辩护说，相信上帝存在是合理的，是可以被"检验"的（虽然不是被"证明"的）。[12]他说，相信上帝存在的观点能让我们预期所观察到的事——宇宙确实存在，其间有科学定律的运作，其中的人类有良知，也有不能磨灭的道德感。反之，他说相信上帝不存在的理论绝不能让我们预期会有这些事情。因此之故，相信上帝存在的观点更合乎实际观察经验，它比起其他的观点更能解释我们所见到的事物。虽然我们不能证明有关上帝的观点，但这并不表示我们就无法过滤和衡量各种宗教信仰的立场，并从其间找到一些、甚至一个最合理的宗教信仰。

如同剧作家的上帝

然而，我不希望任何人以为我把"批判性的理性"当作次好的选择。如果圣经中所描述的上帝确实存在，那么"批判性的理性"就正是我们在回答有关上帝之本质和存在的问题时所应该持守的立场。

苏联宇航员从太空返回后，宣告说他没有见到上帝。路易斯对此回应说，这就好像是哈姆雷特到他城堡的阁楼上去寻找莎士比亚一样。如果上帝存在的话，他绝不会是宇宙中一个存在的物件，可以放在实验室中让人以科学的实证法来加以分析。他与我们的关系乃是像戏剧中之编剧与剧中之角色的关系那样——我们（剧中的角色）能够对编剧有相当的认识，但是其程度仅限于他在剧中所决定要展现出有关他自己的资讯。因此，我们绝不可能把上帝"证明"出来，好像他是存在于宇宙上的一个物件，如同氧气、氢气或太平洋上的一个岛屿那样。

路易斯又用另一个隐喻告诉我们有关认识上帝的真理。他说他相信上帝，"就像是相信太阳会升起；这不仅是因为我看见了它，更是因为我借着它看见了万物。"[13]试想你能够用肉眼直视太阳来观察认识它吗？不能，因为这样做会烧伤你的视网膜，破坏你看东西的能力。要认识太阳之存在、能量和特质的更好方法，是注意看它所照亮的世界，承认它使万物获得生机，并且承认它让你能看见它们。

　　因此，在我们前面就有一条出路可走：我们不应尝试去"直视太阳"，要求看到一些无可反驳之有关上帝存在的证明；相反，我们应该"注意看它向你所照亮的世界"，看看哪一种对世界的解释是最有力的，最能合理地解释我们所见到的世界和所见到的自己——我们感觉到这世界本不应该像现在这样；我们也感觉到自己虽有许多缺点，却也相当不错；我们心中有一种对爱和美的憧憬，但这世界上没有任何一件东西能够满足我们；我们心中也有一种深深的需要，想要明白人生的意义和目标。有哪一种世界观最能解释这些事呢？

　　基督徒并没有宣称说他们的信仰能够使他们变成无所不知的人，或能够使他们拥有明了真实世界的绝对知识；这些都是只有上帝才拥有的特质。但是他们相信基督教对事物的解释——创造、堕落、救赎和复兴——才是对这个世界最合理的认知。我请你戴上基督教的观点如同戴上眼镜一般地来观察世界，看看它对我们所知与所见之世界的解释，具有何等大的力量。

如果圣经所描述的上帝存在，他不会像是一个躲在阁楼上的人，而会像是一个剧作家。这个意思是说，如果我们寻找上帝像在寻找一件不会动的东西，用实际观察所得的经验去找，那么我们就不会找到他；相反，我们要去寻找他写在宇宙中、也包括写在我们心里面的有关他真实存在的线索。这就是为什么——如果上帝存在的话——我们应该会在理性机制中找到他的原因；因为我们是"照着他的形象"被造的，是具有理性和位格的人，我们的思想一定会和他的思想产生共鸣。此外，剧作家的比喻也表示我们单单靠理性是不够的，而必须从剧作家个人所启示或展现出来的信息来认识他；这就是为什么我们必须注意看圣经是如何描述上帝和人类景况的。

然而从基督徒的观点来说，上帝存在的最终和最高的证据，就是耶稣基督自己。如果上帝存在，那么我们这些在剧中的角色，就必可期望他在剧中留下一些关于他的信息；不过基督徒相信，他不只留下了信息，他还**把自己放在剧中**——就是当耶稣降生在马槽里，又从死里复活时——成为历史中最重要的角色。耶稣就是那位我们所要寻找的。

第二部

相信的理由

第 8 章
上帝存在的线索

如果有人认为上帝的存在和人的来生等问题太令人怀疑，因而把它们搁在一旁不理……那么他就必须自行决定生命的目的何在。如果死亡能终结一切，如果我既不盼望美善，也不害怕邪恶，那么我就必须自问：我为什么会在这里，我在这些环境中应该如何为人处事。现在这些答案非常清楚，但也非常令人不悦，所以大多数的人都不愿面对。因为找不到生命的意义，所以就说生命没有意义。

毛姆，《总结》

这是真的，我一直都知道——我完全没有存在的"权利"。我的出现只是偶然，我的存在就像是一块石头、一株植物、一个细菌的存在。我对自己没有什么感觉，我只像是一个毫不重要的杂音。我想……我们在此又吃又喝，为的是要保持我们珍贵的存在，但其实没有、没有、绝对没有存在的理由。

萨特，《恶心》

如果我们连上帝是否存在都不知道，我们怎能相信基督教？然而，虽然我们没有可供证明上帝存在的一些无可反驳的证据，但是许多人的确在许多地方看到了他真实存在的强有力线索——就好像是看到了上帝的指纹一般。

曾经有一段时间，我固定地与一位杰出的年轻科学家会谈，他心中一直隐约觉得上帝是存在的。我在本章与下一章中所写的许多内容，就是我和他谈话时所发现的。他一个接一个地研究有关上帝存在的论点，虽然其中有许多论点都很有价值，但是他发现，每个论点到最终总是可以在某一点上被合理地否定掉，这让他感到很困扰。他对我说："除非我能至少找到一个有关上帝存在的绝对无懈可击的证据，否则我不会相信。"于是我就指出他的想法其实包含了一种假设，那就是"强烈的理性主义"，而当他明白其实并没有无懈可击的证据可以证明"强烈的理性主义"时，就松了一口气。然后我们再回头检视那些他原先称为"证据"的内容，但现在则把它们视为是一些"线索"。当我们采取这个新的角度时，他就逐渐地看出，这些线索对于肯定上帝的存在具有极大的力量。

哲学家普兰丁格相信，没有任何一种关于上帝存在的证明可以说服所有有理性的人；但是他也相信，至少有二三十个有关上帝存在的论点是很合理的。[1] 大多数的读者若是花时间去思想普兰丁格所列出的论点，一定会看到某些论点是很能让你信服的，但也会看到有一些论点对你是没有说服力的。不过如果你把所有能说服你的论点累加起来，其力量仍是极为可观的。以下我将提出一些他的论点来探讨。

神秘的大爆炸

那些比较常运用理性的人经常会被这个问题所吸引："为什么宇宙会存在，而不是不存在？"这个问题在大爆炸理论被提出来以后备受关注。有证据显示，宇宙是由一个点而爆炸性地向外扩张。英国著名物理学家霍金（Stephen Hawking）写道："现在几乎所有人都相信，宇宙和时间本身都有一个起始点，就是在大爆炸之时。"[2] 著名生物学家柯林斯在他的著作《上帝的语言》中，则将这个有关上帝存在的线索用一般人能懂的话写出来：

我们有一个相当肯定的结论：宇宙有一个开始，就是在大爆炸之时。在一百五十亿年前，宇宙由一个无限小的点，借着无法想像之强光的能量而产生；也就是说，在此之前什么都不存在。我无法想像自然界——也就是此处所说的宇宙——怎么可能会自己产生自己，而宇宙有一个起始点的事实，也暗示了存在着能使宇宙开始的那一位。在我看来，那一位必须要在自然界之外。[3]

所有这个世界中我们认为是"偶然产生"的事物，其实都有一个它本身以外的成因；因此，虽然宇宙看起来是由"偶然产生"之事物满满堆积而成的，但其实它必须倚靠其本身以外的成因。一定有某种原因使得大爆炸发生，但那原因是什么呢？在自然界之外有什么成因能使得大爆炸发生呢？必定是一位超自然又非偶然产生的，是一位自有又自存的。

著名的无神论作家哈里斯在评论柯林斯这本书的时候，对他的推论采取了传统的反对意见。他写道："不论是哪一种情况，就算我们接受宇宙是由一位有智慧者所创造的，也不表示这位有智慧者就是圣经中所说的上帝。"[4]他说得完全正确。如果我们想要把这个论点当成是证明有位格之上帝存在的证据，那是达不到目的的；但是如果我们只把它当成一个线索——知道在自然界之外还有其他的存在——那么对很多人来说，这的确是很值得注意的。

宇宙的迎宾垫

有机生命体若要存在，所有基本的物理定律以及常数
——光速、重力常数、强核力和弱核力等——其数值都必
须要落在极窄的范围之内；而这种完美的数值组合能在偶
然间出现的机率，小到在统计上可以忽略为零。[5] 柯林斯将
这一点说得非常好：

当你从科学家的角度来观察宇宙时，就会觉得它好像
是知道我们将要来临似的。有十五个常数——重力常数、
强核力和弱核力间各样的常数等——都必须达到精确的
数值。若是有任何一个常数偏离了百万分之一，或是某些
数值有千兆分之一的误差，这个宇宙就不会成为我们现在
所看到的样子；物质无法聚合，银河系、众恒星和行星，
以及人类也不会出现。[6]

有人曾说，这就好像是有极多的仪表板，必须把它们
全都调到极窄范围下的精准位置；而结果是真的调到了。
因此，这绝对不可能是偶然达成的。霍金下结论说："要
说我们这样的宇宙是产生于大爆炸那样的事，有极多不可
思议的地方；因此我认为宇宙的产生有很清楚的宗教含
义。"他在别处也说到："我们很难解释为什么宇宙会这样

开始，除非我们把它当作是上帝的作为，就是他有意地要创造像我们这样的生物。"[7]

这就是所谓的"微调论证"（Fine Tuning Argument）或是"人择原则"（Anthropic Principle），就是说宇宙是为了人类的来临而预备的。这应该算是一个极有力的论点，因为有许多尖锐反驳它的文章发表。其中最常见的反驳之词，是像道金斯在其所著《上帝的迷思》中所说的，宇宙的数目可能有几兆、几亿个；有这么多的宇宙，又有无限的时间和空间，所以必然会有一些宇宙是像这样微调好、能使我们这种生命形态得以维系的。我们所在的宇宙就是这类宇宙中的一个，所以我们才能存在于此。[8]

让我再说一次，如果把"微调论证"当作"证据"来看，就一定会被合理地否定掉。虽然并无丝毫证据可以证明宇宙的数目很多，但也无法反证没有这么多的宇宙。

然而，如果把"微调论证"当作"线索"来看，那么这个论点确实是有力量的。普兰丁格曾经举过一个例子：假设有一个人在打扑克牌时连续二十次发给自己四张 A 牌，这时他的同伴都要伸手拔出他们的左轮手枪了，但这个人说："我知道这个情况看来很可疑，但是如果宇宙是一个接着一个而无限连续的，而在每一个宇宙上所发出的扑克牌组合都不同，那么是否其中有一个宇宙就可能会出现我的这个情况呢？我们正好就在这一个宇宙里，我不必搞鬼就能每次都拿到四张 A 牌!"⁹ 这种辩词绝对不会被他的同伴所接受。虽然从技术上来说有可能发生这种情况——这个人连续二十次都拿到四张 A 牌——但是如果你的结论是说他没有搞鬼，那就不合理了。

哲学家莱斯利（John Leslie）也提过一个类似的例证：假设有一位死刑犯将要被五十位神枪手所组成的行刑队处决，他们都站在离他两公尺之处开枪，但他却未中弹。因为即使是近距离射击，神枪手也有失误的可能性，所以从技术上来说，有可能这五十位神枪手在开枪时都同时射偏了。¹⁰虽然没有证据说他们串通好故意要射不中犯人，但是如果你的结论是说他们没有串通，那就不合理了。

是的，如果说我们只是恰好活在一个能产生有机生命体的宇宙中，这在技术上是有可能的；然而，虽然你不能证明有某种设计微调了这个宇宙，但是如果你的结论是说没有这种可能性，那就不合理了。虽然有机生命体有可能是自己产生的，并不需要有一位创造者，可是把生命建基于那种无限微小而遥远的可能性上，会是合理的吗？

自然界的规律性

在自然界中还有许多事实相比说它有一位设计者是更令人惊奇和不解的。所有合乎科学的、归纳的推理，都是建立在自然界之规律性（或称"定律"）的前提上，因此水在明天和今天一样，都会在相同的条件下沸腾。归纳法所作的就是从观察到的许多状况中，得出适用所有同类状况的一般性原则；我们若不用归纳式的推理，就无法从经验中学习，无法使用语言，也无法倚赖自己的记忆。

大多数人认为这很正常，没有什么问题，但是哲学家却不这样认为！即使是像休谟和罗素这样优秀的非基督徒，也会对于我们丝毫无法了解为什么自然界会有这样的规律性而感到相当困惑。不仅如此，我们也丝毫无法对如下问题有合理的解释：为什么我们可以假定自然界的规律性明天还会持续下去？如果有人说："未来的情况总会像过去所发生的情况一样。"那么休谟和罗素就会回答说，其实你是在假定你所要论证的事；换句话说，科学无法证明不断持续的自然界规律，就只能凭着信心接受。

过去几十年中有许多学者指出，现代科学是从基督教文明中以其最能持久的形式兴起，因为基督教相信一位无所不能又有位格的上帝，他创造并且维持了一个有规则和有秩序的宇宙。[11]虽然要将自然界的规律性当作上帝存在的证据，会被其他的理由所否定——你总是可以说，"我们无法知道自然界为什么会是这个样子"。但是如果把自然界的规律性当作上帝存在的线索，那就是极有助益的。

艺术之美

艺术评论家丹托（Arthur C. Danto）是《国家》（*The Nation*）杂志的艺术评论员，他曾经描述说某件艺术品带给他一种"隐晦但无法逃避的意义感"[12]。换句话说，虽然伟大的艺术不会以简单的信息给你"当头棒喝"，但它总会让你感受到生命不是"白痴说的故事，没有意义，只是充满了声音和愤怒"。虽然你往往不清楚某件艺术品有什么地方感动你，但它却可以使你充满盼望，并给你继续走下去的力量。

著名的指挥家、作曲家伯恩斯坦（Leonard Bernstein）曾热烈地赞赏贝多芬对他的影响：

贝多芬创作出一段段具有惊人之正确性的乐曲。啊，就是这个词——"正确性"！当你感到在这段乐曲的这个位置，在前一个音符之后的音符，只有这个音符可能是正确的，那么你很可能是在听贝多芬的音乐。把旋律、赋格、节奏那些事留给柴可夫斯基（Tchaikovsky）、亨德密特（Hindemith）、拉威尔（Ravel）吧，但我们的贝多芬有真正的好东西，是来自天堂的东西。他的音乐有一种能力，会让你在曲终时感受到这个世界上有某件东西是正确的——它自始至终都在察看，始终如一地贯彻自己的法则；我们能够信靠它，它永不会让我们失望。[13]

如果没有上帝，而且如果世界上的万物都只是"原子偶然的聚合"（罗素的名言），那么我们的存在就只是一场意外，并没有真实的目的。但如果我们真的只是一些自然力量偶然造出的产品，那么我们所说的"美"就只是神经系统对某些特定资讯的反应而已——你之所以会觉得某些景色美丽，乃是因为你祖先们的缘故，他们因为其神经系统的特性而得以在那里找到食物并存活下来，所以现在我们也拥有相同的神经系统，也会觉得那个地方美丽。同样，虽然我们感受到某段音乐很有意义，但那种感受只是幻象而已。因此之故，我们也应该从这种观点来看待爱：如果我们只是一些自然力量在盲目作用下所造出的产品，那么所谓的"爱"就只是一种生物化学反应而已；因为"爱"这个特性曾经帮助祖先们存活下来，所以我们就遗传了这个特性。

伯恩斯坦和丹托见证了一个事实，那就是即使非基督徒相信"爱"与"美"只是生物化学反应，但是在伟大的艺术与美面前，我们仍然会无可逃避地感受到生命真的是有意义的，真理和公义真的是存在的，它们不会让我们失望，而爱意味着全部。请注意，虽然伯恩斯坦绝不是一个有正统信仰的人，但当他讲到贝多芬的时候，也不免使用"天堂"这个词。由此可见，即使一个不信基督教的唯物主义者，认为真理、公义、善与恶等完全是幻象，但是在伟大的艺术甚或在自然界的美景之前，我们的心仍会述说另一种可能性。

另外一位知名的艺术家也讲到同样的事，他就是小说家厄普代克（John Updike）。在他的短篇小说《鸽子羽毛》（*Pigeon Feathers*）中，一位青少年对他的母亲说："难道你不晓得，如果我们死了以后什么都没有了，太阳、田园和一切都没有了，啊！那难道不**恐怖**吗？那恐怖真是像海洋那么大！"后来，当他看到美丽的鸽子羽毛时，看到其质地和颜色，就深深地被感动，确信在世界的背后必定有一位上帝，这位上帝将来一定会让他活到永远。[14]厄普代克似乎是在说，即使我们的头脑相信生命是偶然产生和无意义的，但是在"美"的面前，我们对生命会有更多的认识。

也许有人会反驳说："那又怎样呢？不会因为我们感觉什么是真实的，它就真的是真实的！"然而，我们在此所讲的只是感觉而已吗？其实，更准确地说，这些经验所挑起的是一种欲望或渴望，歌德称之为"有福的渴望"（blessed longing，原文是 *selige sehnsucht*）。我们不只是感受到了宇宙的实体，我们更是感受到了一种状态，那就是我们还没有得着所渴望的。

圣奥古斯丁在他的《忏悔录》中就推论说，这些没有得到满足的欲望，就是认识上帝真实存在的线索。为什么呢？事实上，就如我们在前一段所提到的反对之词，当我们**感觉**想要吃牛排大餐时，并不代表我们真的会吃到它；不过，虽然饥饿不能证明我们一定会吃到某一种特别的大餐，但是我们这种对食物的欲望不正表示食物是存在的吗？我们与生俱来的其他欲望不也正表示那些相对应的客体是真实存在的吗？就如性欲所对应的性，食欲所对应的食物，疲倦所对应的睡眠，以及关系上之欲望所对应的友情，不都是真实存在的吗？

我们被"美"所挑起的那种无法被满足的渴望，难道不也是一种与生俱来的欲望吗？我们渴望喜乐、爱和美，那是再多、再高品质的食物、性、友情或成功都无法满足的。我们所渴望的东西，是这个世界上的任何东西都不能满足的。难道这不就是一个线索，表示我们所需要的那个"东西"是真实存在的吗？[15] 这种无法被满足的渴望确实是人类与生俱来的一种极深的欲望，因此这也使得它成为认识上帝存在的主要线索。[16]

扼杀线索的杀手

在我们的文化中有一个极具影响力的思想学派，它宣称拥有一切所谓的"线索"的答案——它就是进化生物学派；这个学派用"天择"的观点来解释关于我们的每一件事。丹尼特在他所写的《打破咒语：作为自然现象的宗教》

（*Breaking the Spell：Religion as a Natural Phenomenon*）一
书中，就从这个角度来解释有关上帝存在的所有线索。丹
尼特宣称，如果我们有宗教情怀，那只是因为这些特性曾
经在过去帮助了相当多的人，使他们在其环境中生存下来，
而且也因此借着遗传基因传给了我们。他如此总结自己的
观点：

　　每一件我们认为有价值的东西——从糖果、性、金
钱，到音乐、爱、宗教——都有其被珍视的理由。然而它
们背后那些不属于它们本身的理由，都和进化有关，都是
独立的；那些理由都是借着天择而得到肯定的。[17]

　　罗宾・赫尼格（Robin Marantz Henig）在《纽约时报》
杂志上发表的文章 "我们为何要信？进化论科学如何解释
了对上帝的信仰"（Why Do We Believe? How Evolutionary
Science Explains Faith in God）中，调查了进化论者对宗
教的想法。[18]我们知道 "这概念——有一位永无错误的上
帝存在——是令人欣慰又熟悉的，也是孩童随时可以接受
的"。[19]为什么呢？有一些进化论者，例如威尔逊（David
Sloan Wilson），认为相信上帝的人会更快乐，也更无私；
这表示他们的家庭和族群比较可能存活下来，他们也比较
可能找到较好的伴侣。但另一些进化论者，例如阿特兰
（Scott Atran）和道金斯，则认为对上帝的信仰是一种副

产品，是从其他能带来环境适应之好处的特性所产生的
——我们那些能存活下来的祖先们，都是最容易在生存竞
争中感应到某些灵界东西的人，即使那些东西并不存在；
而且他们也很可能对周遭所发生的一切事，都加诸一些故
事和随意的解释。这些祖先们所遗传下来的特性也因此使
得我们比较容易相信上帝，亦即会使我们看见那些灵界的
东西、故事和智慧，虽然它们并不存在。[20]

尽管支持进化论的学者在这方面有激烈的争辩，但是
他们都同意，我们相信上帝存在的能力已经被设置在我们
身体里，因为这个能力直接或间接地与祖先们适应环境的
特性有关，也因此才会有那么多的人关心上帝是否存在的
问题。但人之所以会关心这个问题，其所有理由也仅在于
此，这些线索只不过是指向上帝不存在而已。

然而，有许多人却认为这个"扼杀线索的杀手"之论
点中有致命性的矛盾，而且事实上它又指向另一个有关上
帝存在的线索。

在《上帝的迷思》一书的最后部分中，道金斯承认
说，因为我们是天择下的产品，所以我们无法全然信任自
己的感官，毕竟进化论的重点只是关于保存下来能适应
环境的行为，而非保存下来真实的信仰。[21]在《纽约时报》
杂志的另一篇文章中，一位科学家说："在某些环境下，
拥有一个远离现实的象征性信仰，会使他们过得更好。"[22]
换句话说，在帮助人适应和存活上，狂热和虚假的信仰通

常会比真实的信仰更为有效。

　　我不认为道金斯或其他进化论学者能体认到这个重要洞见所隐含的全部意义。对于进化，我们只能相信它可以带来一些能帮助人活下去的认知官能，但它并不能带给我们其他什么东西，使我们对周围世界有一个准确而真实的了解。[23] 哲学家丘奇兰德（Patricia Churchland）谈到这一点时如此说：

　　大脑主要的功用是使身体上的每个部分都按次序发挥功能，好让整个生命体能够存活。当感官与动作之间机制的管控有所改进时，会带来进化上的好处：一种更新颖的表现形态是很有益处的……只要它能增加有机生命体的存活率。真理——无论那是什么——属于留到最后的那一个。[24]

　　著名的哲学家和无神论者内格尔在他的书《最后之言》的最后一章中写道，如果我要肯定我的思想对我所说的是真实的，是世界的真相，我就必须要"遵守逻辑的法则，因为它们是正确的，而不仅是因为我在生物性上已被设定要如此做"。可是，根据进化生物学的观点，理性的法则之所以能被我们认为是合理的，只是因为它们能帮助我们存活，而不是因为它们能告诉我们真理。所以内格尔问道：

我们还能够继续相信理性，把它当作是认识世界一些不明显之特质的知识来源吗？从它本身的角度来看，我相信若是把人类看作是进化来的，恰恰违背了这种对理性的信心。[25]

进化论者认为，如果我们认为上帝的存在是合理的，这并不是因为他真的存在，而只是因为这种信念能帮助我们存活下来，并且因此我们里面就有了那种设定。可是，如果我们不能信任我们身上这些产生信念的官能会告诉我们有关上帝的真理，我们怎么能信任它们会告诉我们其他的真理，包括进化论科学呢？如果我们的认知官能只告诉我们有关存活的需要，而不告诉我们什么才是真实的，为什么我们凡事都要相信它们呢？

这样看来，进化论的理论家将不得不选择其一：他们可以改变主意，承认我们可以相信自己头脑所告诉我们的事，包括有关上帝的事。如果我们找到有关上帝存在的论点和线索是能令人信服的，我们就可以说，也许上帝真的存在。他们也可以继续向前，承认我们在任何事上都无法相信自己的头脑。然而现在许多进化论科学家所做的并不公平：他们用怀疑主义的手术刀切除我们的头脑对我们所说之有关上帝的事，但却保留有关进化论科学的事。

这就是整个进化生物学和进化理论的致命弱点。普兰丁格指出，连达尔文自己都看到了这个主要的弱点，因此在他写给朋友的信中如此说：

> 人的头脑是从低等动物的头脑发展而来的，不论人的头脑中有什么信念，关于它的价值和可信度，人总是会起疑。[26]

普兰丁格接着评论说，终极而言，接受进化论的"自然主义"（naturalism）——认为我们身上的一切都是经由天择而产生——乃是不合理性的；因为如果这个理论是对的，我们就不能相信借之而得到这个理论或任何科学理论的方法和途径。[27]

> 像道金斯这类的人坚信科学与宗教之间是有冲突的……但其实冲突乃是在于科学与自然主义之间，而不在于科学与对上帝的信仰之间……假设真的有毫无导引的进化过程，那么我们就好像生活在梦中的世界，自以为真的认识自己和这个世界。[28]

尽管如丹尼特、道金斯以及哈里斯等人在写给一般人阅读的书籍中，一直想用进化论来扼杀宗教信仰的线索，但是越来越多的思想家已经看透这个想法；而且不单是正统的信徒看透，也包括了内格尔这样的无神论者。《新共和》（*The New Republic*）杂志的文学编辑威斯提（Leon

Wieseltier）在他评论丹尼特《打破咒语：作为自然现象的宗教》一书的文章中，就指出这个线索杀手之论点中的瑕疵：

> 丹尼特把理性描绘成是在为天择效劳，但它同时又是天择下的产物。然而如果理性是天择下的产物，那么我们在以理性辩证天择时能够有多少信心？理性之所以有力量，原因乃在其独立性，而不在其他……进化生物学无法激起理性的力量，其实它是毁坏了理性的力量。[29]

因此我们可以这样说：如果我们的头脑所告诉我们的道德、爱和美等都不真实，而仅仅是一系列设定在我们身体里的化学反应，为的是要把基因遗传下去——如同进化论科学家所说的——那么这个看法也只是**他们的**头脑所告诉他们的世界观。如此看来，他们为什么应该相信自己的看法呢？

线索—杀手其实是线索

我认为，从根本上来说，这个本来要作线索—杀手的思想，其实是另一个上帝存在的线索。

前面我们提到了几个线索：第一个线索是关于这个世界之存在的线索，即大爆炸理论。但不相信上帝的人可以很合理地回应说："但这不能证明上帝的存在；很可能大爆炸是自己造成的。"第二个线索是宇宙的"微调"——我们的宇宙要能适合有机生命体与人类生命的产生，只有几兆分之一的机率。不过，不相信上帝的人同样可以说："但是这也不能证明上帝的存在，这个宇宙可能正好就是在那个极小的机率中所产生的。"第三个线索是自然界的规律性——所有合乎科学的、归纳的推理都建立在这个前提之上，虽然我们没有丝毫理由可以假定自然界的规律性还会持续下去。但是当信徒以此为相信上帝存在的线索时，非信徒还是可以合理地反驳说："我们不知道为什么自然界会有规律性，但它就是这个样子。这也不能证明上帝的存在。"

第四个线索是美与意义。如果我们的产生只是出于自然界中无意义和偶然的力量，信徒们就会问说：那你怎么解释我们的感受，即美是重要的，爱情和生命是有意义的？不信的人会回应说："这并不能证明上帝的存在。我们可以从进化生物学的观点来解释这些感受和信念：我们之所以有宗教感、美感和道德感，都只是因为它们帮助我们的祖先存活了下来。"然而，正如许多思想家所指出的，如果这个论点证明了什么，那它就是证明得太过头了——如果我们在某一个方面不能信任自己产生信念的官能，那么我们在所有方面都不能信任这些官能。如果上帝不存在，我们就完全不能信任自己的认知官能。

但是，我们还是能信任自己的认知官能，所以这就成了最后一个上帝存在的线索。如果我们相信上帝存在，我们对宇宙的观点就会给我们一个根基，使我们相信自己的认知官能是有效用的，因为是上帝使我们能有真正的信念和知识。如果我们相信上帝存在，那么大爆炸、宇宙的微调、自然界的规律性，都不再会是神秘而难以理解的；我们看见的所有事物也都会是完全合理的。不仅如此，如果上帝存在的话，我们在本能中会有对美和对爱之意义的感受，也就是合理而且必然的了。

　　然而，如果你不相信上帝存在，你不但会觉得这些事情实在很难解释，而且你的这种没有上帝的观点也会让你不期待它们的出现。虽然你没有什么理由相信你自己的理性官能是有效用的，但你还是在继续使用它们；虽然你没有什么根据相信自然界将来还会有规律地运转，但你还是在继续使用归纳式的推理和语言；虽然你没有什么好的理由相信你对爱和美的感受，但你还是在继续这样做。C. S. 路易斯曾经生动地描述过这一点：

　　如果你知道（而且一直记得）某位女子的外表和性格上的美丽是源于一种短暂的、偶然的物质碰撞，而且你知道你对她的反应纯粹只是因为基因活动而产生的化学作用，那么你是不可能爱上她的（除非是用最低级的动物性）。如果你知道（而且一直记得）一首乐曲给你带来的意义感纯粹只是一种幻觉，而且你知道你之所以会喜欢它，只是因为你的神经系统被非理性地设定成这个反应，那么你也不可能因欣赏它而得到强烈的快乐。[30]

当然，我们所讨论过的每一个线索都不能真的证明上帝存在，它们都能被合理地否定掉；但是我认为它们所累积起来的效果，却是发人深省且很有说服力的。虽然不信之人对世界的看法在理性上有其可能性，但当我们探讨以上那些现象时，无神论世界观就远不如相信上帝存在的世界观来得合理，因此我们称以上那些现象为"线索"。相信有一位创造世界的上帝存在，会比相信没有上帝的存在，更能解释我们所见到的世界。那些要论证反驳上帝存在的人，也在使用归纳法、语言和他们的认知官能，但是从上帝存在的观点来看它们——他创造了这个宇宙，并且以其大能来维持这些官能——会比从不相信上帝存在的观点看它们合理得多。

线索之外

此刻我可以想像有人会说："所以还是没有结论！你说了半天，只是在说上帝可能存在，但是没有人能无懈可击地保证上帝存在，这表示还是没有人能知道上帝到底存在不存在。"

我不同意这个说法。

在下一章中，我会讲到非常个人的事。我不想辩论为什么上帝可能存在，但我要显明其实你已经知道上帝存在了。我想要让读者看到，不管你在知识上相信的是什么，你都无法逃避不去相信上帝的存在；我们虽无法证明这个"基本"的信念，但我们却不可能不知道它。我们都**知道**上帝就在那里，因此，即使有人全心相信人生没有意义，但我们却不愿意那样活着，因为我们还知道更多。

第 9 章
对上帝的认识

查理："当然有一位上帝！我们基本上都知道上帝
存在。"

辛西："我就不知道。"

查理："你当然知道！当你独自思想时——我们大部
分清醒的时间都是用在想事情——你一定有过
这样的感受，就是你的思想不完全是空想，好
像有人在聆听似的。我想这种感受——好像有
人在默默地聆听你，而且完全了解你——正代
表我们天生就相信一位既超越又无所不知
的智慧者。这种感受也显示出其实我们每个人
与生俱来都拥有某种信仰，但是大多数人失去
了那个信仰，现在只有靠着有意识的信心行动

才能重新得回它。"

辛西:"你有过这种重新得回信仰的经验吗?"

查理:"还没有,但我希望将来会有。"

斯蒂尔曼执导的电影,《大都市人》

很多保守派的作家和讲员经常会抱怨说,我们文化中的年轻人所持的观点都是相对主义的,而且也没有什么道德观念。但是,根据我二十多年在纽约曼哈顿地区作牧师的经验——我经常与一些见多识广的年轻人打交道——我并不认同上面的描述。我所认识的这些不信主的年轻人,对于是非善恶都有很清楚的观念,因此世界上发生的许多事情都会令他们愤愤不平。然而,他们的道德观却有一个问题。

自由漂浮的道德观

为了做一个好牧师,我常常得戴上哲学教授的帽子。曾经有一对年轻夫妻来向我寻求属灵引导,但他们说自己"什么都不大相信"。这该如何开始探索上帝究竟存不存在的问题?我请他们告诉我,有什么事情是他们认为非常、非常不对的。那位女士立刻就强烈指责那些歧视女性的行为,于是我就对她说,我完全赞成她的看法,因为我是一位基督徒,我相信所有人都是上帝创造的,但是我说我也很好奇，为什么她会认为歧视女性是错的。

她回答说："女人也是人，是人就应该有他们的权利，侵犯别人的权利就是错的。"

于是我接着问她，她是怎么知道这个的。

她有点困惑地回答说："每个人都知道侵犯别人的权利是不对的。"

于是我接着说："其实这个世界上的绝大多数人并不'知道'这一点，因为他们并没有西方的人权观念。试想如果有一个人对你说：'每个人都知道女人是次等的。'那么你可能会回答说：'你的说法是没有依据的，它只是你所坚持的主张而已。'你这样说可能是对的。但是现在让我们再回头看看你的观点。根据你的信仰，上帝是不存在的，而所有的人都是从动物进化来的。如果是这样的话，侵犯别人的权利有什么不对呢？"

她先生回答说："是的，我们其实只是头脑比较大的动物，但是动物也有它们的权利，你也不应该践踏它们的权利。"

于是我接着问他，当强大的动物吃掉弱小的动物时，他会不会觉得那只强大的动物会因为侵犯了别的动物的权利，所以也有罪。

他回答说："不，我不会那样想。"

"那么，你是否认为只有人类在侵犯别人的权利时，才是不对的呢？"

"没错。"

于是我又问他："这不是双重标准吗？"

为什么这对夫妻坚持说人类和动物不同，不能做出自然界中所有动物都可以做的事？为什么他们一直坚持认为人类拥有伟大、独特的尊严和价值？为什么他们相信每个人都有人权呢？

女士说："我不知道；我想这应该是天经地义、自然就有的想法吧。"

其实我们讨论的气氛十分愉快，比我在这里所浓缩的记录感觉上要好得多。这对年轻夫妻会笑自己在一些反应上很没说服力，这显示他们有开放的态度，愿意继续在信仰上探索，因此我也受到鼓励而比平日更加直截了当。然而，这次的对话也显示出，我们现今的文化和从前所有的文化都不同：一般人还是有强烈的道德感，但是他们又不像其他时代和地方的人，对于**为什么**说有些事是邪恶的、有些事是良善的，他们没有什么明显可见的依据。我们几乎可以说，他们的道德本能是自由漂浮在半空中的——离地面很远。

波兰诗人米沃什（Czeslaw Milosz）如此描述这一点：

在后冷战时期让人一直很惊讶的是，有一些地方——例如布拉格和华沙——的人常会以尊敬的态度说出一些美好又极令人感动的话，但那些话应该是属于以前重视人权和人性尊严的时代。我对此现象十分好奇，因为或许真的有阴间存在，毕竟那些概念的基础是宗教，而我对于宗教是否能在科技文明之下存活，并不感到太乐观。那些看起来好像已经被永远埋葬的概念，现在突然活过来了，但是如果它们的基础已经被抽去，那它们还能漂浮多久呢?[1]

我不认为米沃什的话是对的。我认为即使一般人不再有意识地相信上帝，但是他们绝对还会持守对人性尊严的信念。为什么会这样呢? 我有一个基本的理论: 在我们的文化中，人人都无可推诿地知道上帝存在，但是他们却刻意去压抑这样的认识。

道德责任的概念

我们常常会听到有人说:"我们不应该将自己的道德观念强加在别人身上，因为每个人都有权利决定他自己心里的真理。"但是说这话的人一定会遇见一连串非常令人不快的问题: 难道这个世界上不是有许多人正在做一些你认为不对的事吗——就是不论他们是否自觉其行为正确，他们都应该立刻停止不做那些事情? 如果你的答案是肯定的，(每个人的答案都是肯定的!) 这不就表示你确实相信，无论每个人各自持有什么样的信念，他们都应遵守某种道德标准吗? 这就带出一个问题: 为什么即使有人自称道德相对主义者，但实际上没有一个人能成为言行一致的道德相对主义者？我们的答案是，我们都拥有一个普遍的、有力的、无法推脱的道德信念——不只是相信道德的价值，并且也相信道德的**责任**。社会学家史密斯（Christian Smith）如此写道：

> "道德"……是一种对于什么是对与错、公平与不公平之理解的指向。这些理解并非建基于我们自己实际的欲望和喜好；相反，它们和我们的欲望及喜好无关，而是人所相信并用来评断欲望和喜好的一个标准。[2]

所有的人都有道德感，我们称之为"良心"。当我们想要去做一些感觉上错误的事时，我们就会克制自己不去做。但是我们的道德感并不仅止于此，我们还相信有一个"超越我们自身之外"的标准，它可以评估我们的道德感。"道德责任"是指相信某些事情是绝对不应该做的，不论你的感觉如何，不论在你社会文化中的其他人如何说，也不论它对你有没有切身的利害关系；就像我们在前面所提到的那对年轻夫妻，他们毫不犹豫地认为其他的文化也应该尊重女性的权利。

虽然我们都受过这样的教导，认为对不同的个人和文化来说，所有的道德价值都是相对的；然而我们却不是照这样的想法来生活。在实际状况里，我们一定会将**某些**原则视为绝对的标准，并且用它们来判断那些与我们拥有不同价值观之人的行为。如果所有的道德信念都是相对的，那么我们这样做的依据是什么？没有人给我们权利这样做，然而我们还是继续这样做。虽然有些人会取笑说，竟然有人会相信在道德上有一个超越人类等级的标准，但是对于种族大屠杀那类事情，他们就不会仅仅认为那种行为不切实际，或达不到原先之目的，而是会认为它是**错误**的。虽然杀灭犹太人的纳粹分子宣称他们不觉得其行为不道德，但是不管他们怎么说，即使他们真心认为自己给人类做了一件好事，我们也会认为他们不应该那样做。

我们不仅是有道德感而已，我们心中也有一种无法抹灭的信念，相信有一些道德标准存在，它们存在于我们自身之外，而且我们借着它们来衡量自己内在的道德感。为什么我们会认为那些道德标准是存在的呢？

道德责任的进化理论

对于上述问题，有一个常见的答案，那就是我在本书前一章中所说的"扼杀线索的杀手"，亦即社会生物学或进化心理学。这种理论认为，因为那些既不自私又能合群的存活者人数远高于那些自私而残酷的存活者人数，所以"利他"的基因就代代遗传下来给我们，也因此我们大多数人感到不自私的行为是"正确"的。

但是这种理论有许多瑕疵，也遭到许多尖锐的批评。[3]
如果一个人对有血缘的亲人显出自我牺牲和利他的行为，
的确可能造成他的家庭和延伸的亲族有比较高的生存率，
也因此他会产出更多的后代是带着他这个基因的。然而，
为了进化的目的，相反的行为——敌对所有"非我族类"
的人——才应该被很多人认为是有道德和正确的；但是我
们今天却相信，愿意牺牲个人的时间、金钱、感受，甚至
生命——特别是为着"非我族类"的人——才是**正确的**行
为。举例来说，如果我们见到一个完全陌生的人掉进河
里，我们就会跳下去救他，不然就会因为没有去救他而感
到自责。事实上，即使掉进河里的是我们的敌人，大多数
人还是会感到有责任要去救他。这样的特性怎么可能是借
着天择的过程而传下来的呢？这样的人应该是更不容易存
活并传下其基因的啊！如果是根据严格的进化自然主义的
观点（即相信我们今天所有的特性都是透过天择的过程而
得到的），这种有利他行为的人应该早在许久以前就都死
光了；可是事实不然，这种行为却被发扬光大。

另外有一些论点是说利他的行为会有一些繁殖上的好
处，但这些论点也遇到了困难。还有些人认为，利他的行
为可以为有这行为的人从对方得到一些间接性的回报益
处，但这个观点不能解释我们为什么会在无人知晓的情况
下还有这类行为的动机。也有些人认为牺牲的行动可以造
福群体和社会，使得整个社会都传递这种基因，但现在一

般的共识乃是，天择并不适用于集体的人群。[4]

因此，进化论不能解释我们道德感的来源，更别说要解释一个事实，那就是我们都相信有一些存在于我们本身之外的道德标准，我们用它们来衡量自己的道德感。[5]

道德责任的问题

这种道德责任感对于那些拥有世俗世界观的人产生了一个问题。人类学家洛班（Carolyn Fluehr-Lobban）主要的研究领域是她所谓的"文化上的相对主义"，即认为所有的道德信念都是因文化而产生的；也就是说，我们会有某些道德信念，乃是因为我们生活在一个赞扬那些信念的社会里，因此，我们都不能客观地评论说，某一个文化的道德观比另一个文化的道德观更好或更坏。然而，她也对某些她所研究之社会对女性的压迫而感到极为震惊，因此她决定要在她所工作的社会中致力于提倡女性的权益。

但这立刻就给了她一个难题。她知道自己这种男女平等的信念源于十八世纪北欧社会之个人主义的思想模式，因此她有什么权利可以在其他非西方的社会中提倡她的观点呢？对于这个问题，她如此说：

人类学家们持续表示支持文化上的相对主义，但最有争议的议题之一，是从一个基础性的问题而来的，那就是我们西方人有什么权威，可以将我们自己所认为每个人都有其人权的这个观念，强加在其他人身上……（但是）高压统治的政府经常使用文化上的相对主义的论点，来转移国际上对其暴虐行径的批评……我相信我们不应该因为相对主义的观念就停止不使用国内和国际的论坛，来研究一些办法以保护各种文化中人的生命和尊严……如果有一种状况是需要在保卫人权和保卫文化上的相对主义之间作一个抉择，那么人类学家必须选择保卫和推进人权。我们不能只是作一个旁观者。[6]

洛班提出了一个困难的问题：“如果所有的文化都是相对的，那么每个人都有人权的这个概念也是相对的，这样一来，我怎么能将我的价值观强加给这个文化呢？”但是她并没有回答自己的问题，她只是说她反对压迫的根源，乃是出于西方人对个人自由的观念；她只是宣告说有女性正在受压迫，而她觉得自己必须挺身而出加以制止——我们必须将西方人的价值观带到其他国家中，我们的价值观比别人的更好。就是这样！

有关人权的难题

洛班致力于消除的是现在人权领域的主要危机。哈贝马斯（Jürgen Habermas）曾经写道，尽管人权的概念源于德国，但今天在亚洲、非洲和南美洲，在"残酷嗜杀的政权下和内战中，受压迫者和被害者唯一可以发出的反暴力、反压制和反逼迫的语言"，就是"人权"。[7] 他的话显明，有关人权的道德确实具有极大的重要性。法学教授佩里将有关人权的道德定义为双重的信念：每个人都有与生俱来的尊严，并且我们有责任要依据这件事实来安排我们的生活。侵犯其他人所拥有的同等尊严，就是不对的。[8] 但是我们为什么要相信这种看法？人类尊严的来源是什么？

哈佛大学法学教授德肖维茨（Alan Dershowitz）在他的《人权从何而来？》（Where Do Rights Come From?）一文中就列出了各种可能性。[9] 有些人说，人权是从上帝而来的——如果我们都是照着上帝的形象而被创造的，那么每个人都是神圣而不可侵犯的。然而德肖维茨反对这个答案，因为世界上有千百万的人都是不可知论者。也有些人说，人权是从自然或是所谓的"自然律"而来的——他们认为，在考察过自然和人性之后，就会发现某些行为比较"符合"事物的本性，因此它们就是对的行为。但是德肖维茨指出，自然界的生存发展是靠暴力和弱肉强食，靠适者生存的定律，因此每个人都有其尊严的观念，绝不会是从自然界实际运作的法则而来的。

还有另外一种理论，就是有些人宣称，人权是我们自己——制定法律的人——所创造出来的。许多人认为，社会之所以要创造人权的概念，乃是因为注重个人的尊严最终会促进社会中每个人的福祉。然而，若是社会中大多数人**不认为**赋予每个人人权符合他们的利益呢？如果人权只是由大多数人所创造出来的，那么当某些人被立法规定不能生存时，他们就投诉无门了。德肖维茨引用法理学家德沃金（Ronald Dworkin）的论点，认为这个有关人权的第三个观点也有缺陷：

> 要说社会在每个人都拥有人权之后最终会变得更好，这不是一个答案……因为当我们说某人有自由发表言论的权利时，我们是指他有权利这样做，即使这不符合大众的利益。

如果人权是由大多数人所创造出来的，那么它们会有何用处？人权的价值乃在于被用来坚持说，多数人必须尊重少数人以及每个人的尊严，而不论多数人所认为的"更好"是什么。人权不能是人所创造出来的，而必须是人所**发现的**（亦即它们已经存在），否则它们就没有价值。正如德沃金所下的结论，如果我们要为个人的权利辩护，就必须找到一个**超越的**东西，它能超越这些所谓的大多数人福祉的实用主义观点。[10]

但那个"超越的东西"会是什么呢？德肖维茨和德沃金两个人都讲不出真正的答案，但德沃金最后还是诉诸多数人裁决的形式。他在 1995 年出版的《生命的主权：论堕胎、安乐死和个人自由》（*Life's Dominion：An Argument About Abortion，Euthanasia，and Individual Freedom*）一书中如此说：

> 一个人类有机体的生命要求得到尊敬和保护……因为我们惊讶于……这个旧生命产生新生命的过程……神圣人类的命脉乃在于我们所赋予这个过程或事业或计划的价值，而不在于那个不考虑过程的结果。[11]

法学教授佩里如此回应他的话：

> 根据德沃金的非宗教观点，人类道德规范的来源是"我们"所赋予每个人——被视为一件有创造力的杰作——的伟大价值；是"我们"惊讶于这个旧生命产生新生命的过程……然而，德沃金所说的"我们"是指谁呢？纳粹分子是否会认为犹太人在本质上就是有价值的？很明显，德沃金对人权之世俗论点的问题……是他假设人心都有一种共识；但其实这共识是不存在的，过去没有，将来也不会有。[12]

佩里在 2007 年出版了他的著作《建立人权的理论》（*Toward a Theory of Human Rights*），这是一本很重要的书，他在最后总结说，虽然我们很清楚地看到，"有关人权的道德有一个宗教性的根据……但是我们却很难看到人权有一个非宗教性[13]、**世俗性**的根据。"[14]佩里提到众所周知的尼采所说的话：如果上帝死了，所有有关爱和人权的道德就没有基础了。尼采、萨特和其他人还认为：如果没有上帝，就没理由要对别人仁慈、有爱心，或致力于和平。佩里引用了英国哲学家富特（Philippa Foot）的话，她说世俗的思想家接受了没有上帝、人类生命没有被赋予意义这些概念，但是他们还没有"真正加入尼采对于道德问题的战斗。总体说来，我们就是一直把道德判断当成是理所当然的，仿佛什么事都没有发生过"。[15]为什么我们会一直这样呢？

伟大的问题："谁说的？"

已经过世的耶鲁大学法学教授莱夫（Arthur Leff）在其经典的文章里阐述了其中的原因。大部分人认为人权不是我们创造的，而是我们发现的；它们已经存在那里，也必须被大多数人遵守，不论他们喜欢或不喜欢。但是莱夫又说：

"谁说的？"这句在酒吧和校园里常听到的话，什么时候问将是不被允许的？如果上帝不存在……各个伦理和法律系统……就会因着它们对以下这个关键问题的答案而分别开来：我们中间有谁……够资格颁布大家都当遵循的"法律"？坦白说，这个问题在理性上是如此悬而未决，以致我们可以预见许多伦理和法律方面的思想家都会刻意回避这个问题……不论上帝存在或不存在，但如果他不存在，没有任何人或事物能取代他的位置……[16]

如果上帝不存在，我们就不能说某个行为是"道德的"，而另一个行为是"不道德的"；我们最多也只能说："这是我喜欢的"。如果真是这样，谁有权利把他主观而武断的道德感受制订成法律呢？你可能会说："多数人的观点就可以订成法律"，可是，这是否表示多数人就有权利投票决定除灭少数人？如果你回答说："不，那样做是错的"，那我们就又回到讨论的原点了。"谁说"多数人就有道德责任不去杀害少数人？为什么不同意你的道德信念的人还有义务要遵守它们？为什么你的看法就可以胜过多数人的意见？事实正如莱夫所说，如果上帝不存在，所有道德判断都是武断的，所有道德价值都是主观和内在的，没有外在的道德标准可以评估一个人的感受和价值观。不过最令人震惊的是他在这篇理性文章结尾时所说的话：

照现在的情况看来，什么想法都是可以接受的；但是，用婴孩作人肉炸弹是邪恶的，任凭穷人挨饿是败坏的，买卖人口是恶劣的……世界上确实有邪恶这种东西存在，但现在总结起来，那是谁说的？愿上帝帮助我们。

当然，尼采是了解这个道理的："大众眨着眼说：'我们都是平等的——人就只是人，我们在上帝面前都是平等的。'是要在上帝面前！但现在这位上帝已经死了。"[17]无神论思想家盖塔（Raimond Gaita）很不情愿地写道：

只有一个拥有宗教信仰的人才能认真地说人类是神圣的……我们可能会说全人类都是无比珍贵的，他们本身就是自己的终极目的，他们应该得到无条件的尊重，他们拥有不可剥夺的权利，当然，他们也拥有不可剥夺的尊严。根据我的判断，当我们远离那些概念源头（例如上帝）时，这些就是我们想要说、感觉需要说而又必须得说的……但是在上述（有关人类的）话中，没有一句能像宗教所说的那么有能力……就是说，我们之所以是神圣的，乃是因为上帝爱我们这些属他的儿女。[18]

莱夫不只是下结论说，如果没有上帝，人权就没有根基；他更是指出（如同德肖维茨和德沃金以他们自己的方式所指出的），即使事实上我们不能在一个不相信上帝的世界里建立人权，或把它解释得合理，但我们还是知道人权的存在。莱夫不是泛指一种现象，而是指向每个人：若是没有上帝，一个人非但不能合理解释道德责任，就连道德责任是否存在他都不知道。

从自然界的暴力看上帝的存在

我们为什么要知道这个？让我们来看看作家迪拉德（Annie Dillard）的观察，以帮助我们更加专注地明白道德责任这个不可或缺的知识的重要性。有一年，迪拉德住在美国弗吉尼亚州山区的一条小溪旁，她盼望能够因着亲近"自然"而得到灵感和身心的更新。但是相反，她却逐渐了解到自然界中只有一条中心的规律，那就是恃强凌弱的暴力。

世界上没有一个人的行为会比正在捕食的螳螂更坏的了。且慢，你说在自然界中没有对错之分，对与错是人类的观念？你说得很对！我们是活在没有道德之分的世界中的道德性生物……或者想想另一种可能性……只有人类的感觉是反常的错误……其他动物的感觉都是对的，只有我们的是错误的。我们是反常的，但世界是很好的，所以让我们都去做脑叶切断手术，好回复到自然界的状态吧。我们都离开图书馆，切断脑叶后回到小溪畔，在岸边无忧无虑地生活，就像任何一只麝鼠或一枝芦苇一样。但要从你开始！[19]

迪拉德看到，整个自然界都是建立在暴力之上，但我们却仍然相信人类欺凌弱小的行为是不对的。如果在自然界中暴力完全能行得通，那么人类践踏弱小又有什么错呢？除非我们能解释说自然界中有些部分是违反自然的，否则就没有根基来谈道德责任；除非在自然界之外还有某种**超自然**的标准来判断何为"常态"，并且我们也能借此标准来判断何为对错，否则我们就无法知道自然界在某些方面是破损的——这就表示一定有天堂或上帝，或是某种自然界之外神圣的等级，来作这类的判断。

要解决这个难题，只有一种方法：我们可以拿起圣经来读读它的记载，看看它对我们道德感的解释是否比世俗的观点更好。如果世界是由一位和平、公义和慈爱的上帝所创造的，（就是这个原因）我们才会认为暴力、压迫和仇恨是错误的；如果世界是堕落、破碎而需要被救赎的，（就是这个原因）我们才会看到许多的暴力和混乱。

如果你认为人权是真实存在的，那么相信上帝存在就比不相信更为合理。如果你坚持世俗的世界观，即不相信上帝存在，但你又宣称某些事是对的、某些事是错的，那么我希望你能看到，在你理性所建构的世界和你心中所感知的真实世界（上帝存在）之间，有何等大的矛盾。因此这就引致一个重要的问题：如果一个前提（上帝不存在）导出一个你知道不正确的结论（例如说用婴孩作人肉炸弹只是一种在文化上相对不同的行为），那么**你为何不改变**

你的前提呢？

有关存在的无止境、无意义的辩论

我并不是要向你证明上帝存在，我的目标只是让你看到，其实你已经知道上帝存在了。在某种程度上，我将上帝不存在的观点当作理性上的问题来处理，但其实这个观点牵涉的问题更广。它不仅会使所有的道德性选择失去意义，也会使所有的生命失去意义。剧作家米勒（Arthur Miller）在《堕落之后》（*After The Fall*）中，借着剧中人物昆亭生动地描述了这一点。昆亭说：

许多年来，我将生命看成是一件法律上的案子，它是由一系列的证据所串起来的。当你年轻时，你要证明自己有多勇敢或多聪明，然后你要证明自己是多棒的情人，然后你要证明自己是多好的父亲；而最后，你要证明自己多有智慧、多有能力或其他。但是我现在看出来，在所有这一切之下都有一个假设：人生的方向不是在平地上绕圈子，而是在走向一个更高的地方……只有上帝才知道……我在那里将会被称为义，甚至也可能会被定罪，总之会有一个判决。我现在认为，当我有一天向上看而看到审判席是空的、没有法官在那里时，我的灾难才真正开始……所剩下的只是无止境地与自己辩论，无意义地在空的审判席

前辩论存在的问题……当然，这是以另一种方式来述说
——绝望。[20]

　　他说的是什么意思？我们的生活似乎都有这样的共识：寻求和平会比战争好，说诚实话会比欺骗好，保养顾惜会比摧毁好。我们相信这些选择都不是无意义的；我们选择如何生活是很重要的。然而，如果宇宙的审判席真是空的，那么是"谁说的"某一个选择会比另一个选择好？我们可以为此辩论，但那将会是无意义、无止境的辩论。如果审判席真的是空的，那么整个人类的文明——即使已历经几百万年——比起在其前后无限长的死寂时间，也只会是一闪即逝的火花，并且将不再有人记得有关它的任何事情：不论我们是有爱心的人还是残酷的人，至终都没有差别。[21]

　　当我们了解到这一点之后，就有两种选择：一个选择是拒绝思想这一切的含意。我们持守理性上的信念，相信审判席是空的，但在生活中却又仿佛我们所作的选择是有意义的，对人有爱心和对人残酷是有差别的。但我们为什么要这么做呢？讥讽之人可能会说这种作法是"鱼与熊掌兼得"——不但享受了有上帝的好处，又不需要付代价跟随他。但这种作法一点儿也不诚实。

　　另一个选择就是承认你**确实知道**上帝存在，并且也接受这些为事实，即在你的生活中，美丽和爱心是有意义

的，生命是有意义的，人类是生而有尊严的——这一切都是因为你知道上帝存在。如果在你的生活中上帝仿佛存在，但你却不承认赐予你这一切礼物的那位上帝，那你就是不诚实的。

第10章 罪的问题

我们会怀疑这些吗？即现今我们人类将会真正认清我们这个最大胆的想像——人类将会达到合一与和平，我们的子孙们将会活在比任何著名之宫殿和花园更为灿烂和可爱的世界中，而这世界将会继续以能力来不断扩大其成就范围。人类所成就的，就是他们在现今阶段的一些小胜利……带出了未来人类所应该做的事，也成了未来的前奏曲。

威尔斯，《世界简史》

这一切几乎令我心碎：冷血地屠杀那些无力反抗的人；精心组织策划的虐待、精神折磨以及恐吓——人们本以为这些罪恶已经从世界上消失，却想不到死灰复燃……人类喜欢自称为万物之灵，但他们已经出局了。

威尔斯，《黔驴技穷》

我们很难否认，这个世界有一个根本性的错误。根据基督教信仰所说的，我们最大的问题乃是罪。可是对许多人而言，"罪"的概念既冒犯人又可笑。那是因为我们不知道基督信仰对罪的定义是什么。

罪与人的盼望

许多人认为基督教教义所讲的罪，是指人性的冷酷和悲观。这个误解实在是离真理太远了。在我刚刚开始传道时，有一位年轻人来找我，他的妻子刚离开他，他因着妻子的离去而感到非常愤怒，但又因这是自己的缺点所造成的结果而感到自责，并且他也对整个状况感到沮丧。我告诉他说，此刻他最需要的东西，莫过于盼望了。他很快就承认了这一点，然后问说他应该如何做才能得着盼望。我小心翼翼地告诉他说，有一个好消息，那就是——他是一个罪人。因为他是一个罪人，所以他就不仅仅是一个心理冲动下或社会制度下的无助受害者。许多年以后，我有机会读到美国女宣教士泰勒（Barbara Brown Taylor）的一篇讲章，她把我那天所要表达的内容讲得更清楚：

不论是医学词汇或是法律词汇，都不能恰当地取代"罪"这个词。（罪的模式）和医学上的模式不同，我们不是完全受到疾病的支配（但却是完全受到罪的支配）；我们所当选择去做的，乃是进入悔改的程序之中。（罪的模式）和法律上的模式也不同，罪的本质主要并不是违犯了法律，而是破坏了我们与上帝、别人以及整体受造界秩序之间的关系。法国女哲学家薇依（Simone Weil）曾写道："罪就是所有想要填补空虚的努力。"因为我们不能忍受心里那个上帝形状的空洞，所以就试图用各式各样的东西来填满那个空洞，但唯有上帝能填满它。[1]

德尔班科（Andrew Delbanco）是哥伦比亚大学人类学教授，几年前他在研究"匿名戒酒会"时，参加了组织者在全国各地所举办的会议。某个周六的早晨，德尔班科在纽约一间教堂的地下室听到一位"衣着讲究的年轻人"讲他的问题。在这人的叙述中，他好像完全没有错，所有的错误都是因为别人的不公平和欺骗。他又说到自己要怎样报复那些错待他的人。德尔班科写道："他的每一个姿态都显出他那严重受伤的骄傲。"很显然，这个年轻人落在一个想要为自己辩解的陷阱里；除非他了解到这一点，否则他的情况就只会越来越糟。当他正在讲的时候，一位四十多岁、满头发辫、戴着墨镜的黑人转向德尔班科说："我以前也是这么想的，就是在我落到自尊的谷底之前。"

德尔班科后来在他的书《真正的美国梦：对盼望的沉思》（*The Real American Dream：A Meditation on Hope*）中如此写道：

这不仅是一句精辟之言而已；对我来说，此刻我才从一个新的角度理解了过去我所宣称自己知道的宗教。当这个讲话的年轻人用各种句子——诸如"必须掌握自己的人生"，"我必须真正地相信自己"——来轰炸我们的时候，坐在旁边的这位老兄却曾经用古老的加尔文主义信条脱离了困境，那信条就是：骄傲是盼望的敌人。他那个有关自尊的笑话的意思是，他学到了一个人无法靠自己的努力来拯救自己；他认为那个讲话的年轻人还是迷失的——迷失在自我之中，但自己还不知道。[2]

当这位满头发辫的老兄说"落到自尊的谷底"时，他并不是说那个年轻人应该要恨恶自己；他的意思是说，那位穿着讲究的年轻人会一直"迷失在自我里"，直到他承认自己是一个有许多缺陷的人，是一个罪人。在那之前，他将无法自由地看见这些缺陷的真相，赦免那些伤害他的人，或寻求并得着别人的赦免。如果我们能正确地理解基督教信仰中罪的教义，它就能够成为人类得盼望的伟大资源，可是这个教义的内容是什么呢？

罪的意义

著名丹麦哲学家克尔凯郭尔（Søren Kierkegaard）在 1849 年写了一本很棒的小书，名叫《致死的疾病》（*The Sickness Unto Death*）。他在其中定义"罪"的方式既合乎圣经，又能让当代人接受。"罪是：绝望地不愿意在上帝面前（或在有上帝的概念下）作自己……信心是：愿意作自己（真正的自我），并且这自我是清晰地深植在上帝里面。"[3] 罪就是在绝望中拒绝上帝，不愿意在与上帝的关系中和对上帝的服事中，去寻找最深的自我身份（identity）；罪就是在远离上帝的情况下作自己和寻找自我。

这是什么意思呢？每个人都是从某些地方和某些事情得到他的自我身份，那是一种自我的独特感和价值感。克尔凯郭尔肯定地说，人类被造不仅仅是要一般性地相信上帝，而是要以最高的爱来爱他，以他为生命的中心，超过一切，并且将自我身份建立在他身上；若不这样做就是罪。

大多数人所认为的罪主要就是指"触犯上帝的诫律"，但是克尔凯郭尔知道，十诫中的第一条是"除我以外，你不可有别的神"，因此，根据圣经的定义，罪不只是指做坏的事，更是指把好的事变成**终极的**事。罪就是把某些事——而不是与上帝的关系——变成你的人生意义、目的、快乐的中心，想要借此来建立自我。

在电影《洛基》（Rocky）中，男主角的女朋友问他说，为什么在拳击比赛中"打满全场"对他那么重要。他回答说："这样我才知道自己不是一个脓包。"在另一部电影《烈火战车》（Chariots of Fire）中，一位主角解释了他为什么在奥林匹克运动会的一百公尺赛跑中会那么卖命。他说，每次比赛一开始，"我就有孤单的十秒钟时间来证明我的存在。"这两位主角都是以运动场上的成就作为定义他们人生意义的标准。

因《否定死亡》（The Denial of Death）一书而得到普立策奖的贝克尔（Ernest Becker），在他所写的这本书中一开始就指出儿童需要自我价值感，这是他们"生存最重要的条件"。这个需要非常地大，因此每个人都竭力地在寻找贝克尔所谓的"无限的重要性"。但接着他立即警告读者说，不要轻看了这个词汇。[4] 我们对价值感的需要非常强烈，以至于不论我们把自我身份建立在什么东西上，我们在本质上都会把它"神化"——我们会对它付上所有的感情，极力膜拜它，也会为之献身，即使我们自认为毫不相信宗教。贝克尔还用爱情作为例证：

在（现代人）本性最深层所需要的自我荣耀感，现在要从其所爱的人那里得着；因此他的爱侣便成为满足他内在生命的神圣理想，而他所有灵性和道德的需要，现在都系于一个人身上。[5]

贝克尔的意思并不是说每个人都是在爱情中寻找自我，有许多人不是在爱情中寻找，而是在工作和事业中寻找他们的"无限的重要性"：

有时他的工作也要承担这个责任，即证明他的存在是合理的。"证明"是什么意思……他活在幻想之中，以为自己能掌控生死和命运。[6]

但这一切都只是在搭建一个会让他持续失望的舞台：

没有任何一段人间的关系，可以承担这种上帝的担子……如果你的爱侣是你的"一切"，那么他的任何缺点都会成为你的巨大威胁……当我们把爱侣提升到这个地位时，究竟是想要得到什么呢？我们是想要摆脱……自己的空虚感……想要知道自己的存在不是一场空。我们想要得到的就是救赎——不折不扣的救赎。不用说，这是人类所给不了的东西。[7]

这正是克尔凯郭尔的意思。每个人都要找到某种方法"证明他的存在是合理的"，以排除人类普遍的恐惧——他们只是一个"脓包"而已。在一些比较传统的文化中，自我的价值感和身份来自于完成对家庭的责任以及对社会的服务，但在我们现代个人主义的文化里，我们则倾向于依靠自己的成就、社会地位、才干或爱情。我们有无数种建立个人自我身份的基础——有的人靠获得和行使权力来得到自我，有的人靠别人的接纳和认可，也有的人靠自律和自制——但每个人都是在某一样东西上建立他的自我身份。[8]

罪所带来的个人性后果

当我们如此定义"罪"之后，就会看到罪对个人所带来的几方面毁灭性的后果。在没有上帝的情况下所认定的自我在本质上很不稳定：虽然表面上我们的价值感很坚固，但事实上绝对不然——它会在瞬间消失得无影无踪。例如，如果我的自我身份建立在作好父母上，那么我就没有真正的"自我"——我只是一位父亲或母亲而已。如果我的孩子或是我的教养出了问题，"我"就不存在了。神学家奥登（Thomas Oden）写道：

假如我以性爱、身体健康或民主党作为我的上帝，当它们受到真正的威胁时，我就会打从心底深处颤抖。罪疚感就会神经质地增强到一个程度，显示出我已将仅仅具有有限价值的事物变成偶像了……假如我把自己能清晰地教导人和与人沟通的能力看得很有价值……并且把这能力看成具有绝对的价值，亦即把它当成我所有价值的核心，我的其他价值都是因它而有……那么当我不能好好地教导人时，我就会落在神经质的罪疚感中。当某个人或某件事挡在我和我所认为具有最终极价值的事之间时，我的苦毒就会神经质地增强。[9]

当任何一件事物威胁到你的自我身份时，你不只会焦虑，更会因恐惧而瘫痪。如果你是因着别人的失败而失去了你的自我身份，你不只会愤怒，更会被困在苦毒里。但如果你是因着自己的错误而失去自我身份，那么你在有生之年都会恨恶自己，看自己是一个失败者。然而，正如克尔凯郭尔所说的，你唯有将自我身份建立在上帝和他的爱之上，你才会有一个能面对各样情况和挑战的自我。

如果没有上帝，就绝不可能避免这样的不安全感。即使你说："我绝不会将**我的**快乐和人生的意义建立在任何的人事物上。"但事实上这句话显出，你已经将你的自我身份建立在你个人的自由和独立上。如果有什么事物会威胁**它们**，你就将会失去自我。

不仅如此，当一个人的自我身份不是建立在上帝的身上时，必然会导致一种深度的瘾症。当我们把美好的事物变成绝对的事物时，我们就陷入了属灵上的成瘾。如果我们把自己的家庭、工作或成就当作人生意义的来源，而不是从上帝的角度来看它们，它们就会奴役我们，使我们不能没有它们。圣奥古斯丁曾说："我们爱的次序错乱了。"他曾向上帝说出这样的名言："我们的心没有安息，直到它安息在你里面！"如果我们想要在任何别的事物中寻找最终的安息，我们的心就是摆错了位置，是"脱节"了。虽然那些会奴役我们的美好事物是值得被喜爱的，但是当我们的心过度爱它们时，我们的生命就会落入一种类似成瘾的状态中。就像所有成瘾的情形，我们会否认自己已被这些上帝的代替品所控制，而且如果这些代替品——我们所寄予最大盼望的那些事物——出了问题，这种过度的爱就会造成过度且失控的极大痛苦。

我在弗吉尼亚州的霍普维尔市（Hopewell）初作牧师时，曾经辅导过两位已婚的女士；她们的丈夫都没有尽到作父亲的责任，她们的青少年儿女都在学校有问题并触犯法律，她们对自己的丈夫也都极为愤怒。辅导时我谈到她们心中尚未解决的苦毒以及原谅丈夫的重要性。这两位女士都同意我的话，并且尝试去原谅。可是，其中那位丈夫很糟糕且完全不信宗教的女士，成功地原谅了她的丈夫，但另一位则不然。这个结果困扰了我几个月，直到有一天我听到这位无法原谅丈夫的女士脱口而出的话才明白过来。她说："如果我的儿子完蛋了，那么我的一生也完蛋了！"原来她把儿子的幸福和成功当作她自己生命的中心，这就是她无法原谅丈夫的原因。[10]

施泰因克（Darcey Steinke）在她所著的《处处复活节：我的自传》（*Easter Everywhere：A Memoir*）中，回顾了身为路德宗（信义宗）牧师女儿的她，如何离弃了基督教信仰。她搬到纽约之后，就沉迷在夜店和混乱的性生活中，这时她也写了几本小说。然而这样的生活却一直让她感到不得安息和无法满足。她在这本书的中间部分引用薇依的话来总结她生命的主要问题——薇依写道："在上帝和偶像之间，你只能选择其中一个。如果你否认上帝……那么你就是在崇拜世界上的某些东西，而且以为自己只是把它们当作一些东西而已。但是，虽然你未曾察觉，其实你已经把它们想像成是具有上帝的特性。"[11]

一个不以上帝为中心的生命会导致空虚。当我们将生命建立在上帝以外的事物上时，我们不但会在得不着心中所想之事物时受伤，就算是得着了，我们也一样会受伤。我们很少有人能真的得到所梦想的一切，因此我们很容易就活在一种幻想里，以为只要我们能如愿地成功、富有、受欢迎、美丽等，最后我们就会很快乐、很平安。但真相并非如此！美国作家海梅尔（Cynthia Heimel）在纽约市的一份报纸《城市之声》（*Village Voice*）的专栏中，回顾了她在纽约市所认识的成名之前的电影明星：其中有一位原是在梅西百货公司化妆品柜台工作，另一位是在电影院卖票，还有其他人等。当他们成功以后，每一个人都变得比从前更拼命工作，向上攀爬时更加容易生气、暴躁、不快乐、不稳定。为什么呢？海梅尔写道：

那个他们奋斗渴望的巨大目标，那个能搞定一切事情的名声，那个能使他们活得更好，使他们人生充满快乐的东西，终于实现了。可是，当他们第二天醒来时，发现自己还是同样的人。这种幻灭感让他们痛哭哀嚎，无法忍受。[12]

罪所带来的社会性后果

罪不仅会对我们的内心造成影响，也会给社会结构带来毁灭性的后果。第二次世界大战之后，英国作家塞耶斯（Dorothy L. Sayers）看到许多英国知识分子精英对于人类社会的走向感到绝望。她在 1947 年所写的《信条或混乱？》（Creed or Chaos?）一书中指出，他们失去盼望主要是因为不再相信基督教的"原罪"教义——人类天生就是骄傲和自我中心的。她写道："最感到灰心的人，就是那些乐观地坚信社会之进步和开明能够影响人类文明的人。"对他们来说，极权国家所施行的种族屠杀以及资本主义社会的贪婪和自私，"不仅令他们震惊和警惕，更是对他们所相信的一切发出否定之声，就好像他们所在之宇宙的底

盘都完全不见了。"但是基督徒对此观念并不陌生，就是
"在人性的最中心之处有着极深的内部混乱"。她下结
论说：

> 基督教教义中所讲的人的双重本性——一方面人本
> 身和其所行的都是破碎而必然不完全的，但另一方面人
> 借着一种实质的合一而与一位在他之内、又在他之上的永
> 远完美者密切相关——这个教义使得当前人类社会的危
> 机显得没有那么令人绝望或无法理解。[13]

爱德华兹（Jonathan Edwards）所写的《真美德的本
质》（*The Nature of True Virtue*），是论及社会伦理的最有
深度的著作之一，其中就写到罪如何摧毁社会的结构。他
认为，当人类社会以上帝之外的任何事物作为最高的爱慕
时，就会导致严重的分裂。他说，如果我们人生最高的目
标是追求家庭的利益，我们就会倾向于不去关心别人的家
庭；如果我们人生最高的目标是寻求国家、种族或民族的
利益，我们就会倾向于变成有种族歧视的人或民族主义
者；如果我们人生最终极的目标是追求我们个人的快乐，
我们就会把自己的权益放在别人的权益之上。爱德华兹总
结说：唯有当上帝成为我们的"至善"、我们最终极的好
处和生命中心时，我们的心才会向外关心别人；不仅是关

心所有家庭、种族和阶层的人，更是关心整个世界。[14]

我们被罪所影响的内心，是如何向外破坏了社会的关系？如果我们得到自我身份、自我价值感的来源是我们的政治地位，那么政治将不再仅是关乎政治而已，它乃是**关乎我们了**——我们借着政治而得到自我，得到我们的价值：这就表示我们**必须**鄙视政治上的对手，并将他们妖魔化。如果我们是从种族背景或社会地位得到自我身份的，我们就一定会感到自己比其他阶层或种族的人优越。如果你会因为自己思想开明、宽容大度而深感骄傲，你就会觉得那些你认为偏执的人让你的尊严极度受伤。如果你是一个很有道德感的人，你就会在那些你认为放荡不羁的人面前感到高人一等。依此类推。

这个难题是没有出路的。我们越是热爱我们的家庭、阶层、种族、宗教，并且以之为我们自我身份的来源，就越难不对其他宗教或种族的人持优越感甚或有敌意。因此，种族主义、阶级主义和性别主义都不是因为无知或缺少教育。法国哲学家福柯及许多当代学者已经确认，要产生一个不会导致具有排他性的自我身份，比我们想像的要难很多。真正的文化战争其实是发生在我们错乱的内心：我们的内心被想要得到某些东西的欲望所毁坏，这些没有节制的欲望控制了我们，导致我们感到自己比那些没有某些东西的人更优越，也使我们排斥那些人，但即使我们得着了那些东西，我们仍然不觉得满足。

罪所带来的宇宙性后果

圣经对于罪的影响讲得更全面（也更神秘），超过我们到目前为止所讨论过的。《创世记》1章和2章中讲到上帝以其话语创造世界，而且弄脏了自己的手。"耶和华神用地上的尘土造成人形，把生气吹进他的鼻孔里，那人就成了有生命的活人，名叫亚当。"（创2：7）这句话与其他古代文献对于创世的描述，有着极显著的不同。

大多数古代文献对创世的记载，都是说这个世界只是神明之间的战役或暴力斗争所产生的副产品，根本没有经过深思熟虑的计划和设计。但很有趣的是，世俗科学对万物起源的看法也几乎和那些古老异教的看法一样，亦即认为世界的样子和生物的生命都是暴力之下的产品。

然而圣经对创世的记载却和其他的记载截然不同，它极为独到地描述这个世界充满了活泼而丰富的各样生命，它们完美地相互交织，彼此相互倚赖，也相互加强而使得彼此更加丰富。创造主对此极为喜悦，反复地说所造的一切是**好的**。当他创造人类时，吩咐他们要继续照管这个广大丰富的受造界，并且从中撷取所需的，就如同花园中的园丁一般。他在《创世记》1：28中似乎是在说："去保持这一切生生不息，祝你愉快！"[15]

希伯来文用了一个词来表达这种受造界之各部分之间

的完美、和谐与相互倚赖，那就是 *shalom*，我们将之译为"和平"（peace）。可是 peace 这个词总的说来有消极的意味，因为它是指没有麻烦或没有敌意，但 *shalom* 这个词的意义远超过此，它是指绝对的完全——完满、和谐、喜乐和繁盛的生命。

然而《创世记》3 章记载，因为罪的缘故，世界就毁灭性地失去了 *shalom*。经文教导我们，一旦我们决心要事奉自我而不事奉上帝，就是当我们决心放弃以"为上帝而活并且享受他"作为最高的美善时，整个受造的世界就破碎了。因为人类在受造界中居非常重要的地位，所以当人类远离上帝时，整个世界的基础就瓦解了。罪不但带来疾病、基因异常、饥荒、自然灾害、老化和死亡，也带来压迫、战争、犯罪和暴力；我们在身体、灵性、社会、心理和文化上都失去了上帝所赐的 *shalom*——现在一切都解体了。保罗在《罗马书》8 章中说，现在整个受造界是在"败坏的奴役"里，是"服在虚空之下"，一直要到我们恢复到正确的状态，它才能恢复。

怎样恢复到正确的状态？

我们大多数人在一生中，总有某些时刻会面对这样的事实，那就是我们没有活出自己应当有的样子。这时我们的反应差不多都是想要赶快重新开始，并且更努力地遵循我们的原则来生活，尽上更大的努力来改善。然而这种作法至终会将我们引进灵性的死胡同。

路易斯曾经写过一篇文章《基督教是难是易?》(Is Christianity Hard or Easy?)，他在其中描述了一个普通人的挣扎和努力：

我们都有的一般概念是……我们天然的自我拥有各种欲望和兴趣……但我们也知道所谓的"道德"与"有礼的行为"有权要求自我……我们都希望这个可怜的自我能在满足了道德和社会的要求以后，仍然有机会、有时间过自我想要过的生活，做自我想要做的事情。事实上，我们很像一个要纳税的诚实人：在付了税以后，心中还希望有足够的钱留下来，让自己可以继续生活。

但基督徒的生活方式则不同——既是比较困难，又是比较容易。基督说："把所有的都给我。我不只要你的这些时间、这些金钱、这些工作，而让你的自我去使用所剩下的。我要的是你，不是你的东西。我来不是要虐待你的自我……而是要给你一个新的自我。把你天然的自我交出来——所有你的欲望，不只是你所认为的邪恶欲望，也是你所认为的良好欲望——就是你整个的自我。我将要给你一个新的自我。"

路易斯在此所说的延续了克尔凯郭尔对罪的定义。罪不仅是指做了坏事，更是指把好事放在上帝的地位上。因此解决罪的问题不是改变我们的行为而已，而是重新定向，让上帝成为我们整个心思和生命的中心。

要把你的自我完全交给基督，这几乎是一件不可能做到的困难事，但其实这远比我们都想要做的相反之事更加容易。我们都想要做的相反之事就是继续保持所谓的"我们自己"——就是把我们的快乐建立在以金钱、享乐或野心为中心的基础上——并且盼望我们即使如此，还是能行出诚实、有爱心和谦卑的行为。但这正是基督警告我们所不可做的。如果我是一片草地，不论你怎么样割草，它只会变得更短，但绝对不会长出麦子来。所以如果我想要的是麦子……我就必须挖掉所有的草，重新撒上麦种。

这些话有没有吓到你？它们听起来是不是令人窒息？请记住，如果你不是为基督而活，你就一定是为其他事物而活。如果你是为事业而活，那么如果你做得不好，它就会惩罚你一生，让你觉得自己是一个失败者。如果你是为儿女而活，那么如果他们出了问题，你就会极为痛苦，因为你会觉得自己毫无价值。

但是，如果耶稣是你生命的中心，是你的主，那么当你让他失望时，他会宽恕你，而你的事业不会为你的罪而死。你可能会说："如果我成了基督徒，我就会一天到晚被罪恶感追赶而不得安宁！"但其实我们**所有人**都在被罪恶感追赶，因为我们都有一个自我身份，我们的生活都要符合**那个**身份的要求和标准，所以无论你的人生是建立在什么上面，你的生活都必须符合**那个**标准。在所有可以成为你的主的对象中，唯有基督是为你而死的主，他为你咽下了自己的最后一口气。这听起来会让你感到窒息吗？

你可能会说："我知道基督教可能是有苦难的人所需要的，可是我的事业一帆风顺，我的家庭也美满幸福。"正如奥古斯丁所说的，如果你是上帝所创造的，你灵魂最深处就有一个空洞是无法被其他东西所填满的。这也是人灵魂的伟大之处。如果耶稣是创造主，那么从根本上来说，就算你非常成功，也没有任何人事物能像他那样使你得到满足；再成功的事业和家庭，也不能像那位荣耀和慈爱的生命之主那样使你得着人生的意义、保障和肯定。

每一个人都是为了某样东西而活着，但不论那样东西是什么，它都会变成你"生命的主"，不管你是否这样认为。唯有耶稣是能够让你完全满足的主——如果你接受他——即使你让他失望，他也会永远地宽恕你。

第11章
宗教与福音

> 就在虚荣心涌起的那一刻，一阵疑虑漫过了我，
> 我感到极其恶心，恐惧战兢……我往下一看……我又
> 变成了海德先生。
>
> 史蒂文森，《化身博士》

基督教指出我们最大的问题乃是罪，但解决之道是什么呢？即使你接受基督教所给你的这个诊断，但是你似乎没有什么特别的理由只从基督教来寻找解药。你可能会说："好吧！我已经明白了，如果你把自我的身份建立在上帝以外的任何事物上，就必然会导致人生的破碎。可是为什么这个问题的答案一定得是耶稣和基督教呢？为什么其他宗教就不能解决这个问题呢？为什么我个人相信上帝

还不够呢?"

　　这个问题的答案在于，耶稣的福音所描述之寻找救恩的方法，和其他宗教所提供的方法，二者之间有着深刻和基本的差别——其他所有主要宗教的创始人，都是指引救恩之道的伟大教师，但只有耶稣宣告说他自己就是救恩之道。这个差别非常巨大。虽然从广义上来说，基督教也可以被称为宗教，但是为了方便讨论，我们在本章中将用"宗教"这个词来指"靠着道德行为得救"，而用"福音"这个词来指"靠着恩典得救"。[1]

两种形式的自我中心

　　在史蒂文森（Robert L. Stevenson）所写的小说《化身博士》（*The Strange Case of Dr. Jekyll and Mr. Hyde*）中，主角杰克尔博士发现自己是"善与恶的矛盾混合体"，他认为自己的善良本性是被邪恶本性遮蔽了。他会渴望做一些事，但却无法坚持完成它们，因此他研究出一种药剂，能够将自己的两种本性区分开来，他希望自己那个会在白天出现的善良本性，能够脱离邪恶本性的影响，而达成善良的目标。但是当某个晚上他服下了那种药剂后，他的邪恶面却出来了，而且邪恶的程度远超过他的想像。他用了传统基督教的说法来描述那个邪恶的自我：

在这个新生命呼吸出第一口气的时候，我就知道自己变得更加邪恶，更多十倍的邪恶，是已经卖给原来的邪恶当奴隶了。在那个时刻，我的思想就像酒一样环绕我，让我喜悦……海德先生①的每一个动作和每一个思想，都是以自我为中心。

"海德"（Hyde）这个名字不仅仅代表他是丑恶的（hideous），也代表他是隐藏的（hidden）。他所想的只有自己的欲望；为了自己的快乐，完全不在乎是否会伤害别人；如果有人不让他为所欲为，他甚至会杀害那人。作者史蒂文森在此的意思是说，连最好的人也看不见自己内心的隐藏光景——我们心中有个巨大的空间是装着自大和自恋，并且关注自己的利益甚过关注其他所有人的利益。自我膨胀是世界上会有这么多痛苦的根源——它是有权有钱之人对于穷人的贫困视若无睹的原因，它也是世界上大部分暴力、罪行及战争的原因，它更是大多数家庭瓦解的核心原因。我们看不见自己的自我中心，不知道自己会为了自我而行恶，但是当有状况发生时——就像那"药剂"的作用——邪恶就出来了。

当杰克尔博士认识到他有这种做恶的潜力时，就决心要尽全力来压制这种可怕的自我中心和骄傲，它们是隐藏

———————————

① 主角的邪恶化身。

在他生命最核心之处的。从某种角度来看，他用的是"宗教"的办法。他认真地决定不再喝这种药剂，又全心投入慈善事业——部分原因是想为他的邪恶化身"海德先生"所行的恶事来赎罪，另一部分原因则是想用无私的行为来克制他的自私本性。

但是有一天，当杰克尔博士坐在公园的椅子上，想到自己所做的种种好事，想到尽管有邪恶化身"海德先生"的问题，但他还是比绝大多数人都好得多。

我决定用未来做好事来弥补过去的恶行，而且我可以诚实地说，我的解决办法有相当的成果。你知道我在去年的最后几个月里，多么尽力地去帮助那些受苦的人；你知道我为别人做了多少事……但是正当我微笑时，就是当我把自己和别人相比，以我勤奋的善行来对比那些冷漠的人对别人的残酷时……就在虚荣心涌起的那一刻，一阵疑虑漫过了我，我感到极其恶心，恐惧战兢……我往下一看……我又变成了海德先生。

这件事是一个致命性的转变。这是杰克尔博士第一次不自觉地、在没有喝下药剂的情况下，变成他的邪恶化身"海德先生"，不幸自此开始。当杰克尔博士再也无法控制自己的转变时，他就自杀了。我认为作者史蒂文森在此所显出的洞见是很深刻的。为什么杰克尔博士不需药剂就会变成"海德先生"呢？就像许多人一样，杰克尔博士知道自己是一个罪人，所以他努力想用许多的善行来掩盖自己的罪恶，然而这样的努力并没有真正减少他的骄傲和自我中心，反而是使它们增加。他的许多善行使他骄傲、自以为超越、自以为义，但是就在一瞬间——看哪！杰克尔博士变成"海德先生"了！这一转变的发生不是因为他的善行没有用，反倒正是他的善行所造成的。

罪和邪恶就是自我中心和骄傲所引发出的对别人的欺压，它们可分为两种形式：一种是很坏的形式，不遵守一切规矩；另一种是很好的形式，遵守一切规矩，因而变得自以为义。有两种方式让你可以成为自己的救主和主宰。第一种方式是像这样说："我要照着自己想要的方式过生活。"而第二种方式则是像奥康纳（Flannery O'Connor）所写的小说《智血》（Wise Blood）中的主角莫兹所说的那样："他知道要逃避耶稣最好的方法，就是避免犯罪。"[2] 如果你避免犯罪，又过一个有道德的生活，好让上帝赐福、拯救你，那么，很讽刺的是，你就很可能只会把耶稣当成是一位教师、榜样或是帮助者，而不会把他当成是救主。这样，你就是把自己在上帝面前的地位建立在自己的善行上，而不是建立在耶稣身上。你虽跟随耶稣，却想要靠自己的力量来拯救自己。

其实这是拒绝耶稣的福音，是一个只具有基督教形式的宗教。要逃避耶稣作救主有两种可能的办法，一种是不遵守圣经的诫律，另一种是遵守所有圣经的诫律；这两种方法都有同样的效果。从根本上来说，"宗教"（将自我身份建立在道德的成就上）和"非宗教"（将自我身份建立在其他世俗的追求和关系上）两者在灵性上都是走完全相同的路线；两者都是"罪"。虽然借着好行为来自我救赎会在生活中产生出许多道德益处，但是你的心里却充满了自义、冷酷和偏执，而且你的心中会感到很痛苦，因为你总是把自己与别人相比，也总是不能确定自己究竟够不够好。因此，你无法靠着道德规范或靠着运用意志力来作一个好人，来处理自己的丑恶和自恋；你需要一个完全的转变来改变你心中最深的动机。

在所有人中，魔鬼最喜欢法利赛人——就是那些想要救自己的男男女女。他们比成熟的基督徒和没有宗教的人都不快乐，而且他们也会造成更大的属灵破坏。

法利赛主义的破坏力

为什么法利赛式宗教的破坏力这么大？还记得我们在前一章提到克尔凯郭尔在《致死的疾病》中所说的自我身份吗？当我们没有把自我身份建立在上帝的身上时，就会经历到灵性上的极度恶心。我们为着自我的价值感、生命的目的和自我的独特感而挣扎，但这都是因为我们把自我建立在一些我们所达不到或维持不了的条件上，因此那些我们所挣扎着要得到的东西就一再地从我们身边溜走。用克尔凯郭尔的话说，这是因为我们没有成为真正的自我。在这样的情况下，我们的内心经历到深度的焦虑、没有安全感和愤怒，并且随之产生对外的影响——将别人边缘化，并压迫和排斥别人。

因此，虽然法利赛人有了一切遵守律法的义，但他们的人生却是更多被罪的绝望所驱动。他们把自我的价值感建立在道德和灵性的表现上，这些表现就好像是他们呈现在上帝和世人面前的一张履历表。所有的宗教都有很高的道德和灵性标准，法利赛人的内心深处知道自己无法完全达到那样的标准——他们的祷告不够多，他们对邻舍的爱和服事没有他们所应该做的那么多，他们的内心也没有保持应当有的洁净。如此就造成他们内心的焦虑，没有安全感和易怒，其程度甚至远超过那些没有宗教信仰的人。

洛夫莱斯（Richard Lovelace）从另外一个角度指出了为什么法利赛式宗教如此具有破坏性：

许多人……是从其虔诚的态度、过去得救的经历、最近宗教行为的表现，和较少有故意不顺服上帝的心等等，来确定上帝接纳了他们……他们的不安全感表现在骄傲、粗暴并保卫性地坚持自己的义，以及自我防卫地批评别人。因此，他们很自然地就会仇视其他文化形态和其他族裔，以便巩固自己的安全感，发泄内心所压抑的愤怒。[3]

　　正如洛夫莱斯所言，法利赛式宗教不仅破坏了人内心的灵性，更助长了社会上的争斗。法利赛人为了要撑住他们的自以为义，就会鄙视并攻击那些在教义信条、宗教礼仪上和他们不同的人，如此就产生了种族歧视和文化帝国主义。充满自义、排他、没有安全感、愤怒和道德主义之人的教会是绝对不会吸引人的。这样的教会在对外表达公开意见时，常常带着批评论断的态度，而其内部则不断经历苦毒的冲突、分裂和结党。如果这教会的领袖中有人犯了道德上的错误，教会不是将他的行为合理化，并指责那些批评他的人，就是将一切的罪过都归在他身上。成千上万的人在这样的教会中长大，或是和这样的教会有一些关系，他们因着这样的经历在年幼时或在进大学以后就远离基督教，以致他们一生都与教会绝缘。如果你就是其中一个这样的人，对教会已经不再存有任何期待，那么当有人向你推介基督教时，你就会认为他们所说的是那个"宗教"。法利赛人和他们所过的那种一点儿也不吸引人的生活，使得许多人误解了基督教的真正本质。

恩典的不同

　　因此，这就产生了一个理解上的鸿沟——上帝接纳我们是因为我们的努力，还是因为耶稣所做的？"宗教"的运作原则是："我顺服——所以上帝接纳我"。但"福音"的运作原则是："上帝因基督所做的而接纳我——所以我顺服"。在教堂座位上相邻而坐的两个人，可能是照着这两种完全不同的原则生活：他们都祷告，都慷慨奉献，对家庭和教会都专一而忠诚，并且也都努力地过有道德的生活；但他们却是出于两种截然不同的动机，有两种截然不同的属灵上的自我身份，而其结果也是两种截然不同的生命。

其中最主要的差别是在动机上。在"宗教"里，我们是出于惧怕而遵循神圣的标准，因为我们相信，如果我们不顺服上帝，就会失去上帝在今生和在永恒里所要赐给我们的福分。然而在"福音"里，我们的动机是感恩，因为我们知道自己已经因基督而接受了上帝所赐的福分。道德主义者是被迫顺服上帝，其动机是害怕被上帝拒绝；但基督徒则是急于去顺服，其动机是要使他喜悦，并且是要模仿那位连生命都为我们舍去的主耶稣。

另一个差别是和自我身份与自尊有关的。在"宗教"的架构里，如果你感觉自己的生活达到了你所选择之宗教的标准，你就会觉得自己很了不起，很鄙视那些没有走在正路上的人。这个情况对任何一种宗教的信徒都是真的，不论你选的宗教是属于比较自由的（此时你会觉得自己比那些偏执和心胸狭窄的人优越），还是比较保守的（此时你会觉得自己比那些道德低落或不敬虔的人优越）。但是如果你的生活没有达到标准，你就会充满自责，心中感到更深的罪恶感，还不如没有信上帝或没有加入宗教之时。

当我个人对福音的真义还没有掌握得很好时，我对自己的看法常在两极之间摇摆。当我的表现——包括学业、专业成就和人际关系——达到标准时，我就会充满自信而不谦虚，骄傲而没有同情心地对待那些失败的人。可是当我的表现没有达到标准时，我就会失去自信心，卑下地以失败者自居。然而后来我发现，在福音中包含着可以建立独特自我身份的资源。我知道虽然我有许多软弱瑕疵，可是只要我承认它们，我就能因恩典而在基督里被接纳。基督教的福音乃是这样：我有如此多的瑕疵，以至于耶稣必须为我死；我是如此地被爱和被珍惜，以至于耶稣乐意为我死。因此之故，福音就同时能使人有深刻的谦卑和深厚的自信，它也同时能去除人的妄自尊大和自责自弃。我不会对任何人有优越感，我也无须向任何人证明些什么；我不会看自己过于所当看的，也不会看自己少于所当看的。相反，我是更少地想到自己，我不需要常常注意自己——注意我做得好不好，或是别人有没有看重我。

"宗教"和"福音"还有另一个基本的差别，那就是如何对待异己，就是那些在信仰及其实践上与自己不同的人。后现代的思想家明白，排斥异己——就是排斥那些将自我的重要性建立在其他价值或特质上的人——会帮助我们建立和强化自我。我们借着指出那些与我们不同的人，来定义自己是谁；借着贬低其他族裔、信仰和特质的人，来支撑自我的价值感。[4] 然而"福音"却为我们的自我身份提供了一个新的基础，可以借之达到和谐而公义的社会。一位基督徒的价值感并不是从排斥别人而产生，而是从主耶稣而产生，他为了我而被人排斥。他的恩典使我谦卑，深过"宗教"所能做到的（因为我的瑕疵太多，所以完全不能靠自己的努力来救自己）；他的恩典又使我得到肯定，强过"宗教"所能做到的（因为我能够完全肯定上帝是无条件地接纳我）。

这就表示我不能鄙视那些与我不同、还未相信上帝的人：我的得救不是因为自己具有正确的信仰和合乎信仰的行为，而那个不信或信错的人，可能在许多道德行为上还远胜过我。这也表示我不需要害怕任何人：我不需要因为害怕别人的能力、成功和才干与我不同，就失去了安全感。"福音"能使人脱离过度敏感、自我保护，或感到必须要批评别人。基督徒之自我身份的基础不在于别人肯定我是一个好人，而在于上帝在基督里看我是有价值的。

"宗教"和"福音"在处理人生问题和苦难上也有不同的方式。崇尚道德主义的"宗教"会使它的信徒相信，如果他们能过一种有道德的生活，上帝（和其他人）就应该尊荣和偏爱他们，他们就应该有一个不错又快乐的人生。然而，如果他们的生活开始出了问题，这些道德主义者就会非常生气沮丧。他们可能会对上帝（或"老天爷"）发怒，因为他们自认为比别人好，所以应该有比较好的生活；他们也可能会对自己发怒，无法挥去一种感觉，就是他们不应该过这种生活，或他们没有达到某种标准。然而"福音"可以使人在生活出问题时脱离这种苦毒、自责和绝望的漩涡；"福音"的信徒知道"宗教"最基本的前提——只要你过一种有道德的生活，你就会万事顺利——是错误的。耶稣是所有人类中道德最崇高的，然而他的一生却充满了贫穷、被拒、不公，甚至被虐待。

恩典的威胁性

许多人初次听到"宗教"和"福音"的差别时，会觉得太容易了。他们可能会这样说："捡到便宜了！如果这就是基督教，那么我所需要做的只是与上帝建立个人的关系，然后我就可以做任何我想要做的事了。"然而，只有那些活在完全而根本的恩典之外的人才会讲这种话；活在恩典之内的人绝对不会这样说。事实上，恩典可能会有很大的威胁性。

几年前我遇到一位刚来救赎主长老教会聚会的女士，她说她从小在教会长大，但从来没听过有人把"宗教"和"福音"区分开来，却常常听到说只有当我们够好时，上帝才会接纳我们。然而她又说这个新的信息是很吓人的，我问她为什么，她这样回答我：

如果我靠着自己的好行为得救，那么上帝对我的要求或给我的处置，也会有某种的限度。我就会像一个纳税人，拥有某些权利，只要尽上自己的义务责任，就理当享受某种程度的生活品质。但如果你说的是真的，我只是一个蒙受白白恩典的罪人——上帝付了无比的代价——那就没有任何东西，是他不能要求我的。

她了解恩典和感恩之间的相互作用。如果当你对惩罚失去任何畏惧，同时就失去所有过良善、无私生活的动力，那么使你过道德生活的唯一动力就是惧怕。这位女士在听完我的话之后，立刻就能看出这个好得让人难以置信的"单单靠恩典得救"的信息里，还有另外一面。她知道，如果自己是靠恩典而被拯救的罪人，她就必须更多地臣服在上帝的主权之下；如果耶稣真的为她做了这些事，她就不再属于自己，她乃是喜乐而感恩地属于耶稣，因为他为她付出了无限的代价。

那些还活在恩典之外的人，可能会认为这听起来是很强迫人的，好像要逼人尽一个沉重的义务，但这对活在恩典之内的人来说，其动机却是喜乐的。想像当你爱上一个人时，你的爱会让你迫切地想要得到她的接纳。你可能会问她说："你愿意和我约会吗?"甚至会问说："你愿意嫁给我吗?"如果她的回答是"我愿意",那你会做什么呢?你会这样说吗——"太棒了!现在我可以想做什么就做什么了!"当然不会。现在你甚至不需要等着你所爱的人提出要求,你就会去做一些让她快乐的事。你一点儿也不觉得是被强迫,或是感到在尽义务,你的行为已经被所爱之人的想法和心意彻底改变了。

关于这一点,没有人比雨果(Victor Hugo)的《悲惨世界》(Les Miserables)描写得更生动了。故事的主角冉阿让是一个心怀苦毒的假释犯,他从一位以仁慈对待他的主教家中偷了银器,后来被警察抓到,送回了主教家。主教出于完全而根本的恩典,把银器送给他,并且使他得到释放。这个怜悯的行动彻底震撼了他。在其后的一章中,雨果指出了这个恩典的威胁性:

他用自己的骄傲来对抗主教至高无上的仁慈;骄傲真是我们心中罪恶的堡垒。他模糊地感觉到,这位主教的宽免是让他改变的最大袭击和最可怕攻势,如果他拒绝这个宽免的恩德,那他的冥顽不灵将会永远定型,但如果他屈服,他就必须放弃多年来因别人的行为所带给他的仇恨,他所喜欢保留的仇恨。他感觉到,这一次他必须战胜那仇恨,不然就是被那仇恨胜过;这个争斗,这个巨大而最终的争斗,已经在他的邪恶和主教的良善之间展开了。[5]

冉阿让选择了让恩典在他身上运行。他放弃了内心深处的自怜和苦毒，开始过一个以恩慈对待别人的生活。他的生命有了完全而根本的转变。

故事中的另一位主角是警察沙威，他把一生都建立在他对赏与罚的理解上。在整个故事中，他一直残酷而自义地追缉冉阿让，甚至破坏自己的生活也在所不惜。但最后他落在冉阿让的手上，冉阿让没有杀他，反倒把他这个敌人释放了。这个完全而根本的恩典行动让沙威深感困惑，他了解到，若要能合宜地回应这个恩典的行动，他就必须要完全改变他的世界观。然而他至终没有改变，反而跳进塞纳河自尽了。

这可能是世界上最大的一个悖论了：一个最能使人得自由、无条件的恩典行动，却要求接受这恩典的人放弃对自己生命的掌控权。这有矛盾吗？绝对没有！如果你还记得本书第 3 章和第 10 章所讨论过的内容，你就会知道爱有约束性，并且我们不能控制自己的生命，我们都是为了某样东西而活着，因此我们就被它所控制，它才是我们生命真正的主宰。如果我们生命的主宰不是上帝，那个主宰就会无止境地压迫我们。只有**恩典**能使我们脱离自我奴役而得到自由，这奴役甚至会暗藏在道德和宗教里；但当我们以为我们是自由的，是能自治的，我们能选择任意一种生活时，恩典就会成为这种假象的威胁。

福音能使生命产生完全而根本的改变，但是基督徒常常忽略去运用福音中的这些资源，来活出他们能够在基督里活出的人生。亲爱的读者们，认清"福音"和"宗教"之间有根本上的不同是十分重要的；基督教的基本信息和其他宗教的假设，二者从**根本**上就是不同的。所有其他主要宗教的创始人在本质上来说都是教师，不是救主——他们的教导是说："你们要这样、这样做，就会找到那一位圣者。"但耶稣在本质上却是救主，而非教师（虽然他也是教师）——耶稣的话是说："我是来**找你**的那一位圣者，我要为你做那些你自己做不到的事。"基督教信仰的信息是：我们不是因自己所做的事得救，而是因基督所做的事得救。因此基督教不是宗教，也不是非宗教；它是一种包含一切的信仰。

第12章
真正的十字架故事

我可以接受耶稣是一位殉道者，是牺牲的化身，也是一位神圣的教师。他在十字架上的死亡，是全世界的伟大榜样。但若说他的死有什么神秘或神迹性的美德，却是我的心所无法接受的。

甘地，《自传》

我会在两根偶然钉在一起的木头上……瞥见十字架……而我的心就会突然静止不动。我以一种本能和直觉的方式了解到，有一样东西比我们好的动机——无论它有多高尚——更重要，更让人狂乱，更充满激情……我应该把它（十字架）戴在我心上……它应该成为我的制服、我的语言、我的人生。我没有任何借口，我不能说自己不知道；我从起初就知道了，可是我转离了它。

马格里奇，《重寻耶稣》

十字架一直以来都是基督教最主要的标志；耶稣为我们的罪而死，这就是福音——好消息——的核心。然而基督教会所认为的好消息，却越来越被我们文化中的其他人认为是坏消息。

在基督教的记载里，耶稣的死是为了使上帝赦免我们的罪。可是对许多人来说，这个想法似乎荒唐无稽，甚至是阴险邪恶的。我在纽约客中听到这个问题"为什么耶稣必须死？"远远多过"上帝存在吗？"的问题。他们会问："为什么上帝不直接赦免我们呢？""基督教的上帝似乎很像原始时代的复仇之神，要看到杀人献祭才高兴。"为什么上帝不直接接纳每个人，或至少直接接纳那些为罪悔过的人呢？虽然基督教的十字架教义让某些人感到困惑，但它也警告了另一些人。有些自由派的基督教神学家完全拒绝十字架的教义，因为他们认为这个教义就像是"神圣地虐待孩子"。

为什么我们不能不要耶稣的十字架？为什么我们不能只专注在他的生平和他的教导上而不去注意他的死呢？为什么耶稣必须死？

理由一： 真正的赦免是代价极高的苦难

让我们从一个实际财物上的例子来开始讨论。假设有一个人向你借车子，当他倒车出去的时候撞倒了大门，连门边的围墙也坍了一段。但你的房地产保险不赔这大门和围墙的损失，那你要怎么办？实际上你只有两种选择：第一是要求向你借车子的人赔偿所有的损失；第二是不让他负担任何的花费。当然，也可能有其他中间的办法，就是你们两人共同支付所有的花费。请注意，在每一个可能的选择中，**都必须要有人**来承担这个损失。你或他其中一定要有一个人为这个行为付钱，这个债是不会消失在空气中的。我们从这个例子可以看出，"赦免"是代表你愿意为了别人的错误行为而承担所有的花费。

大多数得罪我们的行为，是不能单用经济上的价钱来估算的。可能有人侵夺了你的快乐、名誉、机会或某方面的自由，虽然这些东西是没有价格的，但是当对方说"我真的很抱歉"时，我们还是会觉得不公平。当有人严重得罪我们时，我们会产生一种无法消除的感觉，就是犯错的人欠了我们一笔债，我们一定要讨回来。每当有人得罪你时，你就会觉得要讨回公道，这笔债不能轻易一笔勾销——但你只有两个处理办法。

第一个办法是设法让那些犯罪的人因他们的恶行而受

苦。你可以切断和他们的关系，积极或消极地期盼那些人会遭遇到你所经历的同等级的痛苦。有许多办法可以达到这个目的，例如你可以直接恶毒地指责他们，用话语来伤害他们，你也可以在背后对别人说他们的坏话，来破坏他们的名誉。当得罪你的人受苦时，你就会开始感到某种程度的满意，觉得他们是得到报应了。

然而，这种选择含有某些严重的问题。你可能会变得更加冷酷无情，更加自怨自艾，因此也更加自我中心。如果做错事的人是有钱或有势的人，你就可能会变成直觉地不喜欢这种人，并终身拒绝和反对这样的人。如果做错事的人是异性或其他族裔的人，你就可能会变得永久地愤世嫉俗，对那群人整体有永久的偏见。不仅如此，做错事之人的亲友们常常会觉得他们有权利回应你的报复，如此冤冤相报的恶性循环就会持续多年而没有止境。是的，你的确遭到了邪恶的对待，但是当你致力于报复时，邪恶不会消失，它反而会更加扩散；但最悲哀的是，它会扩散到你和你的品格里面去。

但是，还有一种办法来处理别人的恶行，那就是选择赦免。"赦免"的意思是不让对方为他的行为而赔偿。当你全人都想要猛击痛责某个人时，你却克制住了，这时你会经历到极度的**痛苦**——这是一种苦难——因为你失去了原先应有的快乐、名誉和机会，现在你又放弃了可以从报复对方而得到的安慰；你吞下了所有的亏欠，完全由自己担负起所有代价，而不将之归诸对方。这是极为痛苦的，有许多人说这就像死亡一般痛苦。

是的，这种如死亡般的痛苦是极难忍受的，但是这种"死亡"可以带来复活，而不会带来一辈子活在如死般的苦毒和愤世嫉俗中。身为牧师，我辅导过许多人有关赦免的事，我发现，如果他们能够赦免对方，即肯放弃在行动上报复得罪他们的人，甚至在他们的内心也不去想像报复，那么愤怒就会开始慢慢地消失。如果你不给怒气火上浇油，这团火就会越来越小。C. S. 路易斯在《飞鸿 22 帖》（*Letters to Malcolm*）中对老友马尔科姆（Malcolm）说道："我上个礼拜在祷告中突然发现——或是感觉到——我已经真正地原谅某人了，我在过去三十年一直努力地想去原谅他。在这事上我能做的就是继续努力和继续祷告。"[1] 我记得曾经辅导过一位对父亲充满愤怒的十六岁少女，她的情形一直没有改变，直到我对她说："只要你还恨你的父亲，你就仍然受他的伤害。你会一直陷在自己的愤怒中无法脱身，除非你能从心底彻底地原谅他，并且开始爱他。"当她了解到这一点时，内心就开始融化。她经历了赦免所要付的极高代价，这代价在开始时让她感到比苦毒还要更大的痛苦，但是它最终带来的是自由。你必须在有感受之前就先赦免，这样你最终必会得着赦免的结果。赦免会带来新的平安，如同从死里复活；它是阻止邪恶扩张的唯一办法。

当我辅导一些被伤害过的人而要他们赦免对方时，他们都会问我有关对方的问题："难道他们没有责任吗？"我通常会回答说："他们是有责任，但是他们负责是要在你原谅他们以后。"我们有许多很好的理由来质问犯错的人：他们造成了破坏，而且就如我在前面所举的倒车时撞坏门墙的例子，他们要为修理那些被破坏的东西而负责。我们应该质问他们——唤醒他们真正的品格，推动他们去修补人际关系，不然至少也要约束他们，以保护别人将来不再受伤害。但是我们要注意，所有这些质问都必须是出于爱心，而要爱他们以及保护他们周围其他可能受伤害的人，最好的方法是在质问他们时能期待他们会悔过、改变并且做对的事。

想要报复的欲望并不是出于一种善意的动机，而是出于一种恶意的动机。即使你说："我只是想要让他们负起责任"，但其实你真正的动机可能只是要他们受到伤害。如果你不是为了他们本身的益处或是社会的益处，而是为了你自己的益处——要他们遭到报应——而去质问他们，那么犯错的人会悔改的可能性基本上就是零。在这样的情况下，你这个质问者一定会逼得过度，不求公道只求报复，不求他们改变只求他们受痛苦。你会要求过当，而且态度恶劣，当然，对方也一定会知道你的这种质问只是想要伤害他；如此一个互相报复的循环就开始了。

唯有当你心中先寻求赦免对方时，你的当面质问才会是温和的、有智慧的，以及有恩惠的；唯有当你心中不需要看到对方受伤害时，你才有机会带来真正的改变、和好与医治。你必须甘愿承受赦免所需之苦难和死亡的极高代价，才有可能会复活。

再没有人能比朋霍费尔更能体现赦免的极高代价了。我在本书第 4 章中曾经说过他的故事。[2] 在回到德国去反抗希特勒之后，他写了《作门徒的代价》（1937 年）一书，他说真正的赦免一定是一种苦难。

我所必须背负之我弟兄的重担，不只是他外在的际遇、他的天性和天赋，同时也包括了他实际的罪。要背负他的罪，唯一的方法就是我现在所要分享的：在耶稣十字架的能力中赦免他……赦免就是像基督般地受苦，这是基督徒所要承担的责任。[3]

朋霍费尔于 1943 年 4 月被捕下狱，后来被转到佛罗森堡（Flossenburg）的集中营，在第二次世界大战结束前夕被处死。

朋霍费尔如何活出他自己所说的话？他的赦免是代价极高的苦难，因为它要实际地对抗在他面前的伤害和邪恶。他的赦免并不是他在书中所说的"廉价的恩典"；他没有忽视罪，或为之找借口，他乃是迎面拒绝罪，即使他要付上他的所有作为代价。又因为他拒绝去仇恨对方，他所选择的赦免之代价就更高了。因为他度过了要爱仇敌所必须经历的极度痛苦，所以他对仇敌之恶行的反抗，都是有分寸并充满勇气的，而不是恶毒和残酷的。我们可以从他在狱中所写的信件和文章中看到证据，他的毫无苦毒实在是令人震惊。

请不要为我焦虑或担忧，但不要忘了为我祷告——我确信你不会的。我非常肯定上帝的手在引导我，但愿我能一直保持这样的肯定。你绝对不要怀疑，在我被引导的这条路上，都充满了感恩和欢乐。在我过去的生活中满溢着上帝的美善，我的罪被基督十字架上赦免的爱所遮盖……[4]

在此我们看到朋霍费尔单纯地活出耶稣为他所成就的事——耶稣背负他的罪，为他承担了一切的代价，因此他现在能够自由地对别人也行出同样的事来。上帝的赦免帮助了朋霍费尔理解人的赦免，现在就让我们从朋霍费尔对人的赦免这美好的榜样中，来认识上帝的赦免。

上帝的赦免

"为什么耶稣必须死？为什么上帝不直接赦免我们？"这是许多人的问题，可是现在我们知道，当别人所行的恶事很严重时，没有人能够这么"简单地"赦免别人。"赦免"就是自己承担修补的花费，而不要求犯错的人做什么，这样你就可以向你的敌人伸出爱的手，期盼他能够更新而改变。"赦免"就是由你自己来承担罪债。每一个赦免别人重大恶行的人，都会有经过死亡而进入复活的经历，深深体验到被钉所刺、流血、流汗和流泪的痛苦。

由此我们对上帝所行的就应该不会感到惊讶了——上帝决定赦免我们所有得罪他和得罪别人的事，而不惩罚我们，因此他自己借着耶稣基督而走上十字架为我们受死。正如朋霍费尔所说的：每一个赦免别人的人，都承担着对方的罪。我们在这十字架上看到上帝所做的事，就是每一个人都应该做的事——赦免别人；只是他所成就的赦免是能被万人看见的，是宇宙性的，是无限大范围的。当然我也可以从另一个角度来说，人类要这样赦免别人，是因为我们无可避免地必要反映出创造我们的主的形象。所以，如果我们感受到战胜邪恶的唯一方法就是经历赦免的苦难，也没什么好惊讶的，因为这对上帝来说，乃是更真实不过的：他的公义热切地要战胜邪恶，他的慈爱又深切地要赦免人；他在这两方面的渴望都无限地大过我们在这两方面的渴望。

至此还有一点是非常重要的：我们要记得，基督徒信仰中的耶稣基督就是上帝自己[5]，因此，上帝并不是把痛苦强加在另一个人身上，而是自己在十字架上承担世界上一切的痛苦、暴力和邪恶。由此可见，圣经中所记载的上帝和原始社会中的神明——需要人类的血去平息他们的烈怒——是截然不同的。这位上帝成为人的样式，献上自己的血和生命，以完成道德上的公义和怜悯人的慈爱，这样将来当他摧毁邪恶时，我们就不至于也被摧毁。

因此耶稣的十字架不只是一个令人喜爱的牺牲之爱的典范——不必要地放弃你的生命并不值得钦佩，那样做是错误的[6]——耶稣之死不只是一个美好的榜样，而是拯救我们所必须要有的东西。为什么耶稣**必须死**才能赦免我们？因为有一笔债需要偿还，而上帝自己偿还了那笔债；因为有一个刑罚需要承担，而上帝自己承担了那个刑罚。赦免一定是一种代价极高的苦难。

我们已经从人类赦免的极高代价，看到上帝赦免的本质。然而其实上帝的赦免才是人类赦免的终极基础和源头。朋霍费尔再三地证明此点，他宣告说，耶稣在十字架上对他个人的赦免，使他能够确信上帝对他的爱，也使他可以活出对别人牺牲奉献的生命。

理由二： 真正的爱是一种个人性的调换和代替

在九十年代中期，有一个基督教的宗派举行了一个神学会议，其中有一位讲员说："我认为我们完全不需要有关赎罪的教义；我不认为我们需要把一些人挂在十字架上，看鲜血流下来或其他奇怪的东西。"[7] 我们为什么不能只专门教导上帝是一位慈爱的上帝？这个问题的答案是：如果你拿掉十字架，你就**没有**一位慈爱的上帝了。

在真实世界的人际关系中，若要爱一个有问题或有需要的人，但却不在某些程度上与他分享东西或甚至和他调换位置，是不可能的。所有能真正改变生命的爱，一定会牵涉到某些这类的"调换"。

要去爱一个身心健全而快乐的人，不需要费太多力。但是想想看，要去爱一个感情受创的人会是什么情况。如果你要倾听并爱这样的人，却想保持自己的情绪完全不受影响，那是不可能的。你对他们说的话可能会让他们感到坚强了一点，或更能肯定自己，但如果你没有投入自己全部的感情，这样的结果是不会发生的。你要顾他们还是顾你自己？要帮助他们在感情上恢复健康，你就必须愿意完全投入自己的感情。

再看另一个例子，想像你遇到了一个无辜但却受到政府、某个权力团体或秘密警察追捕的人。他向你求救，你若不帮忙的话，他可能就会被杀，但你若帮他，原本无比安全的你就会有生命危险——就好像在电影里看到的情节那样。同样的问题：你要顾他还是顾你自己？你若肯帮他，他就会越来越安全，但要有这结果，你就必须愿意进到他那个不安全和易受害的处境之中。

再想想看养育儿女的情况。婴儿进入这个世界时，是完全需要倚赖父母的。他们无法自给自足、独立自主，除非他们的父母肯花好几年的时间，为他们舍弃自己的独立和自由。如果你完全不让你的孩子妨碍你工作和休闲的自由，如果你只有在自己方便时才亲近他们，那么你的孩子就只会在身体上成长，但在其他所有方面，他们会一直有感情饥渴、情绪困扰和过度倚赖的问题。这里的选择是很清楚的：你若不是牺牲你的自由，就是牺牲他们的自由；你要顾他们还是顾你自己？要好好地爱你的孩子，你就必须衰微，他们才能兴旺；你必须愿意进入他们的倚赖处境中，到了最后他们才能经验到你的自由和独立。

对于那些有强烈需要的人来说，能真正改变他们生命的爱，全都是一种代替性的牺牲。如果你个人参与到他们的人生中，那么从某些方面来看，他们的软弱就会流到你身上，而你的强健也会流到他们身上。近代福音运动领袖斯托得（John Stott）在他所写的《当代基督十架》（*The Cross of Christ*）一书中说，基督教信息的核心就是代替：

> 罪的本质是我们人类以自己代替了上帝，而救恩的本质则是上帝以他自己代替了我们。我们……把自己放在只有上帝配得的位置，而上帝……把自己放在我们应受的位置。[8]

如果斯托得的话是真的，那么假如上帝没有亲身经历过我们所受的苦难——暴力、压迫、悲伤、软弱以及痛苦，他怎么可能会是一位慈爱的上帝呢？这个问题的答案有两个层次。第一，如果他没有亲身经历我们所受的苦难，就不可能是慈爱的上帝；第二，世界上的主要宗教之中，只有一个宗教宣称上帝真的亲身经历了我们的苦难。

伟大的倒转

非裔美籍作家特雷尔（JoAnne Terrell）曾经写到她母亲的男友如何谋杀了她的母亲。她说："我必须在我母亲的故事、我的故事和耶稣的故事之间，找到一种关联。"后来她在对耶稣的十字架的理解中找到了这种关联，那就是——耶稣不仅为我们受苦，他也与我们一同受苦。他清楚知道鞭笞的痛苦，无惧有权势者的恐吓，付上生命的代价，甘愿被挂在那些无权无势者的身边，在不义之下受苦。[9] 这正如斯托得所说的："如果不是因为有十字架，我自己是永远不会相信上帝的。在这个真实的痛苦世界中，人怎么会去敬拜一位无需受苦的上帝呢？"

因此，我们若是能正确地理解耶稣的十字架，就绝不可能用它来鼓励受欺压的人，简单地去接受暴力的对待。耶稣为我们受苦，是在尊重公义；但是耶稣与我们一同受苦，是在与世界上受压迫的人认同，而不是与压迫者认同。所有能改变生命的爱都必须要有一种互换，一种位置的倒转，但在此我们看到的是一个"伟大的倒转"：上帝原本是在至高、权能的位置上，但却与那些被边缘化的人、穷人和受压迫的人倒转了位置。圣经中的先知们常常这样歌颂上帝："他使有权柄的失位，叫卑微的升高"（路1：52），但是他们绝对没有想到上帝自己会离开至高的宝座，与被压迫的人一同受苦，好叫他们得以升高。

耶稣上十字架的倒转模式已经暴露并击败了世界对权势、能力和地位的尊崇。在十字架上的基督透过失去而赢得，透过失败而胜利，透过软弱服事而彰显能力，透过倾尽所有而进入富足；耶稣基督把世界的价值观都翻转了。正如新约学者赖特（N. T. Wright）所说的：

> 毕竟真正的敌人不是罗马，而是那个站在人类骄傲和暴力背后的邪恶势力……（在十字架上）上帝的国度因拒绝加入暴力的漩涡而胜过了这世界的国度。（耶稣在十字架上）爱仇敌，转过脸来，陪人走第二里路。[10]

这种翻转的模式与世人的思想和行为完全相反，以至于它会带来"另一类的国度"、另一类的真实世界、另一类的文化——即在那些被它改变的人中间所建立的反文化。在这个和平的国度中，有关权力、名声、地位和财富之价值的世界观，完全被翻转过来。在这个新的反文化中，基督徒把钱财看成是要分给别人的东西，把权力看成是专门用来服务别人的东西。在那些认识并经历到耶稣之十字架的人心中，一些世人所认为是正常的标志，例如种族和阶级的优越感，牺牲别人以获得金钱和权力，渴望名气和声望等，现在对他们的意义都变成相反的了。基督创造了一个全新的生命次序，因此那些被他十字架的伟大翻转工作塑造的人，不再需要以金钱、地位、事业、种族或阶级的骄傲来肯定自我；也因此耶稣的十字架建立了一个反文化，在这个反文化中，性爱、金钱和权力都不再能操控我们，我们却可用它们来帮助生命、建造社会，而不再以毁灭性的方式来使用它们。

为了要明白耶稣为什么必须死，很重要的是，我们必须同时了解他上十字架的结果（以极大代价赦免了人的罪），以及这十字架的模式（把世界的价值观翻转过来）。在十字架上，公义和怜悯都不会失落，而是同时被成全。如果上帝一定要施行公义，而且还一定要爱我们，那么耶稣的死就是必要的。这种对公义和慈爱的兼顾，也必须表现在我们所有的人际关系中。我们绝对不能默许不公义的事，因为耶稣是与被压迫者认同的；我们也绝对不能想要以恶胜恶，因为耶稣不但赦免敌人，甚至还为他们死。

那么耶稣为什么必须死呢？连耶稣自己也曾问过这个问题：在客西马尼园中，他求问是不是还有其他路可走，但答案是没有。而在十字架上，在极大的痛苦中，他大声喊问："**为什么?**"——为什么他会被离弃?[11]为什么他一定要上十字架呢? 圣经中的答案是——这是为了我们。

十字架的故事

我曾经尝试解释耶稣之死为我们所成就的事。我从其中撷取出一些原则,但我仍觉得自己无法完全把十字架的教义表达出来。我曾听说有人请大作家奥康纳"概要地"——如同"一枚果仁"那样的大小——介绍她某部短篇小说的意义,结果她尖刻地回答说,如果能把她小说的意义"放在一枚果仁里",那她就不需要去写那篇小说了。我要尝试把耶稣的十字架"放在一枚果仁里",因为我认为这是一个很好的操练。然而,我用本章的这种解释方式,并不能完全表达出这个故事本身所具有的改变生命的大能。

在许多故事中,通常最能感动我们的是有人为了别人的生命而自己承担无法弥补的损失,甚至是牺牲自己的生命。例如,几乎所有卖座的电影,都会以这样的情节当作主题。我个人最喜欢的电影之一是《一世之雄》(Angels with Dirty Faces,又名《狂徒泪》)。黑帮老大洛可是城里所有少年罪犯的偶像,但在他要坐上电椅被处死的前一夜,童年的玩伴杰瑞来拜访他。杰瑞现在是一位牧师,他在城内作防止青少年犯罪的事工。杰瑞向洛可提出了一项令人震惊的要求——他认为这是唯一能让这些他所关心的青少年从歧途中回头的办法。

我要你让他们失望。你这辈子一直都是这些孩子和其他几百个孩子的英雄——现在你的死会让你这个英雄更被推崇。但是，洛可，我要阻止这样的事情发生；我要他们的记忆是蔑视你的，他们要以你为耻。

洛可听了简直无法置信。

你要我演戏，变得很胆怯，让这些孩子看不起我……你要我抛弃我唯一仅剩下的……你要我在人生做的最后一件事是趴在地上求饶……你的要求太过分了……如果你想要帮助那些孩子，就得想点其他的办法。

杰瑞要洛可作一个伟大的倒转，就是代替性的牺牲。他说：如果你要保持自己的尊严，那些青少年就会死在耻辱之中；但是如果你死在耻辱之中，放弃你的荣耀，那么这些孩子就有救了。这是唯一能把这些孩子从英雄崇拜中解救出来的办法。但是洛可拒绝了。然而在第二天早上，当他走到死刑室时，他突然放声大哭，胆怯又歇斯底里地求饶，在羞辱中死去，作了最后的牺牲。这时电影的观众们都深深地被震撼。我也有这种感觉：我每次看这部电影的时候都会被震撼，它常让我想要过一个不同的人生，这就是这个故事所带出的生命影响力。

另一个也有类似影响力的故事是《双城记》（*A Tale of Two Cities*）。书中的达尼和卡东两人长得很像，又都爱上同一位女子曼露西。曼露西决定嫁给达尼，两个人生了一个孩子。这个故事的背景是法国大革命，达尼是一位贵族，他被逮捕下狱，并将被送上断头台处死。

在小说结束时，身为英国人的卡东，在达尼被处死的前夜拜访了他。卡东提出要和达尼互换身份以代替他死，但达尼拒绝了，不过卡东用药使他昏迷，又用马车把他偷运离开。卡东代替了达尼，后来达尼和他全家都得以逃到英国。

当夜在狱中，有一位同样被判死刑的女裁缝到卡东那里，还以为他是达尼，就和他交谈。当她发现他不是达尼时，睁大了眼睛问说："你要为他而死吗？"卡东回答说："是的，不只为他，也为他妻子和孩子。嘘，小声一点！"于是这位女裁缝开始承认说自己非常害怕，无力面对死亡。她请求这位勇敢的陌生人，在面临死亡之际，可否拉着她的手。所以他们在上断头台时，是手牵着手一起上去的。她发现自己只要眼睛一直注视着他，心中就能镇静下来，甚至得着安慰并产生盼望。

故事中的这个女裁缝原本陷在沉重的试炼中，心力枯竭，但后来她被卡东代替性的牺牲所震撼，这代替性的牺牲使她有力量面对死亡的考验。

这个故事很感人吧？是的，但是福音的故事比这还要感人。¹²我常常觉得这类牺牲自己的故事都很让人感动，我在看完或听完它们之后，都会决心要更有勇气、更加无私地生活，可是我的决心总是不能坚持到底。这些故事会感动我，刺痛我的良心，但是我心中的基本状态却仍然如初。我还是觉得驱动自己的力量是一股需要——需要向别人证明自己，需要赢取别人的认可和称赞，需要操控别人对我的看法。只要这些需要和恐惧还在我身上有力量，我想要作的改变就持续不了多久。

然而，福音不只是一个令人感动、关于别人的虚构故事；它是一个关于我们自己的真实故事，我们真的是在这个故事之中。我们就是那些犯罪的青少年，而耶稣为了拯救我们，放弃的东西远比人类英雄所放弃的多得多；不仅如此，耶稣也来到我们的监狱中，不管我们是否渴望得到拯救，他仍亲身代替我们受惩罚。那位女裁缝被一位牺牲自己的人所感动，即使那人不是为她而牺牲。那么当我们见到耶稣代替我们受惩罚、为我们舍己时，岂不更会让我们得到多而又多的力量吗？

我只能说，从旁观者的角度来看这些故事，我的心会受到感动；但是当我发觉事实上我在耶稣的故事中（他也在我的故事中）时，他的故事就改变了我——捆绑我心的恐惧和骄傲终于被赶出去了。耶稣**必须**为我而死的事实，使我从骄傲转为谦卑；耶稣**乐意**为我而死的事实，确保我脱离恐惧。

第13章

复活的真实性

> 在我五十岁左右，我的问题几乎将我带到自杀的边缘。这是一个简单的问题，是在每一个人灵魂深处的……是一个若没有答案就活不下去的问题。这个问题就是："我今天和明天所做的事会带来什么结果？我这一辈子所做的一切会带来什么结果？我为什么活着？我为什么要对事情有期望？我为什么要做任何事情？"这个问题也可以换一个问法："我的生命有什么无法被必临之死亡所摧毁的意义？"
>
> 托尔斯泰，《忏悔录》

我在大学读哲学和宗教学时被教导说，无论你怎么看耶稣的复活，它都是历史上一个很大的问题。大多数现代历史学者作了一个哲学性的假设，那就是认为奇迹是不可能发生的，因此，复活的宣告就变得大有问题。但是如果你不相信复活，你就无法解释基督教怎么可能会开始。

几年前我被诊断得了甲状腺癌，这个病可以治好，医生借着手术和其他的治疗，很成功地除掉了肿瘤。不过，套句约翰逊（Samuel Johnson）的话说：在任何情况下，当有人对你用了"癌症"这个词，一定会奇妙地让你的心思集中起来。在治疗癌症期间，我发现了新约学者赖特所写的《上帝儿子的复活》（*The Resurrection of the Son of God*）这本书，这是当时最新出版讨论耶稣复活的历史学术著作。我非常仔细地研读了这本书，更加确定虽然耶稣复活是一个历史上和哲学上的课题，但却不仅止于此。如果耶稣真的复活了，我们的生命就必然会被完全改变。

有时有些人会来问我说："我对基督教这方面的教导很挣扎……我很喜欢基督教信仰的某个部分，可是我无法接受另外这个部分。"我通常会回答："如果耶稣从死里复活了，你就必须接受他所有讲过的话；但如果耶稣没有复活，你又何必听他讲任何话呢？问题的关键不在于你喜不喜欢他的教导，而在于他到底有没有复活。"这就是第一批听到耶稣复活消息的人的感受。他们知道，如果这消息是真的，我们就不能再任凭己意过自己的人生了；而这也表示，我们不必再惧怕什么了——不必怕罗马兵丁的刀剑，也不必怕癌症，我们什么都不必害怕了。如果耶稣从死里复活了，每件事情就都被改变了。

但是他真的复活了吗？让我们来检视所有的理由和证据，以及正反两面的论点。

大多数人会认为，当我们讨论耶稣复活时，证明耶稣复活的责任是落在信徒身上，亦即他们要提出这件事发生的证据。但这个想法不完全正确；不信的人也有责任证明耶稣没有复活，他们不能只是宣称耶稣没有从死里复活，这样是不够的。他们必须能提出在历史上解释得通、大家能够接受的其他原因，说明教会为什么会产生，基督教为什么会开始等等。大多数不相信耶稣复活的人，对于基督教为什么会开始，提出了以下这类解释。

有人说，当时的人不像我们今天拥有了解世界的科学知识，他们很容易就会相信法术和超自然的事。因为他们相信死人复活是有可能的，所以就自然成为耶稣复活之传扬者的对象。当耶稣死的时候，门徒的心都碎了，但因为他们相信他是弥赛亚，所以就感到他仍然活在他们身边，引导他们，而且以灵的形态住在他们心中。而其中有些人甚至感到看见他了，还和他说话。过了几十年，这些关于耶稣继续以灵的形态而活着的感受，就发展成了他身体复活的故事。四卷福音书中有关他复活的记载，就是这样设计出来的，为的是要支持这样的信念。

以上这类解释对现代人来说似乎很合理，但其实这是因为我们不了解当时历史和文化的背景。

空坟墓和见证人

第一个这类解释的谬误，是认为《马太福音》、《马可福音》、《路加福音》和《约翰福音》这四卷福音书对耶稣复活的记载，是在这件事发生很久以后才逐渐写成的，特别是经文里所记载的两个主要内容——空坟墓和见证人——是捏造出来的。但这个论点不可能是真的。

事实上，第一个提到空坟墓和见证人的记载不是在四卷福音书中，而是在保罗书信里。所有的历史学者都相信，这些记载的写成时间距离耶稣之死只有十五到二十年。其中有一处最令人感兴趣的经文是《哥林多前书》15：3—6：

我从前领受了又传交给你们那最要紧的，就是基督照着圣经所记的，为我们的罪死了，又埋葬了，又照着圣经所记的，第三天复活了；并且曾经向矶法显现，然后向十二使徒显现。以后又有一次向五百多个弟兄显现。他们中间大多数到现今还在，也有些已经睡了。

保罗在此不只是讲到空坟墓与"第三"天复活——这数字显示他在说一个历史事件，而不是一个象征或隐喻——他还列出了见证人。保罗指出，耶稣复活后不只向几个人或一小群人显现，他还一次向五百个人同时显现，而他们在保罗写这信时大都还活着，可以为此作见证。因为保罗这封信是写给教会的，所以这是一份公开的文件，会在众人面前被大声朗读出来。如果有任何人对耶稣复活后曾显现给人看存疑，保罗可以邀请他们去问一问那些见证人。这是一个非常大胆又很容易执行的挑战，因为在罗马的和平时期（pax Romana），在地中海四周旅行是很安全、很方便的。如果这些见证人不存在，保罗不可能提出这样的挑战。

这段经文还有另外一个重要的特性，那就是保罗坚定地说自己是忠心地传述他所领受的见证。然而十九世纪末、二十世纪初的经文批判学者们却假设，因为早期基督徒用的口传方式是当时文化传颂通俗民间故事的方式，所以故事的内容在听、说的过程中会逐渐改变，就好像现代儿童游戏"传声筒"，到最后所听到的话和原先所传的话已经完全变了样。然而，正如我在本书第 7 章提过的，最近的人类学研究指出，古代文化在口传虚构故事和真实事件之间有着清楚的分别——在口传历史性的事件时是不容许有变更的。[1] 这也正是保罗的宣称：他说他所传扬的耶稣复活的消息，是完整地由真实见到复活之耶稣的人口中所听到的见证。

此外，如果要说圣经中耶稣复活的记载是捏造的，会引出更多难以解释的问题。例如，每卷福音书都记载说耶稣复活的第一批见证人是女性。当时女性的社会地位低下，她们在法庭上的见证甚至都不会被采信，因此若说第一批见到复活之耶稣的人是女性，非但不可能对教会有任何好处，而且还会降低这见证的可信度。由此可见，福音书之所以会这样记载，唯一合理的解释就是事情真是如此发生的。新约学者赖特认为，早期基督教信仰的传扬者一定受到很大的压力，想要把那些女性的名字从他们的记录中拿掉，但他们又觉得不能那么做，因为那些记录已经是众所周知的了。[2] 这个由第一批见证人所传扬的耶稣复活的记载，一定是相当令人震撼，而且又能改变生命，而其被传扬和复述的次数，一定远超过耶稣生平的其他故事。

不仅如此，正如赖特所说的，当你了解到空坟墓和一些个人遇见复活之耶稣的经历，二者必须同时存在，你就会更加确定这件事的历史性。如果只有空坟墓而没有人见过复活之耶稣，那么没有人会下结论说耶稣复活了；他们会假定说耶稣的尸体被人偷走了。但如果只是有人说他见到了复活的耶稣，但坟墓不是空的，那么也没有人会下结论说耶稣复活了，因为有很多人都曾说过他们在所爱之人死去之后又见到了他们。然而当这两件事实同时存在时，任何人都会下结论说耶稣是真的复活了。[3]

保罗的书信显示，基督徒从最开始就传扬耶稣的身体复活，这就表示他的坟墓一定是空的，否则在耶路撒冷的人绝对不会相信耶稣真的复活了，而怀疑的人也很容易就可以找到耶稣腐坏了的尸体。此外，如果真的没有人看过复活的耶稣，保罗也不会在公开的书信中告诉大家还有许多活着的见证人。我们不能任由自己随意猜测，说复活的故事只是人在耶稣死后所捏造的。不论在这过程中还发生了什么别的事，耶稣的坟墓一定真的是空的，而且数以百计的见证人宣称他们真的见过身体复活的耶稣。

复活与不朽

因此，有很强的证据——空的坟墓和数以百计宣称见到复活之耶稣的见证人——显示耶稣真的复活了。赖特说，耶稣复活是"历史上很确定的事"。有人可能会说："但这些还是不足以证明耶稣真的复活了。那些跟随耶稣的人当然是极想要相信他会从死里复活。如果有人偷了尸体，好让情况看起来像是他已经复活的样子，那么真心相信他会从死里复活的人，就会以为自己看见了他，说不定还会有一些人为了别人的缘故也跟着这么说。"

这是一个相当常见的假说，但在其背后有一个假设，就是知名的基督徒作家路易斯所说的"时代势利症"。我们认为现代人通常会怀疑身体复活的宣告，但古代人就会很容易相信超自然的事，所以很快就会接受这类的宣告。但其实不然，对于当时各个主流的世界观来说，个人性的身体复活都是一件令人无法接受的事。

新约学者赖特曾对一世纪时地中海世界——包括东方和西方——的非犹太人思想作了深入而完整的研究。他发现，在当时人的世界观中，身体的复活是不可能的。为什么呢？在希腊罗马的思想里，灵魂是好的，但身体和物质世界则是软弱、败坏和污秽的。对他们来说，根据定义，身体必会败坏，而所谓的拯救就是能脱离身体而得到"自由"。在这样的世界观中，复活的观念不只是不可能的，更是完全没有人想要的；没有任何一个离开身体得着自由的灵魂，会想要回到身体里面去。即使那些相信轮回的人也明白，灵魂回到身体代表灵魂还没有脱离囚禁，而灵魂最后的目标是要能永远脱离身体。若说灵魂脱离了身体以后还要再回去，这观念是很奇怪、不可思议的，也是不可能的。[4]

对于犹太人来说，耶稣复活的记载也是不可思议的。犹太人和希腊人不同，他们认为身体和物质的世界是好的，死亡不是从物质世界中得自由，而是一个悲剧。在耶稣的时代，许多犹太人已在盼望将来当上帝更新整个世界并除去苦难和死亡时，所有的义人都能够身体复活。[5]可是根据犹太人的教导，这样的复活只是整个世界被完全更新的一部分。对他们来说，这样的概念——各别的个人会在历史过程中复活，而世界的其他部分还继续在受疾病、朽坏和死亡的苦楚——是无法接受的。如果有人对一世纪的犹太人说："某某人已经从死里复活了！"那么他得到的回答会是这样："你疯了吗？这怎么可能？疾病和死亡都结束了吗？世界上已经建立了真正的公义吗？豺狼和羊羔同食了吗？你真是荒谬！"个人性复活的观念对犹太人来说是不可能的，就和希腊人的想法一样。

多年以来，不信耶稣复活的怀疑者提出的看法是，跟随耶稣的人可能是有幻觉，因此就想像他死后还会出现在众人面前，也还会对他们讲话。这个看法是假设跟随耶稣的犹太人认为他们的主有可能会复活，因为在犹太人的世界观中，复活是有可能的。但其实不是这样。也有人提出"阴谋论"，亦即认为门徒先偷走了尸体，然后再对众人宣称他已复活。这个看法也是假设门徒认为其他犹太人会相信有个人从死里复活。其实这两种看法都是不可能的，因为当时的人和我们现在的人一样，认为身体的复活是不可能的，只是各有不同的原因。

在一世纪时还有许多其他的"弥赛亚"运动，他们的"弥赛亚"都被处死了。但是，

在任何一个例子中，我们都没有听说过那些失望的跟随者宣称他们的英雄从死里复活了。他们比我们更清楚，复活不可能会是一件秘密的事。犹太人的革命领袖都会被政府当局处死，因此那些侥幸逃脱追捕的跟随者只有两个选择：若不放弃革命，就是再跟随另一位领袖。他们根本不可能宣称原来的领袖复活了；当然，除非他们的

领袖真的复活了。[6]

　　那时总共有十多位自称是弥赛亚的人，他们生命和志业的结局都与耶稣相同，但是为什么只有耶稣的门徒下结论说他被钉死在十字架不是一个失败，而是一个胜利？除非他们亲眼看到他从死里复活了！

一个全新世界观的爆发

　　在耶稣死后，整个基督徒团体突然采纳了一套全新的信念，是在此之前的人所认为不可思议的——这些最早期的基督徒现在对真实世界的看法是以复活为中心了。他们相信未来会有复活，而且已经从耶稣身上开始了；他们相信耶稣有一个改变了的身体，不但可以穿越墙壁，又可以享受食物。这不是犹太人所认为的灵魂返回身体（resuscitation），也不是希腊人所想像的只有灵魂存在。耶稣的复活保证了我们也将复活，并且现在就把将来的新生命部分地带进我们的心中。[7]

　　正如新约学者赖特所指出的，在当时的世界中，这些有关复活的每一个信念都是很独特的，但是我们从所知的其他例子看到，这种发生在一群人身上的世界观的大型转变，必须花上很长一段时间。[8]在一般情况下，不同的思想家和作家会花很多年时间去讨论和辩论某个主题，例如

"复活的本质"，直到其中一方胜利为止，那才是文化和世界观改变的方式。

但是基督徒对于复活的观点——在历史上从来没有出现过的——在耶稣死后就立刻完全爆发出来，没有一个过程或发展期。他的门徒说他们的信念不是出自辩论或讨论，他们只是单单地向别人传讲自己所看见的事，也没有人能对他们提出任何其他可能的选择。即使你提出一个极不可能发生的想法，例如耶稣的死里复活只是一两位门徒自己突发奇想，那它也不可能成为一个连其他犹太人也会相信的运动，除非他们真的多次地、费解地、真实地、反复地遇见耶稣。

历史后来的发展——教会的产生——就更难解释了。怎么可能有一群一世纪的犹太人，把一个人当成上帝来敬拜？东方的宗教相信"神"就是充满在万物之中的非人性能力，因此他们可以接受说某些人的身上会拥有比较多的神性；而西方的宗教则相信许多"神"会成为人类的外形，因此某些看起来是人的，其实可能是希腊主神宙斯（Zeus）或是传递讯息之神赫耳墨斯（Hermes）。然而犹太人相信的是一位独一、超越而有位格（personal）的上帝，对他们来说，敬拜任何人类都是绝对的亵渎。但是真的就在一夜之间，数以百计的犹太人开始敬拜耶稣。保罗在《腓立比书》2章所引用的歌颂基督就是上帝的诗歌，一般人都认为是在耶稣被钉十字架后几年之内所写的。是什么重大的事件竟然能令犹太人"束手就擒"？除非他们亲眼见到他的复活，否则还有什么历史性的答案可以解释这件事呢？

我们还要记得另外一点。正如帕斯卡尔（Pascal）所形容的："我相信那些被割喉之人的见证。"实际上，所有的使徒和早期基督教领袖都是为了信仰而死，因此很难让人相信这样强烈的自我牺牲，会是为了支持一个骗局。

因此之故，基督教所教导的耶稣复活，绝不能因怀疑者轻率地说"这事不可能发生"，就被否认掉；这是不够的。怀疑者必须能面对并且回答所有这些历史性的问题：为什么基督教会如此迅速而有力地兴起？为什么只有基督徒会宣称他们的弥赛亚从死里复活——但那个时代的其他弥赛亚运动的团体从未如此描述过他们的领袖？为什么这群犹太人会把一个人当成上帝来敬拜——但没有别的犹太人团体会这么做？为什么这些犹太人的世界观会在一夜之间就被完全改变——但犹太人并不相信人类会具有神性，也不相信个人性的复活？你要如何解释数以百计见过耶稣复活的人，在几十年后仍然持续而公开地宣讲其见证，甚至为了这样的信念至终付上了生命的代价？

复活的挑战

没有任何历史事件能在实验室中得到证实，但是耶稣复活的这件历史事实，远比任何其他我们所认为理所当然的古代事件拥有更充分的证据。所有不从耶稣复活之角度来解释教会诞生的理论，都一定是悍然不顾我们现在所知的一世纪之历史和文化的证据。如果你不用哲学上的偏见来排斥神迹的可能性，不回避寻求事实的过程，那么你就会发现，耶稣复活这一事件拥有最多的证据。

但问题是，一般人却真的是回避寻求事实的过程。他们没有认真研讨并回答上述那些历史上的难题，然后随着找到的答案而向前行；他们反倒是摆脱那些难题而提出反对，认定神迹是绝对不可能发生的。赖特对此提出了严厉的批评：

> 早期的基督徒并没有虚构空的坟墓，或编造遇见或看到复活之耶稣的事……没有人会想到有这样的事发生。没有人会捏造这种悔改归信的经验，不论他感到自己是多么地有罪（或感到自己何等地蒙赦免），也不论他花多少时间在经文之中。如果你看到了这些事实还认为不可能，那么你就不再是研究历史，而是进入自己的幻想世界了。[9]

有些人可能会说："即使我找不到其他可能的解释，那又怎样呢？复活是绝对不可能发生的。"我能够理解这样的想法，但是请不要忘记，其实一世纪的人也是这么想的；他们也和你一样，认为复活是无法接受的观念。唯一能让当时人接受复活观念的方法，就是让证据来挑战和改变他们的世界观——关于什么事情才是可能发生的。他们对复活宣告的困惑，和你的困惑一样，然而复活的证据，包括见证人的记载和跟随基督之人的生命改变，则是压倒性地让人无法否认。

每年的复活节，我的讲道都会以耶稣的复活为题。我总是在讲道中对那些怀疑和不信的朋友们说，即使他们不相信复活，也应该要盼望真的有复活的事。他们大部分人都很关切要以公义对待穷人，要减少饥饿和疾病，要保护环境等等，然而他们大部分人也都相信物质世界是偶然产生的，世界和其间的一切最终在太阳走向死亡时都会被焚烧掉。他们对许多人不关切公义问题感到非常失望，但他们却没有想到，其实是他们自己的世界观使得人没有动机让这个世界变得更好。如果至终我们所做的一切都不能改变什么，我们为什么还要为了别人的需要而牺牲自己？但是如果耶稣真的复活了，那就表示我们还有无限的盼望和理由，为了这个世界的需要而献上自己。赖特曾在一篇讲道中说：

复活的信息就是告诉我们，这个世界是重要的！我们必须用这个好消息——医治、公义和慈爱已经得胜了——来解决今日世界上的不公义和痛苦……如果复活节只是指耶稣基督在某种属灵的意义上复活了，那么这个节日就只和我个人有关，只是我个人的灵命增加了新的维度而已。但是如果耶稣基督真的是从死里复活了，那么基督教就是整个世界的好消息——它不限于能温暖我们的心而已……复活节意味着，世界上充满了不公义、暴力和堕落，而上帝不会容忍这一切。我们要凭借上帝的能力制定计划并付诸实践，使耶稣的得胜彰显在上述一切问题中。如果没有复活节，那么马克思所说基督教忽视物质世界的问题，就可能是对的了；如果没有复活节，那么弗洛伊德所说基督教只是一种心理上的愿望满足，就可能没有错了；如果没有复活节，那么纳粹党所说基督教是懦弱之人的宗教，也可能是对的了。[10]

第14章 上帝之舞

1938 年时，我的头痛极为严重，每个声音对我来说都像一记重击……我发现了这首诗，名叫《爱》，是赫伯特（George Herbert）所写的，我极为用心地去读它。往往在我剧烈的头痛达到最高点时，我就反复背诵它，把我所有的注意力都集中在它上面，让我整个灵魂都紧紧抓住它所流露出的圣洁和温柔。我一直以为我只是在背诵一首美妙的诗，但我没有察觉到，这样的背诵其实是一种祷告。在某一次的背诵中，基督亲自临到我，占满了我全人。在此之前我所讨论过的一些有关上帝的难题中，从未想过会有这个可能性——在人类与上帝之间会有真正的、个人性的、在地上的接触。

薇依，《等候上帝》

我相信基督教最能为我们个人生命的故事，以及我们在世界历史中所看到的事，给出合理的解释。我们在前面六章中讨论过，人们若从基督教的立场思考我们从何而来，我们有什么问题，以及如何解决那些问题，就能更好地解释所看到和所经历的一切，基督教所给出的解释比任何其他观点更为有力。现在就让我们把前面所讨论过的不同内容整合起来，看看整个基督教的故事是在讲些什么。圣经的故事常被总结为一出四幕戏剧——创造、堕落、救赎和恢复。

神圣之舞

在世界上所有的宗教中，唯有基督教教导说上帝是三位一体的。"三位一体"的教义是指这位独一的上帝永远是以三个位格存在：父，子，圣灵。"三位一体"表示上帝在本质上是关系性的。

《约翰福音》的作者约翰描述说，圣子从永远到永远都活在"父怀里"（约1：18）——这是古代在表示爱和亲密时所用的隐喻。到了《约翰福音》较后面的部分，耶稣——就是圣子——说圣灵是要"荣耀"他（约16：14）。圣子要荣耀圣父（约17：4），但反过来圣父也要荣耀圣子（约17：5），如此一直到永永远远（约17：5下）。

"荣耀"这个词是什么意思？荣耀某件事或某个人，

就是指赞美、享受他们，并且以他们为乐。当某件东西很
"有用"的时候，你会很喜欢它，因为它会为你做点事，
带给你些好处。但是当某件东西很"美丽"的时候，你就
只会因为它本身而享受它：单单是和它同在一处就是一种
奖励了。荣耀一个人也包括服事或听从那个人——不是牺
牲他的益处来使你快乐，而是牺牲你的益处来使他快乐。
为什么会这样呢？因为你最大的喜乐就是见到他喜乐。

那么，父、子、圣灵之间的相互荣耀是指什么呢？如
果我们用图画来想，自我中心的状态就是"我"在中心，
我是固定不动的，而别人要围绕着我转，只要别人能帮助
我达成我的目标，或使我满意，我就会为他们做事或爱
他们。

但是三位一体之上帝的内在生命截然不同。他的生命
特色不是自我中心，而是互相付出自己的爱。当我们喜爱
和服事别人时，就进入一种围绕对方的动态轨道，以对方
的兴趣和喜好为中心——这就创造出一种动态的舞蹈。当
我们共有三个人时，每一个人都围绕着另外两个人转——
这就是圣经所告诉我们的三位一体的状态：每一个神性的
位格都是以另外两个位格为中心，没有一个位格会要求其
他的位格绕着自己转，但每一个位格都自愿绕着另外两
个位格转，把自己的爱慕、喜悦倾倒给另外两个位格。三
位一体中的每一个位格都爱慕、顺服并喜悦彼此，这就创
造出一种有活力、有节奏的爱与喜乐之舞。早期希腊教会

的领袖用了一个词来描述这情形，那就是"翩然共舞"（*perichoresis*）。英文的"编舞"（choreography）一词也和此词有关。[1]

父……子……与圣灵之间互相荣耀彼此……在整个宇宙的中心，在三位一体上帝的生命中，是互相付出的爱的流动。上帝的三个位格互相尊崇、彼此交流，也彼此顺服……当早期的希腊基督徒说到上帝本身"翩然共舞"时，他们是指上帝的每个位格都互相存在于彼此的中心，在不断表达和接受的行动中，每个位格都包容并环绕着其他的位格。[2]

在基督教中，上帝不是一个没有位格的、静止不动的东西——甚至不是单一的位格——而是一个满有活力和节奏的行动，是一个生命、一出戏剧，而且如果你不觉得我这样描述带有不敬意味的话，他也是一支舞蹈……这个三位一体的生命模式是……能量与美的伟大泉源，是在宇宙实体的核心中所涌流出来的。[3]

对于我们来说，三位一体的教义已经超过我们思想理解力所能承担的。然而，尽管我们很难理解它，但这个令人惊叹、有活力的三位一体上帝的观念却充满了深刻的、奇妙的、能改变生命和改变世界的意义。[4]

爱之舞

　　如果上帝不存在，那么在我们里面和与我们有关的所有事情，就都是出于盲目而非位格性的力量。这样，虽然爱的感受和经验很重要，但是相信进化论的自然主义者告诉我们，那只是大脑中一种生物化学的状态而已。

　　但是如果上帝存在呢？爱的情况会不会好一点呢？这答案取决于你认为上帝是一位怎样的上帝。如果这位上帝只有单一的位格，那么在他创造任何东西以前，爱是不存在的，因为爱是一个位格和另一个位格之间的东西。这也表示，虽然这个单一位格的上帝从永远到永远都有能力、主权和伟大，但他却没有爱；爱不属于他的本质，也不在宇宙的中心，能力才是最重要的。

　　可是如果上帝是三位一体的，那么其位格之间的爱的关系就是"在宇宙实体核心中的伟大泉源"。当有人说"上帝就是爱"时，我想他的意思是说爱极为重要，或是说上帝要我们去爱别人，但是在基督徒的观念中，爱真的是在上帝的本质之中。如果上帝只有单一的位格，他就不可能从永远到永远都有爱；如果他全然只是没有位格的灵，像东方思想所认为的那样，他就根本不会有爱，因为爱是有位格者才会做的。东方宗教认为个人的位格只是幻象，因此爱也是幻象。⁵ 切斯特顿曾说："对佛教徒而言……人格是人堕落的结果，但对基督徒而言，它却是上帝的美意，是其宇宙观的重点。"⁶ 人格之所以会是上帝的美意，乃是因为上帝在本质上、在永恒里是爱——位格与位格间的爱。

终极实在是由有位格者组成的共同体，其成员彼此认识，也彼此相爱，这就是宇宙、上帝、历史和生命的本质所在。如果你看重金钱、权力和成就，过于看重人际关系，你就是自己朝着实在的岩石撞去。当耶稣说你在服事时必须舍弃自己，才能得回自己时（可8：35），他就是在重述父、子、圣灵在永恒里一直在做的事。因此，如果你只是静止不动，而让一切都围绕着你的需要和喜好打转，你就绝对无法找到自我的意义。除非你愿意牺牲个人的选择并愿意受到一些限制，以委身在人际关系中，否则你就会继续处在远离你真正自我和远离事物真正本质的状态中。

我曾在本书的许多地方提到，如果我们拒绝付出宽恕的代价、不肯调换位置彼此相爱，不愿接受团体中的限制，我们的人性就不可能得到成全。我也曾提过路易斯所说的，在天堂以外唯一一个不必承受人际关系之痛苦和苦难的地方，就是地狱。

为什么会这样呢？因为根据圣经，这个世界并不是由一位孤独的上帝所创造的，也不是由一股非位格性的力量发射出来的，更不是由诸神明斗力较劲而产生的，也不是由随机、暴力、偶然的自然力量碰撞出来的。基督徒拒绝接受这些创世的说法，因为这些说法都没有把爱放在首位。我们相信这世界是由一位有多个位格、又在永恒中彼此相爱的上帝所创造的；你被造的目的就是要和别人互相付出自己的爱，因此自我中心的态度就破坏了上帝所创造之世界的结构。

创造之舞

　　爱德华兹在反复思想上帝之三位一体的内在生命后下结论说，上帝是无限快乐的。上帝里面的各个位格彼此倾注荣耀而喜乐的爱。让我们用人的经验来思想这个模式：想像世界上有一个人是你极为倾慕的，你愿意为他赴汤蹈火；再想像对方也同样倾慕你，你们或成为一生之久的好朋友，或彼此相爱进入婚姻。这听起来像不像在天堂？很像，因为那正是由天堂而来的——那就是我们所认识的上帝，只是在他里面这种关系的深度和程度是无限的，也是我们想像不到的。这就是为什么上帝是无限快乐的原因——因为他本质的核心是"他人导向的"；他不求自己的荣耀，只求其他位格的荣耀。[7]

　　你可能会说："且慢，但是圣经几乎在每一页都说上帝呼召我们要荣耀、赞美和服事他，你怎么会说他不求自己的荣耀呢？"是的，他的确要求我们无条件地顺服、荣耀和赞美他，以他作为我们生命的中心。现在，我希望你终于能明白他如此做的原因了，那就是他要我们喜乐！他有无限的快乐，不是因为他的自我中心，而是因为他有那种付出自己、以别人为中心的爱，因此我们这些照着他的形象被造的人，唯一能够也有同样喜乐的方法，就是不再让整个生命围绕着自己转，而是以他为我们生命的中心。

为什么这样的一位上帝，会创造出像我们这样的人在世界上呢？爱德华兹根据《约翰福音》17：20—24 等经文给出了答案。历史学家马斯登（George Marsden）把爱德华兹的想法总结在这段话里：

为什么这位无限良善、无限完美又永在的上帝要施行创造……爱德华兹从基督教之三位一体的概念，推断出是因为上帝有位格间互动的本质……爱德华兹说，三位一体之上帝创造宇宙最终极的理由，不是要弥补他自身的缺乏，而是要把他的良善和爱在其内部的完美交通扩展出去……他借着将快乐和欢愉传达给受造者，向外表达他神圣完美中的喜乐、快乐和欢愉……宇宙是上帝之荣耀的扩展和爆发，由上帝所发出之完美的良善、美丽和爱，吸引着受造者不断地分享上帝的喜乐和欢愉……因此，创造的终极境界乃是上帝与其所爱之受造者在爱中联合。[8]

上帝创造我们，不是为了要得到与我们彼此相爱和彼此荣耀的宇宙性和无限的喜乐，而是要和我们分享这喜乐。我们被造就是为了要加入这支舞。如果我们以他为生命的中心，因他的所是、他的美丽和他的荣耀而事奉他，而不是因为我们个人的喜好才事奉他，我们便能进入这支舞中，分享他所在之处的喜乐和爱。因此，我们不是被创造和设计成只要一般性地相信他即可，也不是只要有一种模糊的感动和灵性即可；我们乃是被造成要以他作为我们生命的中心，要以认识他、事奉他、以他为乐以及越来越像他作为我们生命的目标和热情所在。这种在喜乐中的成长会永远持续下去，超乎我们的想像（林前2：7—10）。

这就带来一种对物质世界的独特而正面的看法。这个世界并不是像其他创世故事所说的那样，只是一个幻象，或是一个诸神明争斗的结果，或是一个自然力量所偶然得出的产物；它乃是在喜乐中被创造出来的，因此它的本质是美善的。这个宇宙可被视为一种靠能量而彼此凝聚和结合的舞蹈，但各个生命仍是独特的，就像行星围绕着恒星，就像潮水和季节，"就像分子中的原子，就像和弦中的音调，就像地球上的生物，就像母亲腹中活动的胎儿。"9在三位一体上帝之内在生命中所蕴藏的爱，就写在这一切之中。创造就是一支舞！

失去了那支舞

圣经所记载的故事由创造之舞开始，但是我们在《创世记》3章看到了堕落。上帝告诉亚当和夏娃不可吃某棵树上的果子，否则就会有死亡的惩罚。但是为什么吃这棵树上的果子会那么糟糕呢？圣经没有说出答案。不过，如果我们只在上帝的指示合乎我们的目标和利益时才听从他的话，那我们就是要他来绕着我们打转，这样他就变成我们达到目标的手段和方法，而不是目标本身了。如此上帝对亚当说的话就好像是这样："为了爱我的缘故，别碰那棵树，就是为我的缘故！"

然而人失败了，变得无动于衷、自我中心。根据《创世记》3章记载，当我们与上帝的关系断掉以后，我们其他的一切关系也就瓦解了。自我中心造成了心理上的疏离，再也没有什么比它——无止境、面无表情地专注在自己的需要、欲望、待遇、自我和成就上——更令我们痛苦的了。除此以外，自我中心也会导致社会的瓦解，它正是国家、种族、阶级和个人之间所有关系破裂的根源。最后，人类的远离、不事奉上帝，也以某种难以理解的方式导致了我们与整个自然界的疏离。

我们失去了那支舞。那支喜乐而互相付出自己的舞，已经不再可能存在于世界上了，因为每一个人都是静止不动的，只想要一切都围绕着他们本身而旋转。

然而上帝没有让我们停留在那样的光景里。他的儿子降生来到世间，更新人类，使这群新人的生命不再以自我为中心，而是以上帝为中心，结果他们其他所有的关系也渐渐归正和恢复了。正如起初的亚当在伊甸园中受到试验，这位末后的亚当（耶稣）——保罗称耶稣是"末后的亚当"（林前 15：45）——在客西马尼园中也受到试验。起初的亚当知道，如果他顺服上帝有关那棵树的命令，他就会活着，但是他却没有顺服。末后的亚当也被"树"试验，就是十字架；耶稣知道，如果他顺服天父就会被压碎，但是他仍然顺服了。

耶稣为什么要为我们死？他从死中得到了什么？请记住，耶稣原来已经在一个喜乐、荣耀和爱的团体中了，他并不需要我们。那么他能从死中得到什么好处呢？答案是他完全得不到什么！这表示他来到世界，又为我们的罪而死在十架上，乃是在围绕我们、服事我们。耶稣说："你赐给我的荣耀，我已经赐给了他们。"（约 17：22）——他对我们所做的，就是他在永恒里对天父和圣灵所做的：他以我们为中心，为我们付出爱而完全不为自己的好处。

回到那支舞中

如果基督所做之事的美丽令你感动，你就开始了第一步，就是逐渐走出自我中心和惧怕，进入与他之间的信靠关系。当耶稣为你而死时，他就邀请你进入那支舞中，亦即邀请你开始一个以他为中心的生命，正如他为你而付出了自己一样。

如果你回应他的邀请，你所有的关系就都会开始得到医治。正如我在本书第 10 章中所说的，罪会使我们以其他任何不是上帝的东西来定义自我的身份，只让自己投身于某些关系和追求，因为它们能建立和支撑我们在自我称义和自我创造上的努力；但这也导致我们鄙视和轻看那些与我们没有相同成就或身份标志的人。

然而，当我们明白耶稣是带着无限的、付出自己的爱向我们走来并围着我们转时，我们也被他邀请要将生命建立在一个新的基础上，如此我们便能以他为新的生命中心，而不再把自己当作救主和主宰。我们也能接受他给我们的两个挑战，那就是承认自己是需要他救恩的罪人，并且把他那具有更新能力的爱作为我们自我身份的基础。这样我们就不需要向别人来证明自己，也不需要用别人来支撑自己脆弱的骄傲和自我价值感；我们就有能力像耶稣为我们而来那样为别人而去。

哪里有自我付出，哪里就会有一种节奏，那不仅是整个被造界有的节奏，更是所有生命都有的节奏，因为永恒之道（耶稣）也牺牲付出了自己。当他被钉十字架时，

"在边陲外地的恶劣环境中，他所做的……"乃是在立定世界之根基以前就已经在荣耀和喜乐的天家中做了的，……他的自我从最高降到最低，他的存在就是要付出自己，而借着付出自己，他的自我变得更加真实，这个更加真实的自我也更加付出自己，如此持续到永远。这不是一个……我们可以逃避的律……在自我付出的系统之外……就单单只有地狱……就是残酷地监禁在自我里……自我付出才是绝对的真实。[10]

那支舞的未来

那么，人类的历史将会如何完结呢？我们在圣经最后一卷书的末了所看到的结局，和其他许多宗教所预测的结局完全相反。我们不是看到世界被熔化掉的幻象，也不是看到灵魂脱离物质世界而进入天堂。相反，我们看到的是天堂**降临**到世界，与之联合，并洁净其上一切的破碎和不完美；那将是一个"新天新地"。先知以赛亚将其描绘成新的伊甸园，在那里人类和大自然又有完全的和谐，不再有伤害、疾病和死亡，不再有种族间的仇恨和战争，也不再有穷人、奴隶、罪犯和心碎哀伤的人（赛65：17—25）。

这些都是来自于我们所知道的创造之舞。三位一体的上帝真实地以"喜乐"创造世界——他在喜乐中创造了一个有生命的宇宙，以步入他的喜乐，就连新造的众星也为此而歌唱。直到现在，整个被造界仍然持续述说着上帝的荣耀，而且仰望他，"这一切都欢呼歌唱"（诗65：12—13）。上帝以关切和慈爱临到世界，委身于他所造的一切，并且以慈爱来掌管、扶持世界。虽然罪恶和邪恶污秽了世界，但它只是宇宙实体的影儿；到了末时，我们和自然界将要一同被恢复到拥有最完满的荣耀。"被造的万物盼望自己得着释放，脱离败坏的奴役，得着上帝儿女荣耀的自由。"（罗8：21）当整个世界被带入上帝丰盛完满的荣耀时，就会得着医治。那时，罪恶将被摧毁，所有受造界的潜力——在那时刻之前是隐藏的——都将爆发出来，彰显出完全和美丽。若将今日的我们和那时的我们相比，今日的我们就只像是不能动弹、不能思考的植物人而已。到那时，林中的树木都将在那位凯旋荣归的君王面前欢呼（诗96：12），他要将哀哭变为跳舞（诗30：11）。

因为我们是照着上帝的形象造的，而这位上帝是既独一又有三个同等的位格，因此，在更新的世界中，所有的人类至终会联合在一起，但是我们在种族和文化上的多元性则会被完整地保留下来。所有的人类至终会和睦同居，并且互相倚赖。上帝在至高之处得着荣耀，在地上的人才会有平安。

基督徒的生活

对此，我们应当如何回应呢？当我们看到圣经全面的故事时，就可以清楚地知道，基督教不单单是关乎个人罪得赦免进天堂——这只是上帝救恩中的重要**方法和过程**，却不是最后的结果和目的。耶稣来临目的是归正、更新并重建整个受造界，而不是要逃避它；他来不只是为个人带来赦免和平安，更是为全世界带来公义与和平（*shalom*）。我们的身体和灵魂都是上帝所造的，耶稣的复活也表明身体和灵魂他都要救赎。圣灵的工作不仅是拯救灵魂，他也要照顾和修补这个地球，就是这个物质的世界。

这个远景的独特性再怎么强调也不会过分。在圣经以外，没有任何其他主要的宗教信仰会对重建一个完全和平、公义和整全的物质世界有任何的盼望或兴趣。斯里兰卡籍的基督徒作家拉马钱德拉（Vinoth Ramachandra）在这方面就看得很清楚。他说所有其他宗教所提供的救恩，都只是某种形式的脱离一般人性；救赎被视为脱离个人的肉身束缚，进入某种超越的灵魂存在状态。

圣经所说的拯救不在于脱离这个世界，而在于改变这个世界……你不会在任何一种宗教系统或人类哲学中，找到对这个世界的盼望……圣经的看法是很独特的，因此之故，当有人说在其他的宗教信仰中也有拯救时，我就会问他说："你说的拯救是指什么？"没有任何其他的宗教信仰给这个世界——这个普通的世界——提供一个永恒拯救的应许，是像耶稣的十字架和复活所提供的那样。[11]

那么，"参与上帝在世界上的工作"是指什么？"过一个基督徒的生活"又是什么意思？要回答这个问题就要回头看看三位一体之上帝的生命，以及最原初的创造。上帝创造我们就是要我们越来越多分享他的喜乐和快乐，就像他在自己里面分享喜乐和快乐那样。首先，当我们将荣耀归给他的时候（敬拜和事奉他，而非敬拜和事奉我们自己），我们就分享了他的喜乐；其次，当我们尊荣和服事那些照着上帝荣耀之形象而被造的其他人时，我们也分享了他的喜乐；第三，当我们珍视上帝在自然界中所得到和被反映的荣耀时，我们也分享了他的喜乐。唯有当我们敬拜他、服事人类团体，以及料理这个被造的环境时，我们才是在荣耀并且享受他。

另外一种看基督徒生活的方式，则是从最终之恢复的角度来看。这个世界和我们的心灵都是破碎的，而耶稣的生、死和复活则是无比重价的救援行动，为受压迫和被边缘化的人恢复公平的对待，为生病和垂死的人恢复完备的身体，为疏离和孤单的人恢复归属的团体，为远离上帝的人恢复灵里的喜乐和连结。今天，成为基督徒就是参与这个救援的行动，我们预期一定会经历受苦和艰难，但同时我们也喜乐地肯定最终一定会成功。

福音的故事解释了我们的道德责任和我们对真正公义的信念，因此基督徒会尽力重建公义和扩大公义的范围。福音的故事也解释了我们不可磨灭的宗教性，因此基督徒会努力传扬福音，向人指出借着耶稣与上帝和好、得着赦免的道路。福音的故事也解释了我们深刻的关系性，因此基督徒甘愿舍己地工作，不仅参与建设基督徒团体——即教会，也参与建设他们所处的其他团体。福音的故事也解释了我们喜悦美丽的特性，因此基督徒不论是以科学研究或园艺栽植来耕耘自然界，或是献身于艺术领域，都会作好物质世界的管家，因为知道物质世界有助于人类的繁荣。"诸天"和"树木"都歌颂上帝的荣耀（诗 19：1，96：12），因此，我们借着料理它们，并与它们一同欢庆，就能使它们自由地赞美上帝，而我们也从中得着喜乐。简单地说，"过一个基督徒的生活"是指我们不仅借着鼓励人对耶稣基督的信仰来建造基督徒的团体，也要借着公义和服务的行为来建造人类的团体。

因此，基督徒才是真正的"革命者"——为了公义和真理而付出心血劳力，也在努力中盼望一个完美世界的来临。在那个完美的世界中：

他要抹去……一切眼泪，不再有死亡，也不再有悲

哀、哭号、痛苦，因为先前的事都过去了。（启 21：4）

当我们到达那里时，我们会说："**我终于回家了！这才是我真正的国家！我属于这里。这个地方是我一生都在寻找的，虽然我从来不知道它是什么样子！**"但这绝不是我们生命故事的结束。事实上，就如路易斯所说的，我们人生所有的经历其实仅仅只是生命之书的"封面和扉页"而已：我们最终都将开始生命之"伟大故事的第一章；世界上没有人读过这个故事，它会永远继续下去，而且每一章都比前面一章更加精彩"。[12]

结语 现在我们当怎样行？

最重要的事是要认识自己，知道自己缺少什么。这是指要用真理来衡量自己，而不是反过来用自己去衡量真理。

奥康纳，《小说家和他的国家》

然后，伊欧玟的心改变了，或者说她最后终于明白了……

托尔金，《王者归来》

当你读完本书之后，你很可能比较容易接受基督教了。你可能被本书中所提到的观点所感动，就是世界的需要、你自己的景况，以及基督在世上的工作等。如果你已经预备好要进一步探索"相信基督意味着什么",你该怎么办呢?接下来你当做什么?

查验你的动机

几乎所有人的动机都是混杂的。如果你想要等自己的动机纯洁到丝毫没有自私的成分以后才去做某些事,那么你可能得永远等下去。然而,问问自己做某件事的主要动机是什么,却是很重要的,特别是关于委身于一个信仰的事。举例来说,此刻你也许正面临着极大的困难和需要,你真的很清楚地感受到,或许这是你一生中第一次感受到,需要上帝或某种超自然的力量来帮助你渡过难关。虽然这个想法不算有错,但在这种情况下去寻找上帝,很容易就把信上帝当作是一种达到目的的手段。想想你要了解基督教的原因是为了服事上帝,还是要上帝来服事你?后者是一种萨满教的观念,就是想要借着你的祷告和善行来操纵上帝;这是利用上帝而不是信靠他。

我们必须了解到,其实我们每一个人的信仰旅程的开始,都是源于想要从他那里得到某些东西。但是我们也必须明白一个事实,那就是我们早就因他为我们所成就的事,而欠他全部的生命了。他是我们的创造主——单单因着这个,我们就应该把所有的一切都归给他;但他也是我们的救赎主,曾经付上无比的代价来拯救我们。任何心灵在清醒地思考过以后，都会愿意将自己的生命献给这样一位既全能、又愿意为我们的好处而牺牲自己所有的上帝。

人开始寻找上帝时通常会这样想："我应该要做些什么，才能从上帝那里得到这个或那个东西？"但是最终我们一定会开始这样想："我应该要做些什么，才能得到上帝自己？"如果你的信仰历程没有这种转变，那么其实你并没有认识真正的上帝，最后你所相信的只是漫画版的假神。

计算代价

从字面上看，基督徒的意思就是"属基督的人"——他不是仅仅受到基督教之教导的模糊影响，而是把他心中最深的忠诚献给基督耶稣。基督徒了解，耶稣之宣告的重要性迫使他们必须作出"全信或不信"的选择。

基督徒最早期的信仰宣言是希腊文的 *Christos Kurios*，意思是"耶稣是主"；但在当时的历史中，人们必须作的宣言是 *Kaiser Kurios*，意思是"凯撒是主"。因此，"耶稣是主"这个信仰宣言是指耶稣拥有超越的能力。他不仅是神圣的、属天的，更是如早期基督教的圣诗中所说的，他有"超过万名之上的名"（腓2：9），因为"上帝本性的一切丰盛，都有形有体地住在基督里面"（西2：9）。

这是一个伟大的宣告，但也有一套明确的逻辑。在最近的名人中就有一位提到了这种逻辑，他就是 U2 乐团主唱波诺（Bono）。他与乐评人及小说家阿萨亚斯（Michka Assayas）曾有这样的对话：

阿萨亚斯："在世界上的伟大思想家中，基督耶稣占有一席之地。但若说他是上帝的儿子，就未免太牵强了！"

波诺："对我来说，那可是一点儿都不牵强。你看，世俗对基督耶稣的故事的反应通常是这样：他是一个伟大的先知，显然是一个有趣的家伙，他说的话也都能呼应其他伟大的先知们，例如以利亚、穆罕默德、佛陀或是孔夫子。但事实上基督耶稣并不许你这样看，他不会让你置身度外。基督耶稣会说：我可没说我是老师，不要叫我老师；我也没说我是先知；我说的是：'我是弥赛亚。'我说的是：'我是道成肉身的上帝。'但是大家说：不要！不要！请不要这样！你就作一个先知吧，我们可以接受先知。你的确有点古怪。我们可以接受吃蝗虫和野蜜的施洗约翰，那是我们可以接受的，可是你千万不要讲弥（赛亚）……这个词！因为，你知道我们要把你钉死在十字架上。然后他说：'不是的，我知道你们期望我是带着大军来到，把你们从这些仇敌手中拯救出来。可是我真的是弥赛亚。'这时每个人都低头看着自己的鞋子，心中嘟哝着：天哪！他会一直这样说下去啊。所以你只有两个选择：相信他就是他所自称的弥赛亚，不然就是把他看成是一个彻头彻尾的疯子。我说的疯子，是指像杀人魔王曼森（Charles Manson）那一类人……我可不是在开玩笑。如果说多半个地球的文明进程是被一个疯子翻转和改变的，这对我来说才太牵强了……"

波诺是在说，耶稣对自己的宣称迫使我们必须作出"全信或不信"的选择，而且波诺也提到精神错乱的杀人魔王曼森或邪教教主科雷什（David Koresh）这类人对他们的跟随者与世界可能产生的和已经产生的影响。但是，如果耶稣不是疯子，那么我们所剩下的唯一选择，就是接受他所宣称的，并且以他为我们生命的中心。但我们没有权利去做的，就是对他不冷不热。

奥康纳在她的短篇小说《好人难寻》（*A Good Man Is Hard to Find*）中表达了同样看法。"不合时宜"（Misfit）是一个恶棍，在美国南方乡下绑架了一个家庭。这家之主是一个老奶奶，她想要借着和他谈祷告、教会和耶稣，而能够让他不杀她。但是"不合时宜"回答说：

耶稣……搞乱了一切的平衡。如果他真的做到自己所说的，你所能做的就是抛弃所有的一切去跟随他；但是如果他没有做到自己所说的，你所能做的就是尽可能地享受剩下的短短几分钟生命，最好的方法就是杀一个人，烧掉他的房屋，再对他干点坏事。没有什么乐趣可言，就是干点坏事。

有一次奥康纳提到这段对话，她说"不合时宜"真的了解我们对耶稣"要么全然相信，要么完全不信"的选择："这个故事是在讲一种决斗，一方是老奶奶和她那个很表面、很肤浅的信仰，另一方则是'不合时宜'和他深深感受到的那个要参与基督耶稣的行动——但对他来说，这让世界失去了平衡。"[1]奥康纳自己也体认到这种压力。只是嘴上说自己信耶稣是没有用的，除非你让它改变你的生命，并塑造你看每件事情的观点。她在一篇文章中写道："除非在我们真实的生活中有一个需要救赎的理由，否则救赎是没有意义的……我是从正统基督教的立场来看事情，这就表示，对我来说，人生的意义是以基督耶稣对我们的救赎为中心，我看世界上的事情是从它们与救赎之间的关系来看。"[2]

波诺和奥康纳有着截然不同的个性，但他们两个人却都感受到耶稣之宣告对他们个人极重的含意。基督徒就是一些让耶稣的真实来改变他们的人——改变他们的自我身份，改变他们看事情、过日子的方式。

清点疑惑

也许波诺和奥康纳所带来的挑战，让你喘不过气来。

但也很可能你越来越尊重和想要明白基督教，只是还没到能作出这么大委身的地步。如果你感到在你和基督教信仰之间存在某些障碍，你该怎么办呢？

如果这正是你的情况，请你千万不要置之不理，以为将来你的感觉就会改变，障碍自然就会解决。请你清点一下心中所存的疑惑，找出你为什么会有所保留的原因。以下这组问题可能会在这个过程中帮助你。

- 有关信仰内容的问题：在基督教的信息中，有哪些部分——创造、罪恶、耶稣的神性、十字架、复活——是你不明白或不同意的？
- 有关逻辑一致性的问题：你对于基督教的信仰是否还有一些没有解决的疑问或反对？
- 有关付出代价的问题：你是否感到归信基督教的行动会让你失去一些喜爱的东西？你对委身有怎样的恐惧？

你可以用类似的大纲来分析并找出让你不能完全委身的障碍；但是你不要自己单独来作这个分析。不论学习什么事情，从学习新的语言到学习新的技术，在团体中——包含各种程度的人——的学习是最有效的，所以你可以花时间去教会参加主日崇拜，和教会的会友作朋友，以及和基督徒交谈，听听他们是怎么面对和处理自己所怀疑的问题。

然而最重要的是要记得，成为一个基督徒，绝不只是在一系列该相信和该去做的事项旁边打个勾而已。在《马太福音》11章结尾时，耶稣呼召我们说："你们所有劳苦担重担的人哪，到我这里来吧！我必使你们得安息……你们应当负我的轭，向我学习……我的轭是容易负的，我的担子是轻省的。"（太 11：28—30）曾经有个人对一位牧师说，只要那位牧师能够针对真理给他一个无懈可击的论点，他就会很乐意相信基督教。但那位牧师回答说："如果上帝没有给我们一个无懈可击的论点，而是给我们一位无懈可击的人呢?"[3] 耶稣会说："我就是那个人，到**我**这里来，来看看我是谁，来看看我的十字架，来看看我的复活。这些都不是人能编造出来的！到我这里来，你就会得着灵魂的安息。"

　　当我们更多认识耶稣，更多知道他是谁以及他做了什么事，我们对他的信心和肯定至终就必定会成长。

　　还有一个障碍，可能某些人认为很难处理，但许多人并不觉得有什么困难。纽约有许多在各地不同教会中长大和受洗的人，但他们在青少年时期和大学时代就放弃了信仰，多年以来也没有再多思考它。然后突然就因为某些事情，他们又回到属灵追求的阶段。他们重新研读基督教的基要信仰，但感觉好像以前从来没有真正了解过。他们会这样问身为牧师的我："我不知道自己到底是不是基督徒。我是重新回到对基督耶稣的信仰，还是第一次真正接受它?"答案很简单——我也不知道。但那并不重要；无论你是初次还是重新与上帝建立关系，你都需要做两件事。这两件事是什么呢？

展开行动

你所需要做的第一件事就是悔改。虽然这听起来并不是什么高雅的事，但却是一个不可回避的行动。要建立与上帝的新关系，你就必须悔改，但悔改的重点不在于列出你所认为不应该犯的和你想要改变而不再犯的某些罪。请不要搞错我的意思。如果你曾经欺诈穷人或对配偶不忠，现在你想要相信基督耶稣，那么你就应该尽一切努力停止不再做那些事；基督徒应该善待穷人，并对配偶忠诚。然而单单是改变那些行为，并不能让你成为基督徒。世界上有许多人在社会和个人方面的道德操守都很好，但是并没有靠着耶稣基督与上帝建立关系。悔改不只是对个人的罪产生懊悔之心，它的含义远超过这个。

当你能认清自己主要的罪——隐藏在你其他所有罪之下的罪——是想要自我救赎时，你的悔改才能真正改变你的心和你与上帝的关系。就像我们在本书第 10 章和第 11 章所讨论过的，不论我们表现出的是**好行为**还是**坏行为**，我们都想要成为自己的救主和主宰。我们有许多其他信靠的对象和"神明"，不论我们如何称呼它们。我们想要靠着自己的道德、成就、家庭、事业来证明自己，就连我们勤于参与教会和宗教活动也可能需要悔改，因为我们真正的动机可能只是要让上帝或别人有欠于我们而已。

因此，悔改的真义乃是承认你倚靠上帝以外的事物，想借着它们来得到你人生的盼望、意义和保障。这也就表示，我们不应该只为我们所做的错事（例如欺骗或说谎）而悔改，更要为我们好行为背后的错误动机而悔改。

你所需要做的第二件事就是相信基督耶稣。"相信基督耶稣"有确切的内容——我们必须相信：基督耶稣对自己的宣告，我们需要救恩，他在十字架上完成了救恩，以及他从死里复活。可是真正能改变生命的基督信仰不仅是在理性上相信这些内容，它还包括更多。

最能表达出这个能够改变生命并能与上帝连结的基督信仰的词汇，就是"信靠"。想像一下，假设你在悬崖边失足，马上就要摔下去了，而此时你旁边正好有一根树枝伸出，它是你唯一的盼望，而且那根树枝足够支撑你的重量。那么，它要怎么救你呢？如果你脑海中的理性确定这根树枝足够支撑你的重量，但你却不伸出手去抓住它，那么你就会从悬崖边摔下去。但是如果你对这树枝能不能支撑你充满了怀疑和不确定，但你还是伸出手去抓住它，那么你就有救了。为什么呢？因为真正能救你的不在乎你的信心有多强，而在乎你所信靠的对象是否能救。对一根弱树枝的强大信心，会造成致命的后果，它比不上对一根强树枝的微弱信心。

这就表示你不必等到完全没有怀疑和恐惧时，才来抓住基督耶稣。不要有一个错误的想法，以为你必须扫除一切的焦虑和疑惧才能到上帝面前，因为这是把信心变成了让你自己作救主的另一种方法。当我们努力想要改进自己对上帝委身的品质和单纯时，也可能会变成一种积功德的想法，认为自己的功德配得救恩，因而把上帝变成像是欠我们什么似的。能够拯救我们的，不是我们心中对上帝委身的深度和单纯性，而是基督耶稣为我们所完成的工作。

因此，信心开始于我们认清并拒绝信靠其他的东西和神明，并且回转到天父面前，请求与他建立关系，但这关系是建立在耶稣所完成的工作上，而不是建立在你的道德努力或成就上。有一些我所熟识的年轻人这样踏出他们信心的一步，他们祷告说：

天父，虽然我一直都相信你和耶稣基督，但是我心里最根本信靠的对象是别的东西——是我自己的能力和道德，但是它们只为我带来了麻烦。今天我就着对自己心灵的认识，我把心交给你，我把信靠转向你，恳求你接纳我，不是因为我做了什么事，而是因为基督耶稣为我所做的一切。"

如此我们的生命就开始了一生之久的转变，其间我们生命的每一个部分都会有稳定的改变，福音的故事不断地塑造我们的生命。

委身于基督徒团体

若有人问我说："我要如何才能真正成为一个基督徒？"我通常的回答是："需要做两件事，再加上第三件。"我在前面刚刚解释了前两件事——悔改与信靠，但是除此之外，还有另一个重要的层面。那我为什么不干脆说，实际上有三件事呢？因为这第三件事不像前两件事的分量那么重，因此我宁愿说是需要"两件加上第三件"。

作基督徒包括个人和团体两个层面。在西方文化里的人，往往把自己看成是自己所作之各种选择的结果，却低估了家庭、社会和文化对他们的影响，因此我们在悔改和信靠时，就必须在个人和团体两个层面去做。我们在个人亲近上帝时，以祷告来表达我们的悔改和信靠（就如前述的例子），但我们也要借着参加教会、成为教会的一员，而在团体中公开地表明我们与基督耶稣的认同。

《路加福音》告诉我们，耶稣在两个被处死刑的强盗中间被钉十字架。其中一个强盗讥诮耶稣，但另一个强盗对第一个强盗说："我们是罪有应得的。我们所受的与所作的相称，然而这个人并没有作过什么不对的事。"在当时的情况下，这是一个了不起的认识。这个强盗了解耶稣是无辜的，是为罪人而死，因此他就转向耶稣说："耶稣啊，你得国降临的时候，求你记念我。"他把一切盼望和信靠都放在耶稣身上，相信他将会带来一个未来的国度，是一个新天新地。当他开始信靠基督耶稣的时刻，耶稣便向他保证说："我实在告诉你，今天你必定同我在乐园里了。"（路 23：41—43）

我提这件事是因为它清楚地表明，一个人把他的心交给上帝的那个时刻，立刻就被保证他是属于基督耶稣的。然而，新约圣经的许多地方也都指出，基督徒需要有在公众面前的公开洗礼，以表明他个人的委身，并成为教会的一员。人心是很难驯服的，为了要使我们内心对基督耶稣的信靠超过对其他事物的信靠，我们需要跟随并加入信徒所组成的团体。

我知道许多人反对基督教是和教会有关，而不太是和耶稣有关。他们不愿接受要成为一个基督徒，过基督徒的生活，就必须找一个教会并在其中成长的说法。他们对教会有太多负面的经验，这一点我完全理解。我同意这个说法：从整体上来看，去教会的人可能在心理上或道德上并不如那些不去教会的人，但这就像另外一个毫不叫人惊讶的事实一样：整体来说，在医生诊所里的人比那些不在诊所里的人更为多病。教会确实吸引了更大比例的有需要的人，但其中也有不少人的生命真的被彻底扭转，充满了在基督耶稣里的喜乐。

因此，基督耶稣的教会就像海洋，既广大又丰富。在海洋中，有温暖而清澈的地方，也有寒冷而危险的地方；有些地方毫无危险，你可以很容易地进出，但也有些地方立刻就会把你吞噬。我知道在此鼓励读者去寻找并参加教会，是一件非常冒险的事，因此我不会随意去找教会，我也鼓励大家一定要极为谨慎。可是你别无选择，因为你无法在没有一群基督徒的朋友、没有一个基督徒大家庭的情况下，单独地过基督徒的生活。

恩典的创伤

当有人问说："我要如何才能成为一个基督徒？"这时给他一个确切的答案是很重要的。然而，如果让他以为寻找上帝基本上只是一种技巧，是一种由我们来决定的事，那就很危险了。当然，我们应该积极地寻求上帝，耶稣自己也教导我们要"祈求、寻找、叩门"去寻找他；但是当你和上帝建立了关系以后，在回顾时一定会了解到，其实是上帝的恩典将你**寻回**，打破枷锁使你看到新的事实真相。你的堕落本性和上帝的奇异恩典，以一种完全无法想象的方式呈现在你眼前。你了解到，所有你想要让自己善良、快乐或真实的努力，其实都是问题的一部分。最后你终于明白了，而且你看事情的角度也改变了，但是你绝对不会知道这些事是怎么发生的。我可以在几百本著名的属灵传记中找到这种情形，例如圣保罗、奥古斯丁、马丁·路德、约翰·卫斯理等人的传记，我教会的会众中也有上千个生命改变的见证人，但我最喜欢的有关恩典之创伤的例子，是奥康纳的短篇小说《启示》（Revelation）中所描述到的。

这个故事开始于一间诊所，"恶劣"太太及她的丈夫正和许多病人一起候诊。"恶劣"太太用这个时间不断地自我吹嘘，把自己说得比什么人都棒，不论是什么种族、阶层、体型、性情的人——就是候诊室中的人所代表的，都比不上她。她非常自鸣得意，也很自以为是，不过大家都相信她。作者奥康纳很巧妙地描写出她批评别人的思想过程，让人感到既熟悉又很不舒服。

"恶劣"太太开始和另一位女士交谈，那位女士是和她的女儿一起来的，女儿名叫"恩典"，她正在读一本书。"恶劣"太太说话时，流露出巨大的自满和睥睨别人的态度。虽然"恩典"不发一言，但是当"恶劣"太太一直喋喋不休，她便皱起眉头，脸上也露出厌恶的表情。最后，"恶劣"太太很大声地说：

如果要说我最大的特点，那就是有感恩的心。当我想到自己居然能够成为这样好的人，又能拥有现在享受的一切时，我不禁想要大声欢呼："感谢你，耶稣，是你成就这一切的。"否则我可能会完全不同……噢！感谢你，耶稣，感谢你！

　　就在此刻，"恩典"爆发了。她把手中正在读的书（名叫《人类的发展》）砸了过去，正中"恶劣"太太的眼睛。她从桌子那边冲过来，掐住了"恶劣"太太的脖子。这时"恩典"的癫痫突然发作了，其他人赶紧上来摁住她，震惊不已的"恶劣"太太俯身问她说："你想对我说什么？"她说话的声音沙哑刺耳，然后屏住气息等待，好像在等待一个启示似的。从一方面来说，她在等待一个道歉；但从另一方面来说，她开始意识到这个女孩是上帝恩典的使者。但"恩典"向上看着她骂道："滚回地狱去吧！你这只又老又丑的母猪！"

　　这个启示正中目标，但是现在"恶劣"太太必须配合启示来重整她的世界观。当天傍晚，她独自在自家的猪圈旁想这件事。她向上帝咆哮说："你为什么送给我那样的信息？我怎么会又是猪、又是自己？我怎么会又是已经得救、又是来自地狱的？"在几个世纪前，马丁·路德曾经在创伤之中学到，上帝乃是以恩典来拯救，而不是看人的好行为。他体会到基督徒同时是义人、也是罪人，是单单靠着恩典而在基督耶稣里被称义和被接纳的，但仍然是一个罪人；虽然已经得救，但同时也是来自地狱中的猪。

　　然而，"恶劣"太太也像马丁·路德一样，在开始时抗拒上帝恩典的启示。她咕哝着说："为什么是我？这里没有哪个黑色或白色的人渣，是我没有帮助过的。我每天辛辛苦苦地工作，累得骨头都要散架了。我还帮助教会做事。如果你更喜欢那些人渣，你自己去找他们……我究竟有什么地方像他们……我大可不干活，清闲度日，和他们同流合污。"她又咆哮说："我可以整天游手好闲，喝酒、抽烟，冲每个水洼吐口水，满脸都是烟末子。我可以邋里邋遢的。"最后，在愤怒的浪潮冲击下，她全身颤抖地对上帝大吼："**你以为你是谁**?"

就在此刻，太阳下山了，她看到天空有一道紫光。

有一道异光出现在她眼前。她看到……一座巨大的吊桥，由地上穿过田野中的熊熊烈火向上升腾。桥上有一大群人正缓缓地走向天堂。他们是一群……人渣……和一群无赖及疯子。他们拍着手，叫喊着，又如青蛙般地跳跃着。而在后面又有一群人，她立刻认出其中的许多人，他们就像她和她丈夫那般样样都有一点，又有上帝赐予的智慧来正确使用它们……他们在乌合之众后面走着，很有尊严，反映出他们一向生活得井井有条、有常识、举止正派。这群人自成一派，规规矩矩。但是她却看到他们的面孔因吃惊而改变，就连他们的美好德行也被烈火烧尽了……这个异象很快就消失了……在她四围的树林中，开始响起那些她看不见的蟋蟀的大合唱，然而她所听见的却是那些向上攀登的灵魂们的声音，他们在星空中发出哈利路亚的欢呼。[4]

这是何等激进的观点！那些"无赖及疯子"会在那些有道德操守的人之前进入天堂？然而耶稣也讲过同样的事——他曾对那些同时代的宗教领袖说："我实在告诉你们：税吏和娼妓比你们先进上帝的国。"（太21：31）

如果你把本书都读完了，并且因此想要接受这个信仰，但却又觉得信不起来，这时你该怎么办呢？作家爱泼斯坦（Joseph Epstein）曾经说过，他很嫉妒那些理解信仰又有深刻信心的人，他们能够看透最黑暗的危机。其中他特别佩服奥康纳，因为她在红斑狼疮夺走她年轻的生命以前，靠着对基督耶稣的信仰面对死亡，没有怨言，也不惧怕。但是爱泼斯坦总结说："唉！嫉妒她有信仰，也只能嫉妒而已，我们什么都不能做，只能安静地怀藏着这个嫉妒。"[5] 我很欣赏爱泼斯坦对信仰的奥秘性存着尊敬的态度；信仰绝不是一种你可以用技巧自己创造出来的东西。但是，我们真的是什么都不能做吗？

在我教会中有一位女士向我抱怨说，她在人生最黑暗的时刻反复向上帝祷告："上帝啊！求你帮助我找到你。"但是这个祷告没有让她找到上帝。有一位基督徒朋友建议她换一个祷告的内容："上帝啊！请你来找我，因为你是一个好牧人，要来寻找迷失的羊。"当她对我述说这个故事时，她下了这样的结论："我告诉你这个故事的原因就是——他来找我了。"

致谢

　　我要感谢救赎主长老教会的每位成员和领袖，特别是我在这些年中所遇到的许多探索者、挣扎者与批评者，这本书就是我向他们学习的记录。感谢乐玛（Jill Lamar）长期鼓励并支持我的写作，也感谢大卫·麦克考米克（David McCormick），他是一个很棒的经纪人；感谢布莱恩·塔特（Brian Tart），他是一个非常出色的编辑；还要感谢卡尔霍恩（Nathaniel Calhoun）、塞缪尔斯（Jennifer Samuels）、内格林（David Negrin）、兰德（Lynn Land）、莱恩夫妇（Jim and Susie Lane）、沃思（Janice Worth）、奥斯汀（Nicole Diamond-Austin）、循环赛团契（Round Robin）的姐妹和她们的配偶，以及我的三个儿子——大卫（David），麦克（Michael）和乔纳森（Jonathan）——在我四年的写作期间，他们给予我数不尽的支持和许许多多很棒的建议。

　　我还要特别感谢三个人，他们深深地影响了我基督信仰的成型。他们依次是：我的妻子凯西（Kathy）、英国作家 C.S. 路易斯以及美国神学家爱德华兹。

路易斯的金玉良言几乎出现在本书的每一章中；我不能不承认，我对信仰的很多观点都是从他来的。我引用爱德华兹的话没有那么多，那是因为他对我的影响比较是在更深层的部分，它们构成我的"神学"基础。不过我在本书中汇集他们两人的相同观点之处，可说是多不胜数，例如本书第 14 章所讲到的"上帝之舞"，就是同时取自他们两位的思想。

虽然我从未引用我妻子凯西的话，可是她确是本书作者（我）信仰和思想背后的主要作者：是她使我研究路易斯、爱德华兹和改革宗神学，是她让我看到祷告、社会公义和城市事工的重要性。当你对某人的世界观和人生观产生这么根本性的影响时，你的名字不是被列在脚注中，而是出现在致谢辞里。我之所以将这本书付印，是因为她喜欢我这样做。"来自值得被赞美者的赞美，价值远超过一切奖励。"

注释

引言

1 详见美国的巴纳市场调查公司（George Barna Group）所作的报告："三分之一的成年人不去教会"（"One in Three Adults Is Unchurched" [March 28, 2005]）。在欧洲，不去教会的人数更多，其中英国去教会的人数在美国与欧洲的人数之间。见 Grace Davie, "Europe: The Exception that Proves the Rule?" in Peter L. Berger, ed., *The Desecularization of the World: Resurgent Religion and World Politics* (Eerdmans, 1999)。又见 Peter Brierly, *The Tide Is Running Out* (Christian Research, 2000)。

2 Ross Douthat, "Crises of Faith," *The Atlantic Monthly* (July/August 2007).

3 George Marsden, *The Soul of the American University: From Protestant, Establishment to Established Non-belief* (Oxford University Press, 1999).

4 资料来源：Peter Berger 的"全球化世界中的宗教"，发表于皮尤论坛主办的公开讨论会中（The Pew Forum Faith Angle Conference, "Religion in a Globalizing World," December 4, 2006, Key West, Florida）。全文可见于 http：//www.pewforum. org/events/index. php? Event ID＝136。又见 Douthat, "Crises of Faith," *The Atlantic Monthly*（July/August 2007）。Douthat 采用了 Berger 所提到的资料，显示出一个与普遍印象相反的现象，那就是欧洲现在越来越宗教化，但美国却越来越陷入宗教化与世俗化的两极分裂之中。他说，美国的这种两极分裂趋势代表了双方正在发生文化和政治上的冲突与极端主义。

5 见 Douglas Groothuis, "Defending the Faith," *Books and Culture*（July/August 2003）：12。又见 Quentin Smith, "The Metaphilosophy of Naturalism," *Philo* 4, no. 2（www. philoonline. org/library/smith _ 4 _ 2. htm）。今天美国的基督教哲学家协会（Society of Christian Philosophers，成立于1978年)的成员，占美国哲学教授及教师总人数的百分之十以上。更多相关资料，见 K. Clark, *Philosophers Who Believe*（Oxford University Press）。

6 "One University Under God?" *The Chronicle of Higher Education*：*Careers*（January 7, 2005).

7 若要更全面地认识这方面的情况，可阅读 Berger 的"全球化世界中的宗教"全文（见注4）。

8 "A New Jerusalem," *The Economist*（September 21, 2006).

9 通常一般人会同意，所谓的"事实"是指（1）那些几乎对所有人来说都是不证自明的事（例如说："在这条路上有一块石头"）；或是指（2）那些虽然在感官上不是不证自明的，但却可以用科学来证明的事。假如我们所持守的观念不能被上述其中一种方式来证实，那么它就算是一个信仰或信念，或说我们是有一个信心的行为。

10 有一篇很好的概论说到为什么我们都是"有信仰者"，见 Christian Smith, "Believing Animals," *Moral Believing Animals*: *Human Personhood and Culture*（Oxford University Press, 2003）。

11 每年复活节时，我们救赎主长老教会都会邀请会友分享个人的信仰经历。这些例子选自 2006 年的复活节特刊，经允许后使用。

第 1 章 怎么可能只有一个宗教是真的？

1 本书在每 1 章开始时所引用的个人意见，都是透过电子邮件问卷调查所得到的回应。调查对象是二十多岁的年轻纽约客，我们请他们详细说明对基督教主要的怀疑和反对论点，但他们的名字都没用真名。谢谢 Nicole Diamond-Austin 建议并执行此问卷调查。

2 最近一波由 Richard Dawkins 和 Daniel Dennett、Christopher Hitchens 和 Sam Harris 所写的反宗教畅销书，不再建议要将宗教非法化，但这只是因为他们认为这个策略没有效果。他们主要的目标是希望宗教被大大地谴责、嘲笑，并让它完全个人化，以致把它减弱并边缘化。

3 Alister McGrath, *The Twilight of Atheism：The Rise and Fall of Disbelief in the Modern World*（Oxford University Press，2004），p. 230，又见 pp. 187，235。

4 许多二十世纪中期的杰出思想家相信，当他们的孙辈到了他们的年纪时，大部分的宗教都将会减弱或消失。例如，一位人类学家在 1966 年时写道："宗教演化的未来就是消失……当科学的知识更为增加和广传时，整个世界对超自然能力的信仰就必定要消亡。"见 A. F. C. Wallace, *Religion：An Anthropological View*（Random House，1966），p. 265。

5 有关社会学家如何转而质疑世俗化理论，见 Peter L. Berger, ed. , *The Desecularization of the World：Resurgent Religion and World Politics*（Eerdmans，1999）。

6 有关基督教在非西方社会的成长，见 Philip Jenkins, *The Next Christendom*（Oxford University Press，2002）和 Lamin Sanneh, *Whose Religion Is Christianity?*（Eerdmans，2003）。

7 Joe Klein, "Because I Promised and You Seemed So Darn Curious. . . " on the *Time* magazine blog（March 7，2007）。全文可见于 http：//time-blog. com swampland/2007/03/04/because _ i _ promised _ and _ you _ see. html.

8 Lesslie Newbigin, *The Gospel in a Pluralist Society*（Eerdmans，1989），pp. 9 - 10，170.

9 Peter Berger, *A Rumor of Angels：Modern Society and the*

Rediscovery of the Supernatural（Doubleday，1969），p. 40.

10 已有许多精辟的批判证明了相对主义的自我否定性，其中一本著作是 H. Siegel 所写的：*Relativism Refuted：A Critique of Contemporary Epistemological Relativism*（Dordrecht：D. Reidel，1987）。有一个颇具影响力的看法宣称，"真理"只存在于特殊的信仰体系中，然而因为没有一个能超越所有信仰体系的标准来裁决所有的"真理"宣称，因此每个信仰体系的"真理"都具有相等的价值。这个看法较为后现代的版本则坚称，所谓的"真实"是受到语言所支配的，因此每一个真理的宣称都只不过是对于那个特殊语言之社会的一些深刻见解。但是就如 Siegel 所指出的，若说所有对于真正事实的描述都受到语言的支配，并且都只和它们各自的语言社会有关，那么这个说法本身就已经是一个普世性的描述了，因为它所说的范围跨越了所有的语言社会，因此它就成了一个关乎人类总境况的宣称。然而相对主义论者自己对事物的看法并不能使他们有权这样说话；他们其实在做自己禁止别的团体去做的事。"因此……相对主义无法不一边宣扬或甚至是认清自己，一边又打败自己。"（p. 43）

11 Alvin Plantinga，"A Defense of Religious Exclusivism," in *The Analytic Theist*，ed. James F. Sennett（Eerdmans，1998），p. 205.

12 John Hick，*The Myth of God Incarnate*（Westminster，1977）and *An Interpretation of Religion*（Yale University Press，1989）。对于 Hick 之看法的更广泛回应，见 Peter

Van Inwagen，"Non Est Hick," in *The Rationality of Belief and the Plurality of Faith*，ed. T. Senor（Cornell University Press，1995）。

13 有关此点的精辟解释，见 Stanley Fish，"The Trouble with Tolerance," in *Chronicle of Higher Education*（November 10，2006）。这篇文章是在评论这本书：Wendy Brown，*Regulating Aversion：Tolerance in the Age of Identity and Empire*（Princeton University Press，2006）。Wendy Brown 和 Stanley Fish 都认为西方所谓的"包容所有人的看法"这个观念，本身其实是一套有关宇宙实体的特定假设，社会以它作为决定要包容谁或不包容谁的标准。Fish 说，我们的社会自有其一套圣洁、不容置疑的信念，例如"选择权的神圣性"（这常是指赞成堕胎者认为应当尊重女性自己的选择权。——译者注）。Brown 和 Fish 都认为，许多具有历史性和传统性的信念在我们的社会中变成是"没有包容性的"，那是因为我们现今的自由西方社会在那些信念上加了新的解释。"它假设人们做事不是因为他们的信念，而是因为他们是犹太人、穆斯林、黑人或是同性恋……而这些人无法作理性的诉求。"因此任何宗教若将自己所相信之真理的价值放在包容性之上，就会被认为是"过度依恋"他们的文化，是无法有理性的。"只要一个团体拒绝把包容性作为他们的指导原则，而是选择去遵从教会或族群自己的文化规则，它就会被指责为偏执没有包容性，但这指责却是打着要包容的旗帜而进行的。"

14 C. John Sommerville, *The Decline of the Secular University* (Oxford University Press，2006)，p. 63.

15 Mark Lilla，"Getting Religion：My Long-lost Years as a Teenage Evangelical," in *New York Times Magazine* (September 18，2005)，p. 95.

16 Robert Audi，"The Separation of Church and State and the Obligations of Citizenship," *Philosophy and Public Affairs* 18 (1989)：296；John Rawls, *Political Liberalism* (Columbia University Press，1993)，pp. 212 - 254.

17 这份文件发表于 2007 年 2 月 28 日，全文可见于 http：// www. cfidc. org/declaration. html.

18 Richard Rorty，"Religion as a Conversation-Stopper," *Philosophy and Social Hope* (Penguin, 1999)，pp. 168 - 169.

19 见 Richard Rorty, *Consequences of Pragmatism* (University of Minnesota Press，1982) pp. 166 - 167。

20 Stephen L. Carter, *The Dissent of the Governed* (Harvard University Press，1999)，p. 90.

21 举例来说，女性主义法学家 Linda Hirshman 提出了许多理由来反对妇女在家中抚养孩子而不进入职场工作。她坚持说这对妇女来说是错误的，即使这是她们自愿的，是自己选择的。"家庭——以及它的那些重复的、没有社交的、体力性的工作——虽是生活所必要的一部分，但是它不像在外面的公众环境（例如职场或政界）那样能给予妇女更多发展全人尊荣的机会。这个较少发展全人尊荣的领域，不应该自然就只由妇女负责，或只有妇女在道德上有责任……妇女把它分配给自己并不公平。"见 Linda Hirshman，"Homeward Bound，" in *The American Prospect* 16，no. 12（December 2005）。请注意她的论点是根据对"全人尊荣"的评定，但这一点是无法被实证出来的。它的根基是一些有关人类尊严和社会的看法，从表面上来看很通俗，但是却无法被证明，也很有争议性，并且从根本来说，那些看法乃是一种世界观，是相信了一些假设。《纽约时报》评论家 David Brooks 就评论她说："（她坚信）高薪的工作比作父母能带来更多的全人尊荣。但是你回头看看你的人生，哪一类的记忆是你更珍视的：是和你家人在一起的呢？还是在办公室里的？"见David Brooks，"The Year of Domesticity，" *New York Times*（January 1，2006）。

22 Gary Rosen，"Narrowing the Religion Gap？" *New York Times Sunday Magazine*（February 18，2007）.

23 这段对话改自 C. John Sommerville，"The Exhaustion of Secularism，" *The Chronicle Review*（June 9，2006）.

24 见 Michael J Perry，*Under God？Religious Faith and Liberal Democracy*（Cambridge University Press，2003），p. 44。尽管如此，Perry 还是正确地说到，在一个自由的民主社会中，具有宗教背景的公开谈话必须是"可讨论的"，而不能只是"教条性的"；也就是说，演说者必须愿意接受批评，回应批评，愿意去讨论和辩论，并且尽量使自己的论据让对方听起来合情合理。

25 同上，Chapter 3："Why Political Reliance on Religiously Grounded Morality Is Not Illegitimate in a Liberal Democracy"。

26 见 John Witte, Jr, "God's Joust, God's Justice: An Illustration from the History of Marriage Law," in *Christian Perspectives on Legal Thought*, M. McConnell, R. Cochran, A. Carmella, eds. (Yale University Press, 2001), pp. 406–425。

27 Stanley Fish, "Our Faith in Letting It All Hang Out," *New York Times* (February 12, 2006).

28 Miroslav Volf, "Soft Difference: Theological Reflections on the Relation Between Church and Culture in 1 Peter," *Ex Auditu* 10 (1994): 15–30.

29 见 C. S. Lewis, *The Abolition of Man* (Macmillan, 1947), appendix: "Illustrations of the Tao"。作者路易斯的论点是，宗教和宗教之间，在伦理上有着相当多的重叠部分，就是关于我们应该怎样在这个世界上生活。但是它们在另一个领域却截然不同，那就是关于耶稣拯救世人。各个宗教对于如何接近上帝，并得着属灵的能力按照所指定的方法去生活，各有不同的指引。

30 以下的叙述可能会令那些以为古老宗教和异教比基督教更善待女性的读者们吃惊。在古希腊罗马的世界中，将新生女婴扔出去任其暴晒而死是极为普遍的，因为当时妇女的社会地位十分低下。然而教会却禁止其成员如此行。古希腊罗马社会看失婚女性是没价值的，因此如果一个寡妇超过两年还没有再婚，就成为不合法的了。然而基督教是第一个不强迫寡妇再婚的宗教。在教会团体中，寡妇在经济上得到资助，并且受人尊重，所以假如他们不愿意再婚，也不会受到很大的压力。当异教的寡妇再婚时，就不再能控制丈夫的产业，但是教会却允许寡妇保有她们丈夫的产业。最后，假如一个基督徒男子想要与一个女子一起生活，他就必须与她结婚。基督徒不赞成同居，这给予妇女极大的保障。此外，异教有双重标准，他们允许已婚男人有婚外性行为并供养情妇。基督徒的妇女在以上所有的情况下，都比周围文化中的妇女享受更多保障和平等地位。见 Rodney Stark, *The Rise of Christianity* (Harper, 1996), Chapter 5："The Role of Women in Christian Growth".

31 有关基督教透过行怜悯和公正而胜过其他古老异教的原因，详见以下这段总结：Rodney Stark, *The Rise of Christianity* (Harper, 1996), Chapters 4, 6, 7。

第2章　良善的上帝怎会容许苦难发生?

1 哲学家休谟把这个问题用最典型的方式表达出来，见 David Hume, *Dialogues Concerning Natural Religion*, ed. Richard Popkin (Hackett, 1980)。"伊壁鸠鲁的老问题还没有得到解答：上帝是不是愿意防止邪恶发生，但却做不到？那他就是无能的。亦或他能够做到，但是不愿意这样做？那他就是恶毒的。不然他就是既能够做到，也愿意这样做？如果是这样，那邪恶是从何而来的?"(p. 63)

2 见 Ron Rosenbaum, "Disaster Ignites Debate: Was God in the Tsunami?" *New York Observer* (January 10，2005)。当然，Mackie 所提出的只是一个古老的问题，是从伊壁鸠鲁到休谟一直都在问的。见本章注 1。

3 有关以无神论观点来探讨邪恶的问题，以下两份参考资料有很广泛的介绍。见 W. P. Alston, "The Inductive Argument from Evil and the Human Cognitive Condition," *Philosophical Perspectives* 5：30 - 67；*The Evidential Argument from Evil*，ed. Daniel Howard-Snyder (Indiana University Press，1996)。

4 Mackie 的这个结论是根据 Daniel Howard-Snyder 的论点，见 Daniel Howard-Snyder, "God，Evil，and Suffering," in *Reason for the Hope Within*，ed. M. J. Murray (Eerdmans，1999)，p. 84。Howard-Snyder 的这篇文章，凭其本身的质量可以算是一篇很优秀的总结性文章，它也说到为什么当今的哲学家们不再自信满满地断言，邪恶和苦难否定了上帝的存在。事实上，Mackie 的这本书（1982 年出版）可能是最后一本这样说的重要著作。

5 Alvin Plantinga 的蠓虫例子与邪恶问题的相关讨论，可见于 Alvin Plantinga, *Warranted Christian Belief* (Oxford，2000)，pp. 466 - 467；又可见于 Alvin Plantinga, "A Christian Life Partly Lived" in *Philosophers Who Believe*，ed. Kelly James Clark (IVP，1993)，p. 72。

6 C. S. Lewis, *Mere Christianity* (Macmillan，1960)，p. 31.

7　Alvin Plantinga，"A Christian Life Partly Lived，"*Philosophers Who Believe*，ed．Kelly James Clark（IVP，1993），p. 73.

8　William Lane，*The Gospel According to Mark*（Eerdmans，1974），p. 516.

9　同上，p. 573。

10　爱德华兹总结说："基督在十字架上肉身所遭受的苦难，只是他最终苦难的最小部分……假如他所受的苦难仅是他肉身所受的，虽然那也是非常可怕的，但我们就无法接受基督只凭着这些就能成就如此的果效，因为许多的殉道者也遭受了与基督同样严酷的肉身折磨……但是他们的灵魂却没有如此被打击。"见 Jonathan Edwards，"Christ's Agony，"*The Works of Jonathan Edwards*，vol. 2，ed．E．Hickman（Banner of Truth，1972）。

11　在神学的历史上，对于一位无限、永恒的上帝是否真的有"感情"，并能体会到喜乐、痛苦和忧伤，一直都有许多争论。其中一方主张上帝的"不动情"（impassibility），坚持所有此类圣经用语都仅仅是比喻性的。但是另一些人，例如 Jürgen Moltmann，有其 *The Crucified God* 一书中，则强烈地为上帝的"动情"（passibility）争辩。Don Carson 为此提供了一个平衡的看法，见 Don Carson，*The Difficult Doctrine of the Love of God*（IVP，2000），pp. 66 - 73。Carson 认为上帝确实会有忧伤和痛苦，但他护卫这个立场时，有很仔细的限制和很平衡的肯定。

12　*Essais*（Gallimard，1965），p. 444，引自 Bruce Ward，"Prometheus or Cain? Albert Camus's Account of the Western Quest for Justice," *Faith and Philosophy* (April 1991)：213。

13 J. R. R. Tolkien, "The Field of Cormallen," *The Return of the King* (various editions).

14 这也许是 George MacDonald 会这样说的理由："我们不知道有多少的快乐，或甚至是生命，是我们应该归因于交织在其中的忧伤。喜乐（本身）不能展示出最深的真理，虽然最深的真理必是最深的喜乐。"见 George MacDonald, *Phantastes*：*A Faerie Romance* (Eerdmans, 1981)，p. 67。

15 见 Fyodor Dostoevsky, *The Brothers Karamazov*，Chapter 34。我想我应该说明一下，陀思妥耶夫斯基在此并不是说可以把邪恶本身合理化。虽然邪恶可以被上帝所用而带来益处，甚至比没有发生它时益处更大，但邪恶仍是邪恶，因此它本身是无可推诿的，也是不能被合理化的。

16 C. S. Lewis, *The Great Divorce* (Macmillan, 1946)，p. 64.

第 3 章　基督教是一件紧身衣

1 M. Scott Peck, *The People of the Lie*：*The Hope for Healing Human Evil* (Simon and Schuster, 1983)，Chapter 4，p. 168. 心理治疗师 Peck 用晓琳女士作为例子来说明，当一个人觉得没有任何事物比满足他个人的需要或欲望更重要时，这种不健康的心理就会将他吞没。"一个人要有健康的心理，就必须要将他自己臣服于比他们自身更高的其他事物之下。我们若要在这世上发挥恰当的功能，就必须先将自己

臣服于某些原则之下，并在任何时候都将这些原则视为优先，置于个人的欲望之上。"（p. 162）

2 Emma Goldman，"The Failure of Christianity," first published in 1913，in Goldman's *Mother Earth* journal. 全文可见于（2005 年 12 月 26 日）：http：//dwardmac. pitzer. edu/Anatchist-Archives/goldman/failureofchristianity. html。

3 这段话是引自著名的美国最高法院 *Planned Parenthood v. Casey* 裁决中"甜蜜的生命奥秘"（Sweet Mystery of Life）之声明："自由的核心在于人有权利定义自己存在的概念、宇宙的意义，以及人类生命的奥秘。"请注意，这项声明不是说我们有自由去"发现"真理，而是说去"定义"和创造真理。

4 引自 David Friend 和 *Life*，*The Meaning of Life：Reflections in Words and Pictures on Why We Are Here* 的编辑们（Little，Brown，1991），p. 33。

5 引自 Michel Foucault，"Truth and Power," *Power/Knowledge：Selected Interviews and Other Writing 1972 - 1977*，ed. Colin Gordon（Pantheon，1980），p. 131。

6 C. S. Lewis，*The Abolition of Man*（Collins，1978），p. 48.

7 Emily Eakin，"The Latest Theory Is That Theory Doesn't Matter," *New York Times*（April 19，2003），以及"The Theory of Everything, RIP," *New York Times*（October 17，2004）。又见 Dinitia Smith，"Cultural Theorists, Start Your Epitaphs," *New York Times*（January 3，2004）。

8 G. K. Chesterton, *Orthodoxy: The Romance of Faith* (Doubleday, 1990), pp. 33, 41 – 42.

9 有关潜在于"自由民主"之下的信心委身，法学教授 Michael J. Perry 作了极佳的总结，见 MichaeI J. Perry, *Under God?* p. 36。又见 Stanley Fish, "The Trouble with Tolerance," *Chronicle of Higher Education* (November 10, 2006)。

10 Alasdair MacIntyre, *After Virtue: A Study in Moral Theory*, 2nd ed. (University of Notre Dame Press, 1984)，以及 *Whose Justice? Which Rationality?* (University of Notre Dame Press, 1988)。

11 关于这主题有许多好书，包括 Stephen L. Carter, *The Dissent of the Governed* (Harvard University Press, 1999), p. 90。又见 Alasdair MacIntyre, *Whose Justice? Which Rationality?* (Duckworth, 1987)。Richard John Neuhaus, *The Naked Public Square: Religion and Democracy in America*, 2nd ed. (Eerdmans, 1986)，以及 Wilfred Mc-Clay, "Two Kinds of Secularism," *The Wilson Quarterly* (Summer 2000)。有一段关于此主题的深刻对话，见于 R. Audi 和 N. Wolterstorff, *Religion in the Public Square: The Place of Religious Convictions in Political Debate* (Rowman and Littlefield, 1997)，其中第八章有更多关于人权成长所需之世界观沃土的讨论。

12 法国哲学家 Michel Foucault 曾指出，西方社会强调个人权利，以及对弱势群体、妇女等人的"包容性"，事实上伴随了排他性的"阴影"。他们是如何看待那些不接受有关个人权利及隐私权等西方观念的人呢？Foucault 指出，那些质疑现代权利观和理性观的人，如今虽不像在中世纪时被视为"不道德的"或"异端"，但却被责难为"不理性的"和"不文明的"。关于 Foucault 对于所谓的西方之"包容性"的评论，耶鲁大学神学家 Miroslav Volf 有一篇很好的总结，见 Miroslav Volf, *Exclusion and Embrace*：*A Theological Exploration of Identity*，*Otherness*，*and Reconciliation* (Abingdon，1996)，pp. 58 – 64。

13 "彻底的不确定性……是持续地走向包容——抹平所有的分界——的相关产物。（但这）……岂不是从包容观念本身中破坏它自己吗？没有了界限，我们就仅仅能知道我们在和什么对抗，却不知道我们是为了什么而对抗。对抗排他性的理智争斗，必须要知道类别的不同和模范的标准，这样才能使我们把专制……和非专制区分开来……'没有界限'意味着……辨别不出幸福和享乐，也辨别不出自由和公平。"见 Miroslav Volf, *Exclusion and Embrace*，p. 61。

14 关于这点的一个明显例子，是知名牧师 Jerry Falwell 于"9.11事件"后，在基督教右翼领袖及电视布道家 *Pat Robertson* 的《七百俱乐部》（*The 700 Club*）节目中发表的评论。他说："我真的相信，异教徒、支持堕胎者、女权主义者和男女同性恋者等积极鼓吹另类生活方式的人，以及美国公民自由协会（*ACLU*，*American Civil Liberties Union*）、美国平等自由拥护者协会（*People for the American Way*），这些人全都把美国世俗化了。我要指着他们说：'这事的发生，你们帮了一把。'"他的谈话立刻广泛地引起教会界内部的强烈抗议和抱怨，使得 Falwell 不得不在数小时之后撤回他的声明。（见 http://archives.cnn.com/2001/US/09/14/Falwell. apology. Last accessed March 5，2007.）

15 Lamin Sanneh, *Whose Religion Is Christianity?* (Eerdmans, 2003), p. 15.

16 Philip Jenkins, *The Next Christendom: The Coming of Global Christianity* (Oxford University Press, 2002), p. 56.

17 同上，p. 70。

18 David Aikman, *Jesus in Beijing: How Christianity Is Transforming China and Changing the Global Balance of Power* (Regnery, 2003), p. 285.

19 Sanneh 将此归功于基督教的"转译性"。这位西非冈比亚的前伊斯兰教徒，他把基督教和伊斯兰教作了比较，伊斯兰教坚信真正的古兰经是不能真的被转译的。你若真的想听上帝的话语，就必须学习阿拉伯语。但是当人特别优待一种语言时，其实就是特别优待那种文化，因为在任何语文中的关键词，都有其根源于原文化传统和思维方式的意义。然而基督教与伊斯兰教不同，它诞生于五旬节的神迹中（按照《使徒行传》的记载），当时每一位所听到的都是用他们自己语言所说的福音，因此没有任何一种语言或文化是比别种更受到优待。圣经更是被翻译进入了各种文化和语言。见 Lamin

Sanneh, "Translatability in Islam and Christianity, with Special Reference to Africa," *Translating the Message*：*The Missionary Impact on Culture*（Orbis，1987），p. 211 以下。

20 Lamin Sanneh, *Whose Religion Is Christianity*?（Eerdmans, 2003），p. 43.

21 同上，pp. 43 - 44，69 - 70。

22 Sanneh 和历史学家 Andrew F. Walls 都不否认，从某一个文化（例如欧洲）来的宣教士，通常会把他们自己的基督教文化模式强加给新信徒。但是当这些本地信徒用自己的语言读了圣经之后，他们就会看到某些圣经话语因着宣教士们自己的文化观点和偏见而被"冲淡"（例如赶鬼），或被"抬高"。这种现象可能会引起他们对宣教士的信仰模式产生一段时间的**过度**反应，但最后这些新信徒会用自己的文化和传统来调整——他们会丢弃一部分，坚守一部分，并修改一部分，而这些都是根据他们读圣经所得到的亮光。

23 源自 R. Niebuhr, "Humour and Faith," *The Essential Reinhold Niebuhr*，R. M. Brown，ed.（Yale University Press，1986），p. 49 以下。引自 Sommerville, *The Decline of the Secular University*，p. 129。

24 Andrew F. Walls, "The Expansion of Christianity：An Interview with Andrew Walls," *Christian Century*（August 2 - 9，2000），p. 792.

25 "基督教是一个在全世界使用两千种以上不同语言的宗教，它的信徒比世界上任何其他宗教的信徒使用更多种的语言来祷告和敬拜……这些文化和语言的事实所导引我们看见的，显然是与基督教的名声——一个庞大而不包容其他文化的宗教——相冲突的。但是这个名声已经在基督教界产生了一个深深的罪恶感情结，似乎所有的证据都无法减除这种罪恶感。然而改变他们的看法还是很重要的，因为现在他们所实践的、有缺失的基督教文化，其实是一个远远更伟大和更清新之信仰中的一个破旧文化片断。"见 Lamin Sanneh, *Whose Religion Is Christianity?* (Eerdmans, 2003), pp. 69 - 70。

26 这个词源自 A. J. Conyers, "Can Postmodernism Be Used as a Template for Christian Theology?" *Christian Scholar's Review* 33 (Spring 2004): 3。

27 Kevin Vanhoozer, "Pilgrim's Digress: Christian Thinking on and About the Post/Modern Way," in *Christianity and the Postmodern Turn*, ed. Myron B. Penner (Brazos, 2005), p. 74.

28 引自 John Stott, *The Contemporary Christian* (IVP, 1992)。这篇访问的英文译稿可见于 *Guardian Weekly* (June 23, 1985)。

29 C. S. Lewis, *The Four Loves* (Harcourt, 1960), p. 123.

30 引自 C. S. Lewis, *The Four Loves* (Harcourt, 1988), p. 140.

第4章　教会要为许多不公义负责

1 Mark Lilla, "Getting Religion: My Long-lost Years as a Teenage Evangelical," in *The New York Time Magazine*

(September 18，2005)，pp. 94 - 95.

2 "假如你只是想找个反对基督教的理由……那么你可以很容
易就找到一个既愚蠢又不满足的基督徒，然后说……'原来
这就是你们所吹嘘的新人！竟还是一个旧人。'但当你开始
看到基督教信仰另有可信的根基时，你心里自会明白，你这
样做只是在逃避这件事。你怎么可能真正认识到别人的灵魂
——他们所受的试探、所得到的机会和所经历的挣扎？在这
整个被造的世界中，只有一个灵魂是你所知的，而这个灵魂
的命运就掌握在你手中。如果上帝存在，从某种意义上说，
你是单独和他在一起的；你不能用你对隔壁邻居的推断，或
用你所读过书的记忆就把他推开。当那个被我们称为'自
然'或'真实世界'的迷雾消失时，并且当那位你一直都站
在他面前的神圣同在变得能感受得到、近在咫尺而不能躲避
的时候，所有的这些闲言碎语和传闻还算什么？"见 C.
S. Lewis, *Mere Christianity*（Macmillan，1965），p. 168。

3 Christopher Hitchens, *God Is Not Great*：*How Religion
Poisons Everything*（Hachette，2007），pp, 35 - 36.

4 今天有一些世俗的思想家坚持认为，每一种宗教之内都隐藏
有压迫别人的种子，但是这种观点没有考虑到，不同的宗教
信仰对于要归信其宗教所要求的转变是有多么不同。举例来
说，佛教和基督教都要求有一种根据个人决定而产生的内心
转变，因此若是只用外在的规定来强制服从，就被看作是属
灵上的死亡。这类信仰更像是在寻找一个宗教自由社会，好
使个人可以在其中自由地学习真理并献身。德国的社会学家

韦伯（Max Weber）和其他人就曾经论证说，在基督教的教义中，特别是在新教的教义中，提供了一个人权和自由的基础，此基础有助于民主制度和资本主义的成长。相比之下，别的哲学和信仰则极少关注个人选择的自由。基督教和伊斯兰教对于所谓的"归信"就有不同的定义，正是说明此点的适当例子。基督教所谓的"归信"需要有一种从"听说上帝"转变为"认识上帝"的个人经历，然而大多数的穆斯林会认为，若有人说某个人能亲密地认识上帝，这是很放肆的。一个在基督教家庭长大的孩子，可能在十岁、十五岁或二十岁时就会见证他的归信过程，而一个在伊斯兰教家庭长大的孩子，则绝不会说他归信伊斯兰教了。这种在理解上的不同，表明了基督徒对于用社会压力去让人归信或去维护基督教信仰的这种作法评价很低，但是伊斯兰教则认为用法律和社会的压力去保持人民信奉伊斯兰教，是没有问题的。（感谢 Don Carson 对此的洞见）。

5　Alister McGrath, *The Dawkins Delusion? Atheist Fundamentalism and the Denial of the Divine* (Inter-Varsity Press, 2007), p. 81.

6　Merold Westphal, *Suspicion and Faith：The Religious Uses of Modern Atheism* (Eerdmans, 1993), Chapters 32 – 34, 参见 p. 203："我要……控告马克思的剽窃。他对资本主义的批判，基本上是圣经所记对寡妇和孤儿的关注。他只是剥去其神学基础，而将之应用在现代的情况中而已。"

7　Westphal, *Suspicion and Faith*, p. 205.

8 见《箴言》14：31，19：17；《马太福音》25：31 - 46。这段加尔文的评论记载在他对《哈巴谷书》2：6 的注释中，被引用于 Westphal, *Suspicion and Faith*，p. 200。

9 C. John Sommerville, *The Decline of the Secular University* (Oxford University Press, 2006)，p. 63.

10 同上，pp. 69 - 70。

11 同上，p. 70。

12 Rodney Stark, *For the Glory of God：How Monotheism Led to Reformations，Science，Witch-Hunts，and the End of Slavery* (Princeton University Press, 2004)，p. 291. 又见书中第338 - 353页关于废奴运动的总结。

13 见《申命记》24：7 和《提摩太前书》1：9 - 11，这两处经文都说到禁止拐带人口，但许多人（包括基督教会之内和之外的人）都以为圣经支持奴隶制度。我们在本书第 6 章会有更详细的讨论。

14 见 Mark Noll, *The Civil War as a Theological Crisis* (University of North Carolina Press, 2006)，这本书中广泛地讨论了当时的基督徒如何用对经文的不同解释来辩论奴隶制度。这本书显示出一些教会领袖利用圣经中有关奴隶制度的经文来支持他们贩卖奴隶，但是他们却无视非洲那种动产式的奴隶制度和奴役情况与圣经里的契约式的仆人制度有明显的不同。

15 Stark, *For the Glory of God* (Princeton, 2004)，pp. 350ff.

16 David L. Chappell, *A Stone of Hope：Prophetic Religion*

and the Death of Jim Crow（University of North Carolina Press，2003）.

17 有关天主教会在二十世纪七十和八十年代抵制共产主义的描述，见 Charles Colson and Ellen Vaughn, *The Body*（Thomas Nelson, 2003）, Chapter 17，"Between Two Crosses"。

18 Dietrich Bonhoeffer, *Letters and Papers from Prison：Enlarged Edition*, ed. Eberhard Bethge（Macmillan，1971）, p. 418.

第五章 慈爱的上帝怎么会把人送到地狱去?

1 皮尤基金会每两年召开一次有关宗教、政治和公众事务的公开讨论会，这段谈话引自 2005 年 5 月 23 日在美国佛罗里达州会议，会议记录见 http：//www. pewforum. org/events/index. php? Event ID=80。

2 Robert Bellah, et al. , *Habits of the Heart：Individualism and Commitment in American Life*, 1st ed. （University of California Press，1985）, p. 228.

3 引自 C. S. Lewis, *The Abolition of Man*（Collins，1978）, p. 46。有关此主题又见 Lewis, *English Literature in the Sixteenth Century，Excluding Drama* in the Oxford History of English Literature series（Oxford University Press，1953）, pp. 13 - 14。

4 Lewis, *The Abolition of Man*, p. 46.

5 Alan Jacobs 在他为路易斯所写的传记中提到，路易斯费尽心血地坚持说他并不是反对科学方法本身，因为科学方法实际上是假设自然界有一致性，而且许多学者指出，这个概念是基督教之世界观所给予的。但路易斯指出，现代科学是在"对权力的梦想"中产生的。见 Jacobs, *The Narnian: The Life and Imagination of C. S. Lewis* (Harper San Francisco, 2005), pp. 184 – 187。

6 Rebecca Pippert, *Hope Has Its Reasons* (Harper, 1990), Chapter 4, "What Kind of God Gets Angry?"

7 Miroslav Volf, *Exclusion and Embrace: A Theological Exploration of Identity, Otherness, and Reconciliation* (Abingdon, 1996), pp. 303 – 304.

8 Volf, *Exclusion and Embrace*, p. 303.

9 Czeslaw Milosz, "The Discreet Charm of Nihilism," *New York Review of Books* (November 19, 1998).

10 在圣经里所有关于天堂和地狱的描述与刻画，都是象征性和比喻性的；每一个隐喻都是在表达某个方面的地狱经验，例如，"火"是讲瓦解，"黑暗"则是讲隔绝。但我这样说并不是指天堂和地狱**本身**只是"隐喻"而已；它们乃是非常真实的。请记得，耶稣升天时是有身体的。圣经很清楚地说到，天堂和地狱都是真正的实体，然而圣经也指出，所有对天堂和地狱的描述都是比喻性、象征性和不完全的。

11 有关罪和瘾癖相似性的更多讨论，见Cornelius Plantinga, *Not the Way It's Supposed to Be: A Breviary of Sin* (Eer-

dmans，1995），Chapter 8，"The Tragedy of Addiction"。

12　此段为综合引用，源于路易斯三本著作：*Mere Christianity* （Macmillan，1964），p. 59；*The Great Divorce* （Macmillan，1963），pp. 71 - 72；"The Trouble with X," in *God in the Dock*：*Essays on Theology and Ethics* （Eerdmans，1970），p. 155。

13　引自 C. S. Lewis，*The Problem of Pain* （Macmillan，1961），p. 116；*The Great Divorce* （Macmillan，1963），p. 69。

第 6 章　科学已经否定了基督教

1　Richard Dawkins，*The Blind Watchmaker* （W. W. Norton，1986），p. 6.

2　Richard Dawkins，*The God Delusion* （Boston：Houghton Mifflin，2006），p. 100.

3　举例来说，Van Harvey 曾说，挑剔的历史学家从来不曾认真看待那些针对神迹事件的辩护，因为他们认为那些想法违反了"我们现在称之为常识的世界观"。见 Van Harvey，*The Historian and Believer* （Macmillan，1966），p. 68。又见他的论文"New Testament Scholarship and Christian Belief," in *Jesus in History and Myth*，R. Joseph Hoffman and Gerald A. Larue，eds. （Prometheus，1986）。

4　John Macquarrie，*Principles of Christian Theology* （Scribner，1977），p. 248。引自 Plantinga，*Warranted Christian Belief*，p. 394。

5 Plantinga, *Warranted Christian Belief*, p. 406. 作者提到哲学家 William Alston 的一篇重要文章，他说即使一个人认为上帝过去行过神迹，并且现在有时还会行神迹，依然可以在科学上做得十分出色。见 "Divine Action: Shadow or Substance?" in *The God Who Acts: Philosophical and Theological Explorations*, Thomas F. Tracy, ed. (Pennsylvania State University Press, 1994), pp. 49 - 50。

6 见教宗约翰·保罗二世在 1996 年 10 月 22 日对教廷的宗座科学院（Pontifical Academy of Sciences）所发表的信息："Magisterium Is Concerned with the Question of Evolution for It Involves Conception of Man."

7 Francis Collins, *The Language of God: A Scientist Presents Evidence for Belief* (Free Press, 2006). 另一位杰出科学家的例子是哈佛大学的天文学家 Owen Gingerich，他相信上帝设计了宇宙，但却不相信智慧设计论和唯物主义体系的进化论，他著有 *God's Universe* (Belknap Press, 2006) 一书。

8 Barbour 说，在基督徒使用的这些模式中，"协调整合"是最好的。见 Ian Barbour, *When Science Meets Religion: Enemies, Strangers, or Partners?* (Harper, 2000), Chapter 4, "Evolution and Continuing Creation".

9 Christian Smith, ed., *The Secular Revolution: Power, Interests, and Conflict in the Secularization of American Public Life* (University of California Press, 2003).

10 同上，pp. 1 - 12。又见 Alister McGrath, "Warfare: The

Natural Sciences and the Advancement of Atheism," *The Twilight of Atheism* (Oxford University Press，2002），和 Rodney Stark，"God's Handiwork：The Religious Origins of Science," in *For the Glory of God* （Princeton University Press，2004）。

11　Edward Larson and Larry Witham，"Scientists Are Still Keeping the Faith," *Nature* （April 3，1997）。又见 Stark，*For the Glory of God*，pp. 192 – 197。

12　Edward Larson and Larry Witham，"Leading Scientists Still Reject God," *Nature* 394，no. 6691 （1998）：313。

13　Alister McGrath，*The Dawkins Delusion?* p. 44.

14　源于 Stephen Jay Gould，"Impeaching a Self-Appointed Judge," *Scientific American* 267，no. 1 （1992），引自 Alister McGrath，*The Dawkins Delusion?* （Inter-Varsity，2007），p. 34。

15　Thomas Nagel，"The Fear of Religion," *The New Republic* （October 23，2006）.

16　Stark，*For the Glory of God*，pp. 192 – 197.

17　见 Gordon Wenham，*Genesis 1 – 15* （Word，1987）。

18　其实当十九世纪达尔文理论刚刚兴起时，保守的福音派新教徒对它的传统反应，和现代的科学创造论并不相同；尽管现在教会内外的普遍印象以为是这样。那时的基督徒普遍接受《创世记》1 章所说的一 "日" 可能是很长一段时间，而不是照字面解释为二十四小时的一天。《基本教义》杂志（*The*

Fundamentals，出版于 1910 – 1915 年间，曾为"基本教义主义"下定义）的编辑 R. A. Torrey 认为，"完全相信圣经无误，又同时相信某种进化论"，这是可能的（引自 Mark Noll，*Evangelical American Christianity：An Introduction*［Blackwells，2001］，p. 171）。曾经为"圣经无误教义"下定义的普林斯顿大学神学教授 B. B. Warfield（1921 年过世），相信上帝有可能运用进化论来创造生命形式。有关现代科学创造论兴起的最好论述，见 Ronald L. Numbers，*The Creationists：the Evolution of Scientific Creationism*（Knopf，1992）。又见 Mark Noll，"Thinking About Science," *The Scandal of the Evangelical Mind*（Eerdmans，1994），以及 Mark Noll and David Livingstone，*B. B. Warfield on Evolution，Scripture，and Science*（Baker，2000）。

19 David Atkinson，*The Message of Genesis 1 – 11*（IVP，1990），p. 31.

第 7 章　你不能真的相信圣经的记载

1　引自 George Sim Johnston 对于 *Christ the Lord：Out of Egypt* 的书评，in *The Wall Street Journal*（November 12 – 13，2005）。

2　以一个有关基督神性的著名论证为例——"他是骗子、疯子，还是主？"除非它能显明耶稣真正宣告了他的神性，否则这个论证就根本不能证明什么。路易斯把这个论证用它的标准形式表达出来："如果仅是一个凡人而说出像耶稣所说的那些话，他就不会是一位伟大的道德教师。他可能会是一个疯子——其水平就像一个自称是水煮蛋的人一样——不然他就是一个地狱的恶魔。你必须自己作出选择，若不相信他是上帝的儿子，就是相信他是一个疯子，或比疯子更坏的东西。你可以把他关在蠢人的行列，也可以在他脚前敬拜，称他为主、为上帝。只是我们不要摆出高姿态来胡说八道，说他是一位伟大的人间教师，因为他没有留下丝毫余地让我们这样看他。"（C. S. Lewis, *Mere Christianity*, Book 2, Chapter 3）这个论证的问题在于它假设了圣经所记载的耶稣说的话是准确的，但这需要先肯定圣经在历史上是可靠的，或至少肯定它大致是可靠的。这个论证的更好名称是："他是骗子、疯子、传奇人物，还是主？"除非你能指出基督耶稣在圣经中的形象完全不是传奇人物，否则这个著名的论证就不会是有效的。

3 "耶稣研讨会"使用了"双重相异的标准"去评估圣经经文的历史有效性——他们宣称，唯有当福音书之经文所教导的内容完全不可能是来自于一世纪的犹太教或早期教会时，它才能被确定为是有历史真实性的经文。换言之，它必须是与我们所知道的一世纪的犹太教或基督教的基本信仰相反（否则我们就不能确定那段经文是不是为了支持他们的基本信仰而被假造出来的）。但是这种标准是在假设耶稣不可能被他的犹太背景所影响，并且他也丝毫没有在他的跟随者身上留下任何影响。由于这种情况的可能性很低，所以越来越多的圣经学者尖锐地批评"耶稣研讨会"的著作，说它们对福音书有过多不必要的否定和偏见。

4 我在此不是要为全本圣经的可信度争辩，而是要说它对于耶稣一生和其教导的记载，在历史上都是准确的。若果如此，我们就可以从所读到的圣经资料中下结论说耶稣是谁。如果最终我们相信了耶稣，那么他对圣经的看法就将成为我们的看法。因此，从个人的角度来说，我相信整本圣经都是可靠的，不是因为我可用某种方式"证明"它全部都是真实的，而是因为我相信耶稣，所以就接受他对圣经的看法。

5 有一本兼具学术性及可读性的书，是针对《达芬奇密码》的回应：Ben Witherington, *The Gospel Code* (IVP, 2004)。作者对《达芬奇密码》背后所作的历史性假设，有十分犀利的反驳。

6 现在有极多一流的学术研究在论证福音书之记载的历史可靠性，并且这类研究还在持续增加中。想要更详细了解，可参见以下几本重要的书：Richard Bauckham, *Jesus and the Eyewitnesses* (Eerdmans, 2006); N. T. Wright, *Jesus and the Victory of God* (Fortress, 1998), and *The Resurrection of the Son of God* (Fortress, 2003); C. Blomberg, *The Historical Reliability of the Gospels* (IVP, 1987), and *The Historical Reliability of John's Gospel* (IVP, 2002); 以及更受欢迎的 F. F. Bruce, *The New Testament Documents: Are They Reliable?* (Eerdmans, reissued 2003, 由著名的新约学者 N. T. Wright 作序)。许多对圣经最具怀疑性的批评，都

是建立在严格的历史性研究上，但这类研究受到哲学上的预设（亦即所替换的另类信念）的严重影响。有关这类哲学基础的分析，见 C. Stephen Evans，*The Historical Christ and the Jesus of Faith*（Oxford University Press，1996），以及 Alvin Plantinga，"Two（or More）Kinds of Scripture Scholarship," *Warranted Christian Belief*（Oxford University Press，2002）。

7 今天所有的历史学家基本上都同意这一点。在十八世纪和十九世纪初期，欧洲学者深受启蒙运动之理性主义的影响，因此对圣经经文产生一种假设，就是认为所有福音书的神迹部分都必定是到后来才被加进最初的"事实"叙述中。但是因为他们知道，历史事件必须要在发生很长时间以后才会变成传奇故事，因此他们便认为福音书应该是在耶稣死后至少一百年或更久之后才写的。但是在上个世纪所发现的圣经手抄本证据，已迫使最挑剔的学者不得不作出结论说，福音书全都是在更早的时间所写的。关于如何知道不同新约文本（包括福音书）的写作日期，见 F. F. Bruce，*The New Testament Documents：Are They Reliable?*（由著名的新约学者 N. T. Wright 作序）又见 Paul Barnett，*The New Testament*。多数学者认为圣经中的《马可福音》写于一世纪七十年代，《马太福音》和《路加福音》写于八十年代，《约翰福音》写于九十年代。这是合理的说法，因为写四福音书的时期可能正是使徒及其他见证人开始逐渐去世的时候，但那时仍有许多活着的见证人可以咨询（见路加在《路加福音》1：1 - 4

中的描写）。

8　见 Richard Bauckham, *Jesus and the Eyewitnesses*, Chapters 2，3，6。此外，在这本书的第四章里，Bauckham 对于出现在福音故事中的人物名字作了彻底的分析。他得出结论说，这些名字反映出公元 70 年——耶路撒冷被摧毁——之前巴勒斯坦地区的典型犹太人名字，并且和公元 70 年之后散居各地之犹太人的名字没有太大的不同。这个结论就是说，福音书的故事极不可能是在巴勒斯坦地区以外的、后来的基督教团体中所写的。

9　N. T. Wright, *Simply Christian* (Harper，2006)，p. 97.

10　Gopnik 还说：“在蒲草纸文献中没有新的信念、新的争论，并且肯定没有新的证据，能引起任何人去怀疑他们以前所没有怀疑过的事。”他是指诺斯替派文献中的《犹大福音》(The Gospel of Judas)。见 “Jesus Laughed,” *The New Yorker* (April 17，2006)。

11　关于新约正典形成的更多资料，见 Bruce M. Metzger, *The Canon of the New Testament：Its Origin，Development，and Significance* (Oxford University Press，1987)；简短综览则可见 David G. Dunbar, “The Biblical Canon,” in *Hermeneutic，Authority，and Canon*，D. Carson and J. Woodbridge，eds. (Zondervan，1986)。

12　C. John Sommerville, *The Decline of the Secular University*, pp. 105 – 106.

13　有关福音书记载的这方面特点，我们将会在本书第 12 章中更详细地讨论。

14　Bauckham, *Eyewitnesses*, pp. 170 - 78.

15　Wright, *Simply Christian*, p. 97.

16　C. S. Lewis, *Christian Reflections*, Walter Hooper, ed. (Eerdmans, 1967), p. 155.

17　Bauckham, *Eyewitnesses*, pp. 324 - 346.

18　同上，p. 273。

19　David Van Biema, "Rewriting the Gospels," *Time* (March 7, 2007).

20　Vincent Taylor, *The Formation of the Gospel Tradition*, 2nd ed. (Macmillan, 1935), p. 41. Richard Bauckham 的书中也有引用及评论，p. 7。

21　Bauckham 在他的书中呼吁，新约学术研究要与那种较早期的研究圣经方法——持高度怀疑态度的"形式批判"——划清界线，尤其是与 Rudolph Bultmann 有关的部分。但这种情况会不会很快就发生，就要看学者们所持守的主张。不过像 Bauckham 和 Wright 等人所写的书给许多年轻学者开了一扇门，他们对于能证明圣经是可信的这类证据持开放态度。有一本不错的关于圣经批判学之历史起源的书，见 Hans Frei, *The Eclipse of Biblical Narrative* (Yale University Press, 1974)。另一本书介绍了有关现在的学术界对于福音书之历史性比从前更少有怀疑的态度，见 Craig Blomberg, "Where Do We Start Studying Jesus?" in *Jesus Under Fire: Modern Scholarship Reinvents the Historical*

Jesus, M. J. Wilkins and J. P. Moreland, eds.（Zondervan,
1995）。近期有关耶稣的学术研究，最好的单册书当属
B. Witherington, *The Jesus Quest*, 2nd ed.（IVP, 1997）。
关于圣经研究越来越受到尊重的一个有趣例子是圣经学者
John P. Meier, 他是三部头巨著《一个微不足道的犹太人：
再思历史的耶稣》（*A Marginal Jew：Rethinking the
Historical Jesus*）的作者。他是一个温和的、走中间路线的
学者，他拒绝接受某些圣经记载，因为它们的历史性仍不能
被确定；但他对于旧的怀疑论作了相当尖锐的批评，并表示
所有传统对于耶稣话语和作为的基本看法都是可信的，因为
已经有过彻底的历史研究。

22 见 Murray J. Harris, *Slave of Christ：A New Testament
Metaphor for Total Devotion to Christ*（IVP, 1999）, pp. 44,
70。又见 Andrew Lincoln, *Ephesians*（Word Bible Comme-
ntary, 1990）, pp. 416 - 417: "现代的（圣经）读者们需要脱
离对于一世纪奴隶制度的许多假设，包括以为奴隶和自由人
之间有很大的隔离……并以为所有的奴隶都在试图挣脱他们
的枷锁以得到自由……在古罗马和希腊社会中，奴隶和自由
人的身份之间有极大的一致性。在希腊主人下的奴隶可以拥
有财产，包括也可以拥有自己的奴隶，并且在自己的奴隶工
作之外，还能得到允许受雇于别的工作……奴隶的主人往往
从利益的角度而更愿意解放奴隶，因为如果他们成为自由
人，工资会比作为奴隶时便宜得多……虽然无疑仍有很多凶
残、野蛮和不公平地对待奴隶的事发生，但一般来说，在奴

隶中并没有动乱的风气。"

23 "尽管时下流行否认这个事实，可是的确在罗马帝国式微不
久后，反对奴隶制度的教义就出现在基督教神学里，并且伴
随而来的是除了少数边缘地区外，奴隶制度在整个基督教欧
洲大陆都消失了。后来欧洲人在新大陆殖民区又开始奴隶制
度，是执意不顾教宗的激烈反对——这一段历史被人很任意
地'遗忘'，直到最近才又重新引起注意。最后新大陆也废
止了奴隶制度，从开始到完成，都得归功于基督教解放运动
者的不懈努力……奴隶制度曾经遍布几乎所有能负担得起的
人类团体，但只有在西方兴起了意义重大之道德上的反对，
并最终使之废除。"见 Rodney Stark, *For the Glory of God*
(Princeton University Press, 2004), p. 291。

中场时间

1 Dawkins, *The God Delusion*, p. 31ff.

2 有关"强烈的理性主义"和"批判性的理性主义"之间的差
异，可见一篇非专门性的简介：Victor Reppert, *C. S. Lewis's
Dangerous Idea* (Inter-Varsity, 2003), pp. 30 - 44。

3 W. K. Clifford 曾就此主题说："无论在哪里，无论是何人，
相信任何没有充分（实证性）证据的事都是错误的。"见其
著名的论文 "The Ethics of Belief"。A. J. Ayer 对此最著名
的论说则可见其 *Language, Truth and Logic*。

4 见注 2 文章中所提供的例子。

5 Alasdair MacIntyre, *Whose Justice? Which Rationality?*

（Notre Dame University Press，1988）。麦金太尔尖锐并令人信服地指出，仅在西方就有数种不同的理性"传统"：亚里士多德学派、奥古斯丁/阿奎那学派、常识实在论（Common Sense realism）等。每一种学派对于事物——例如人类的天性、理性与情感及意志之间的关系、个人与社会环境和传统之间的关系等——都在不同的基本假设中，有其逻辑和理性的运作系统。所谓"有理性的"论点，是指它能在某一特定的理性传统中，与其整套的信念一致；而在不同理性传统中的"有理性的"论点，彼此之间可能有许多是重叠的部分，因而有些论点可能会在多于一个的理性传统中被认为是有说服力的。但虽然如此，是否可能会有一种关于上帝本质的论点，能够在所有理性传统中都被认为是具有完全的说服力，那就非常令人怀疑了（这对麦金太尔来说，根本是不可能的）。

6 对于启蒙时代的"强烈的理性主义"之观点，最好评论之一是 *Faith and Rationality：On Reason and Belief in God*，A. Plantinga and N. Wolterstorff, eds. （Notre Dame University Press，1983）。启蒙时代的这个观点曾被称作古典的或笛卡尔式的"基础主义"（foundationalism），但这个方法几乎已被所有的哲学家所弃。又见 Nicholas Wolterstorff，*Reason Within the Bounds of Religion* （Eerdmans，1984）。

7 Thomas Nagel，*The Last Word* （Oxford University Press：1997），p. 130.

8 Terry Eagleton，"Lunging，Flailing，Mispunching'：A

Review of Richard Dawkins," *The God Delusion* in *London Review of Books*, vol. 28, no. 20 (October 19, 2006).

9　一个精妙的例子可见于 H. Siegel, *Relativism Refuted: A Critique of Contemporary Epistemological Relativism* (D. Reidel, 1987)。相对主义论者坚信，"真理"仅仅是在自己的信仰体系内才是真实和正确的，而在不同信仰体系中的各个"真理"都有同等的价值。他们还说，并没有一个超越各体系的标准可以在所有的真理宣称中作评断。但正如 H. Siegel 所指出的，相对主义论者宣称所有的体系（不仅是他们自己的）都具有同等的价值，此宣称就是一超越体系的真理标准。他们把自己的体系从众体系中脱离出来，并且用自己的体系来评估其他的体系，而这正是他们禁止别人做的事。"因此……相对主义无法不一边宣扬或甚至是认清自己，一边又打败自己。"（p. 43）

10　有关批判性的理性主义，值得一读的论述见 Reppert, *C. S. Lewis's Dangerous Idea*, p. 36ff。

11　*A Devil's Chaplain* (Weidenfield and Nicolson, 2003), p. 81, 引自 A. McGrath, *The Dawkins Delusion* (Inter-Varsity, 2007), p. 100, n. 16。

12　Swinburne 说："我论点的基本结构是这样：科学家、历史学家和侦探们都会观察数据而得出某个理论，而这个理论最能解释所发生的这些数据。我们可以分析那些他们用来得出结论的标准，找出哪一个理论比别的理论更能得到数据的支持……我们使用那些同样的标准而发现，有上帝存在的这个观点能够解释所有我们所观察到的数据，而不只是小范围的数据而已。"见 Richard Swinburne，*Is There a God?*（Oxford University Press，1996），p. 2。

13 C. S. Lewis，"Is Theology Poetry?" *The Weight of Glory and Other Addresses*（HarperCollins，1980），p. 140。

第8章 上帝存在的线索

1 在普兰丁格的讲稿中有一篇这方面的综览："Two Dozen（or so）Theistic Arguments"，见网站 http：//www. homestead. com/philofreligion/files/theisticarguments. html 及其他许多网站。另一篇总结文章可见于 William C. Davis，"Theistic Arguments," in Murray，*Reason for the Hope Within*（Eerdmans，1999）。

2 Stephen Hawking and Robert Penrose，*The Nature of Time and Space*（Princeton University Press，1996），p. 20。

3 见柯林斯的访谈记录：http：//www. salon. com/books/int/2006/08/07/collins/index2. html。

4 见 http：//www. truthdig. com/report/page2/20060815 _ sam _ harris _ language _ ignorance/。

5 关于此论点的简短总结，可见于 Robin Collins，"A Scientific Argument for the Existence of God：The Fine-Tuning Design Argument," *Reason for the Hope Within*，Michael J. Murray，ed.（Eerdmans，1999）。

6 见柯林斯的访谈记录：http：//www. salon. com/books/

int/2006/08/07/collins/index2. html。

7 引自 Francis Collins，*The Language of God*：*A Scientist Presents Evidence for Belief*（Free Press，2006），p. 75。

8 见 Richard Dawkins，*The God Delusion*（Houghton Mifflin，2006），p. 107。

9 引自 Alvin Plantinga，"Dennett's Dangerous Idea," in *Books and Culture*（May-June 1996）：35。

10 见 Collins，"A Scientific Argument," p. 77。

11 见 C. John Sommerville，"Science Gets Strange," in *The Decline of the Secular University*（Oxford University Press，2006）。又见 Diogenes Allen，*Christian Belief in a Post-Modern World*（John Knox，1989）。

12 Arthur Danto，"Pas de Deux, en Masse：Shirin Neshat's *Rapture*," *The Nation*（June 28，1999）。

13 引自 Leonard Bernstein，*The Joy of Music*（Simon and Schuster，2004），p. 105。

14 引自 Robin Marantz Henig，"Why Do We Believe?" in *The New York Times Magazine*（March 4，2007），p. 58。

15 此论点的经典描述，见 C. S. Lewis，*Mere Christianity*（Macmillan），chapter 10，"Hope"。

16 N. T. Wright 指出，基督教对于美的看法不同于柏拉图式的看法。柏拉图和希腊哲学家们相信，所有在地上有关美的经验，都带我们远离这个物质的、虚幻如影的世界，而进入宇宙最终实体的那个永恒的、属灵的世界。但是圣经有关救恩的异象却是新天和新地。我们那些没有实现的渴望不仅仅是为了一个永恒的、属灵的世界，更是渴望这个世界能够正确而完美（见 Wright，*Simply Christian*，pp. 44-45）。这是很重要的一点，因为 C. S. Lewis 在他的 *Mere Christianity* 中著名的"有关欲望的论点"（argument from desire），有一点儿太过于跟随柏拉图的模式。

17 引自 Leon Wieseltier，"The God Genome," *New York Times Book Review*（February 19，2006）。

18 *The New York Times Magazine*（March 4，2007）。

19 Henig，"Why Do We Believe?" p. 43.

20 同上，p. 58。

21 Dawkins，*The God Delusion*，p. 367ff，"我们的大脑是进化来的器官……进化得以帮助我们生存下来。"

22 Henig，p. 7.

23 在 Robert Trivers 为 Richard Dawkins 的书 *The Selfish Gene* 所写的序言中提到，Dawkins 强调"欺骗"在动物生命中所扮演的角色，并且说如果欺骗真的是动物间交流的基本活动，那么就一定存在有对欺骗行为的强烈天择，也必然存在有一定程度的自我欺骗之天择，使得某些行为和动机变成无意识，从而不致因任何细微的自觉迹象而败露了正在进行的欺骗行为。因此，"传统的天择观念——偏好于能产生更准确反映世界之形象的神经系统——对于心智的进化必定是一种幼稚的看法。"引自 Robert Wright，*The Moral Animal*（Pantheon，1994），pp，263-264。认知心理学家 Justin

Barrett 写道："一些认知科学家假设说，因为我们的大脑和其功能已经被天择'设计'好了，所以我们可以信赖它们告诉我们的是真理；但这种假设从认识论上来说是令人怀疑的。不能只是因为我们可以成功地生存并繁衍下去，就保证我们整个心智能够告诉我们任何事物的真相——特别是那些很精密的思考……完全之自然主义对人类心智的看法，在安全的范围内只能说：我们的头脑在过去好到足以使我们存活。"Justin L. Barrett, *Why Would Anyone Believe in God?* (AltaMira Press, 2004), p. 19。

24 Patricia S. Churchland, "Epistemology in the Age of Neuroscience," *Journal of Philosophy* (October 1987), p. 548. 引自 Plantinga, *Warrant and Proper Function* (Oxford University Press, 2000), p. 218。

25 Nagel, *The Last Word*, pp. 134 – 135.

26 引自 Alvin Plantinga, "Is Naturalism Irrational?" in *Warrant and Proper Function* (Oxford University Press, 2000), p. 219。

27 详细论点可见 A. Plantinga, *Warrant and Proper Function* (Oxford University Press, 2000), Chapters 11 and 12。

28 引自 Alvin Plantinga, "Dawkins Confusion," in *Books and Culture* (March/April 2007): 24，这是 Plantinga 对 Dawkins 的 *The God Delusion* 一书的评论。

29 引自 Leon Wieseltier, "The God Genome," *New York Times* (February 19, 2006)。

30 C. S. Lewis, "On Living in Atomic Age," in *Present*

Concerns（Collins，1986），p. 76.

第9章　对上帝的认识

1　引自 Michael J. Perry, *Toward a Theory of Human Rights*：*Religion*，*Law*，*Courts*（Cambridge University Press，2007），p. 28。

2　Christian Smith，*Moral Believing Animals*：*Human Person-hood and Culture*（Oxford University Press，2003），p. 8.

3　有些著作试图将我们的道德责任感用天择结果来解释，包括 Edward O. Wilson, *On Human Nature*（Harvard University Press，1978）和"The Biological Basis for Morality," in *Atlantic Monthly*（April 1998）；Richard Dawkins, *The Selfish Gene*（Oxford University Press，1976）和 Robert Wright, *The Moral Animal*：*Evolutionary Psychology and Everyday Life*（Pantheon，1994）。对于这种论点的严厉批评，见 Philip Kitcher, *Vaulting Ambition*：*Sociobiology and the Quest for Human Nature*（MIT Press，1985）；Hilary Rose and Steven Rose, *Alas*，*Poor Darwin*：*Arguments Against Evolutionary Psychology*（Harmony，2000）；John Dupre, *Human Nature and the Limits of Science*（Oxford University Press，2001）。

4　Francis Collins, *The Language of God*，p. 28，批驳了这论点有时提及到的不育工蚁的例子。这论点是说，工蚁牺牲劳动，为的是创造环境以便蚁后能生出更多兄弟姐妹，但

Collins 说："但'蚂蚁的利他主义'可以用进化论的观点来解释，是因为事实上促使不育工蚁如此行动的基因，和它们的蚁后将要传递给其兄弟姐妹——工蚁在帮忙繁殖——的基因，是完全一样的。但这种不寻常之 DNA 的直接关联性，并不适用于更复杂的族群；对此进化论者几乎一致认为，天择的作用是在于个体，而非族群。"又见 George Williams, *Adaptation and Natural Selection*, reprint ed.（Princeton University Press, 1996），作者论到不会发生族群性的天择。

5 "如果（照我们所假设的）自然……是宇宙中唯一的东西，那么……我们绝不会因为某一个想法是真实的而去思考，我们就只会因为盲目之自然的驱使才去思考；我们也绝不会因为某一个行为是对的就去做，我们只会因为自然的趋使而去做……（但是）真的，这个……结论是不可信的。从一方面来说，我们唯有透过信赖自己的心智，才有可能认识自然……那么科学本身就只是某些机率下的原子排列组合而已，我们就没有理由相信它们了……它们就只是我们这种类人猿的族类，在头盖骨下方的原子到达某种状态时的感觉而已——而这些状态则是因一些非理性、非人类、非道德的原因而产生出来的……我们只有一种方法可以避免走入这样的僵局，那就是我们必须回到更早先的看法，我们必须接受我们是自由的灵魂，是自由和有理性的生物，活在现今这个无理性的宇宙中。我们必须作出一个结论——我们绝对不是从这个宇宙产生出来的。"（C. S. Lewis, "On Living in an Atomic Age," in *Present Concerns*）

6　Carolyn Fleuhr-Lobban, "Cultural Relativism and Universal Human Rights," *The Chronicle of Higher Education* (June 9, 1995). 这篇文章被引用于 George M. Marsden, *The Outrageous Idea of Christian Scholarship* (Oxford University Press, 1997), p. 86, 作为一个类似的论点。

7　引自 Michael J. Perry, *Toward a Theory of Human Rights: Religion, Law, Courts* (Cambridge University Press, 2007), p. 3。

8　同上, p. 6。

9　Alan M. Dershowitz, *Shouting Fire: Civil Liberties in a Turbulent Age* (Little, Brown, 2002), Chapter 1.

10　同上, p. 15。

11　引自 Perry, p. 20。

12　同上, p. 21。

13　见萨特的著名文章《存在主义是一种人本主义》"Existentialism Is a Humanism": "上帝不存在, 并且……必须将他不存在的后果立刻完结……先于经验的推理 (a priori) 不可能再有任何好处, 因为没有一个永恒而完美的良心去思考它。没有地方写着说: '良善的那一位'存在, 以致我们必须诚实, 或不得说谎, 因为我们身处的地面只有人存在。陀思妥耶夫斯基曾写道: '如果上帝不存在, 任何事情都是被允许的。'……假如上帝不存在, 任何事情确实都是被允许的, 而结果人就孤立了, 因为他无法从自己或身外找到任何可倚赖的东西。"见 *Existentialism from Dostoevsky to Sartre*,

ed. Walter Kaufman (Meridian, 1989)。又可见于：http：//
www. marxists. org/reference/archive/sartre/works/exist/sartre.
htm。

14 Perry，*Toward a Theory of Human Rights*，p. xi.

15 同上，p. 23。近期有关此主题的另一本书为 E. Bucar 和 B.
Barnett，eds.，*Does Human Rights Need God?*（Eerdmans，
2005）。

16 Arthur Allen Leff，"Unspeakable Ethics, Unnatural Law,"
Duke Law Journal（December 1979）.

17 F. Nietzsche，*Thus Spoke Zarathustra*，part IV，"On the
Higher Man"，靠近第一部的结尾处。

18 Raimond Gaita，*A Common Humanity：Thinking About Love
and Truth and Justice*，引自 Michael J. Perry，*Toward a
Theory of Human Rights*，pp. 7，17－18.

19 见 Annie Dillard，*Pilgrim at Tinker Creek*（HarperCollins，
1974），Chaprer 10，"Fecundity"。

20 见 Peter C. Moore，*One Lord*，*One Faith*（Thomas Nelson，
1994），p. 128。

21 C. S. Lewis，"On Living in an Atomic Age"（1948），reprinted
in the volume *Present Concerns*，pp. 73－80.

第 10 章　罪的问题

1 Barbara B. Taylor，*Speaking of Sin：The Lost Language of
Salvation*（Cowley，2000），pp. 57－67.

2 Andrew Delbanco，*The Real American Dream*：*A Meditation on Hope*（Harvard University Press，2000），p. 25.

3 Søren Kierkegaard，*The Sickness Unto Death*：*A Christian Psychological Exposition for Edification and Awakening*（Penguin，1989），pp. 111，113.

4 Ernest Becker，*The Denial of Death*（Free Press，1973），pp. 3，7.

5 同上，p. 160。

6 同上，p. 109。

7 同上，p. 166。这里需特别注意，作者贝克并不是想要推销信仰。他是一个无神论者，信仰不在他考虑之列。

8 如果我们根据克尔凯郭尔所下的定义，可以将不同的"上帝代替品"分为几类，并指明它们分别带给人怎样的破碎和毁坏，我们在此特别将它们分辨出来：

- 如果你以配偶或伴侣作为人生及自我身份的中心，那么你将会在情感上倚赖、嫉妒和试图控制对方。对方的问题会对你造成极大的压力。

- 如果你以家庭和孩子作为人生及自我身份的中心，那么你会试图透过你的孩子来过生活，直到他们痛恨你或完全失去自我。最坏的情况是，当他们不讨你喜欢时，你可能会虐待他们。

- 如果你以工作和事业作为人生及自我身份的中心，那么你将会变成一个工作狂，一个无趣又肤浅的人。最坏的情况是，你会失去你的家庭和朋友，而且如果你的事业状况变差，你就会陷入极深的沮丧。

- 如果你以金钱和物质作为人生及自我身份的中心，那么你将会被自己对金钱的担忧或嫉妒所蚕食。你会愿意去做不道德的事以维持你的生活方式，而最终这将毁掉你的生命。

- 如果你以享乐、满足和舒适作为人生及自我身份的中心，那么你将会发现自己逐步沉溺于某些事物中。你会因为想要避免生活中的困难而被捆绑在一些"逃避计划"中。

- 如果你以一些关系和别人的认可作为人生及自我身份的中心，那么你将会经常被批评所伤，并因此总是失去朋友。你会害怕得罪别人，因此你反而成为一个无用的朋友。

- 如果你以某种"崇高的理想"作为人生及自我身份的中心，那么你将会把这世界分成"好的"和"坏的"，并把你的对手妖魔化。但令人感到讽刺的是，你将会被你的敌人所控制；如果没有他们，你反而会失去目标。

- 如果你以宗教和道德作为人生及自我身份的中心，那么当你活出自己的标准时，你将会变得骄傲、自义和残忍。但当你无法活出自己的标准时，你的罪恶感就会完全击倒你。

9 Thomas C. Oden, *Two Worlds*: *Notes on the Death of Modernity in America and Russia* (IVP, 1992), Chapter 6.

10 记住这一点很重要：当你赦免一个人时，并不表示你要免去此人对于他所做的事该负的责任。这不是二者选一的情况，而是必须两者都做。当我建议这两位妇女要赦免她们的丈夫的时候，并不是劝告她们要简单地允许她们的丈夫继续有不当的行为，却不指出他们的错来。有关赦免的问题，我们将在本书第 12 章中详细讨论。

11 Darcey Steinke, *Easter Everywhere*: *A Memoir*（Bloomsbury, 2007）, p. 114.

12 Cynthia Heimel, "Tongue in Chic" column, in *The Village Voice*（January 2, 1990）, pp. 38 - 40.

13 Dorothy L. Sayers, *Creed or Chaos*?（Harcourt and Brace, 1949）, pp. 38 - 39.

14 到目前为止，这个非凡论述的最佳版本是 Paul Ramsay, *The Works of Jonathan Edwards*: *Ethical Writings*, vol. 8（Yale University Press, 1989）。主编 Paul Ramsay 所写的序言非常重要。

15 Debra Rienstra, *So Much More*: *An Invitation to Christian Spirituality*（Jossey-Bass, 2005）, p. 41.

第 11 章　宗教与福音

1 从广义上来说，宗教是任何一种追求终极价值的信仰系统，它会使我们在世上追求某种特殊的生活方式。这就是为什么把世俗主义和基督教都称为宗教是相当公平的。但是，实际上所有其他的宗教都在某种程度上要求有一种借着功德而达到自我救赎的形式；它们要求信徒要接近他们的神明，并且借由各种不同的仪式、礼仪和行为，使他们能变得更配得救赎。这也是大多数人在想到宗教时所认为的。但是从这方面来说，新约圣经所呈现的基督教却完全不同。这就是本章的目的，我们将说明基督教信仰和"宗教"有何不同。

2 Flannery O'Connor, *Wise Blood*: *Three by Flannery O'Connor* (Signet, 1962), p. 16.

3 Richard Lovelace, *The Dynamics of Spiritual Life* (IVP, 1979), pp. 212ff.

4 关于排斥异己如何能建立自我，见 Miroslav Volf, *Exclusion and Embrace* (Abingdon, 1996)。

5 Victor Hugo, *Les Miserables*, Book One, Chapter 13, "Little Gervais".

第 12 章　真正的十字架故事

1 C. S. Lewis, *Letters to Malcolm*: *Chiefly on Prayer* (Harcourt Brace, and World, 1964), p. 106.

2 有关朋霍费尔所提出之赦免例子的完整讨论，见 L. Gregory Jones, *Embodying Forgiveness*: *A Theological Analysis* (Eerdmans, 1995), Chapter 1, "The Cost of Forgiveness: Dietrich Bonhoeffer and the Reclamation of a Christian Vision and Practice"。

3 Dietrich Bonhoeffer, *The Cost of Discipleship* (Macmillan, 1967), p. 100.

4 Eberhard Bethge, Dietrich Bonhoeffer, eds. , *Letters and Papers from Prison*, abridged. (London: SCM Press, 1953), p. 144.

5 这个对十字架的指控——"神圣地虐待孩子"——似乎是假设天父是真神上帝，而耶稣只是另一种被杀的神圣个体。这种看法显示出对基督教三位一体的教义缺乏理解。基督徒相信，尽管父神和子神有各自的位格，但却有相同的实存及本质，因此当耶稣在承担赦免的代价时，上帝实际也在承担它。更多关于三位一体的讨论，可见本书第 13 章。

6 有关这一点，以下是颇合适的说明。想像你正和一个朋友沿着河边走，突然你的朋友对你说："我想让你看看我多爱你"，接着就投入河中并且淹死了。你的反应会是说"看啊！他是多么爱我"吗？当然不会。你会怀疑你朋友的精神状态。但假如你正和一个朋友沿着河边走，突然你不小心掉入河中，而且你不会游泳。如果他马上跳入水中并把你推上安全之处，但自己却被急流卷走淹死了，那么你的反应就真的会是说："看啊！他是多么爱我！"如果耶稣的例子仅仅是一个例子的话，他绝不是一个好榜样。假如我们不是身处危险需要拯救——假如没有他死的代赎我们也不会失落的话——那么他牺牲之爱的模式就不会引起任何感动，也不能改变生命，而是疯狂之举。除非耶稣是代替我们死，他的死就不会是一个牺牲之爱的感人例证。

7 引自 David Van Biema "Why Did Jesus Have to Die?" *Time* (April 12，2004），p. 59。

8 John Stott，*The Cross of Christ*（Inter-Varsity Press，1986），p. 160.

9 JoAnne Terrell 的故事被记载在 Van Biema，"Why Did Jesus Have to Die?" p. 61，而斯托得的话也出现在同一页。

10 N. T. Wright，*Simply Christian*（Harper，2006），p. 110.

11 《马太福音》27：45-46。

12 托尔金说："福音包含了……一个更大的故事，它包括了所有
（别的）故事的本质。但是这个故事曾经进入历史以及主要
的世界……（这个）'他'的故事是至高无上的，并且是真
实的。"见 J. R. R. Tolkien，"On Fairy Stories," in *The
Tolkien Reader*（Del Rey，1986）。

第 13 章　复活的真实性

1 Bauckham，*Eyewitnesses*，p. 273.

2 N. T. Wright，*The Resurrection of the Son of God*（Fortress，2003），p. 608.

3 同上，pp. 686，688。

4 一般人常常会认为，这种"神明死了又复活了"的观念，在
整个古代近东地区的宗教中是很普遍的。是的，那些神话是
存在的，但就算你假设那些跟随耶稣的犹太人知道外邦的传
奇人物（当然我们完全不能确定这一点），在外邦宗教中也
没有人相信复活会发生在个别的人身上。见 N. T. Wright，
Simply Christian，p. 113，以及他在 *The Resurrection of the
Son of God* 一书中有关"神明死了又复活了"之神话故事的
广泛研究。

5 Wright，*The Resurrection of the Son of God*（Fortress，2003），pp. 200-206.

6 Wright，*Who Was Jesus?*（Eerdmans，1993），p. 63.

7 Wright，pp. 578-583.

8 同上，p. 552。

9 同上，p. 707 和 n. 63。

10 N. T. Wright, *For All God's Worth: True Worship and the Calling of the Church* (Eerdmans, 1997), pp. 65 – 66.

第14章 上帝之舞

1 四世纪法国普瓦蒂埃的主教（Hilary of Poitiers）曾说，三位一体中的每一位格都"互相包含着其他两位，因此每一位格都永远地包含着另两位，而同时也永远地被另两位所包含"。见 Hilary of Poitiers, *Concerning the Trinity* （3：1）。又见 Robert Letham on Tom Torrance: *The Holy Trinity: In Scripture, History, Theology, and Worship* (Presbyterian and Reformed, 2004), pp. 265, 373。 "翩然共舞" (perichoresis) 包括了相互运动以及相互内住。圣洁的三位一体上帝永远在他自己里面有这样爱的永恒运动或永恒交通。

2 Cornelius Plantinga, *Engaging God's World: A Christian Vision of Faith, Learning, and Living* (Eerdmans, 2002).

3 C. S. Lewis, "The Good Infection," in *Mere Christianity*.

4 许多世纪以来，思想家们已经探寻出许多非常深刻的三位一体之思想的含义。这个古老的问题——是"一位"还是"多位"——从柏拉图、亚里士多德一直到现代及后现代，已经使哲学家们苦恼了几个世纪。对每一个文化来说，是合一性比独特性重要，还是相反？是个体性比整体性重要，还是相反？是普遍原则比特性与情境重要，还是相反？每一个文化都必须在绝对主义和相对主义之间、个人主义和集体主义之间，作出他们的选择。但是如果上帝是三位一体的，他既有合一性，又有多样性，三位一体的哲学思想就不会落在绝对主义和相对主义两极之间，它的社会思想也不会落在个人主义和集体主义两极之间。个人、家庭或宗族都不应该是终极的社会单位；律法主义或相对主义也不应该成为伦理学的特色。有关三位一体思想所带出的盼望，见 Colin Gunton 作品中一些极有启发性的反思，特别是 *The One，the Three，and the Many*（*Bampton Lectures*）(Cambridge University Press，1993)；*The Triune Creator：A Historical and Systematic Study*（Eerdmans，1998)；和 *The Promise of Trinitarian Theology*（T. & T. Clark，2004)。

5 想一想 1994 年新加坡总理李光耀对美国青年 Michael Fay 被判鞭笞之争议的声明。他对西方记者说："在我们亚洲，人只是蝼蚁，但对你们来说，他是上帝的孩子。这个概念让人很惊奇。"引自 Daniel C. Dennett，*Darwin's Dangerous Idea：Evolution and the Meaning of Life*（1995)，p. 474。

6 G. K. Chesterton，*Orthodoxy*（Dodd，Mead，1959)，p. 245. 引自 Rienstra，*So Much More*，p. 37。

7 "因此，我们看到了一幅上帝的图画，他的爱——即使是在他创造任何东西以前——就是他人导向的……在上帝最深的本性中，就总是他人导向的……我们因为上帝三个位格之间的爱的美德而成为他的朋友，他的爱在时候满足时就使救赎的计划——在永远的过去就已酝酿在上帝意念中的计划——爆发性地进入我们时空中的那个恰好的历史时刻。"见 D. A. Carson, *The Difficult Doctrine of the Love of God* (IVP/UK, 2000), pp. 44 – 45。

8 George Marsden, *Jonathan Edwards: A Life* (Yale University Press, 2003), pp. 462 – 463.

9 Rienstra, *So Much More*, p. 38.

10 C. S. Lewis, *The Problem of Pain* (Macmillan, 1961), p. 140.

11 Vinoth Ramachandra, *The Scandal of Jesus* (IVP, 2001).

12 C. S. Lewis, *The Last Battle* (Collier, 1970), pp. 171, 184.

结语: 现在我们当怎样行?

1 "Letter to Mr. —," *Flannery O'Connor: Collected Works* (Library of America, 1988), p. 1148.

2 "The Fiction Writer and His Country," *Flannery O'Connor: Collected Works* (Library of America, 1988), pp. 804 – 805.

3 引自 Dick Lucas 一篇有关《马太福音》11 章的讲道。

4 引自 "Revelation," in *Three by Flannery O'Connor* (Penguin, 1983)。

5 Joseph Epstein, "The Green Eyed Monster: Envy Is Nothing to Be Jealous Of," *Washington Monthly* (July/August 2003).

图书在版编目（CIP）数据

为何是他/（美）提摩太·凯勒（Timothy Keller）著；吕允智
译. —上海：上海三联书店，2023.5 重印
ISBN 978 - 7 - 5426 - 5719 - 0

Ⅰ. ①为…　Ⅱ. ①提…②吕…　Ⅲ. ①人生哲学－研究
Ⅳ. ① B821

中国版本图书馆 CIP 数据核字（2016）第 253252 号

为何是他
——怀疑主义时代的信仰

著　　者 / 提摩太·凯勒
译　　者 / 吕允智
策　　划 / 陶　土
合作出版 / 橡树文字工作室
特约编辑 / 橡树文字工作室
责任编辑 / 邱　红
装帧设计 / 周周设计局
监　　制 / 姚　军
责任校对 / 张大伟

出版发行 / 上海三联书店
　　　　　（200030）中国上海市漕溪北路 331 号 A 座 6 楼
邮　　箱 / sdxsanlian@sina.com
邮购电话 / 021 - 22895540
印　　刷 / 上海展强印刷有限公司

版　　次 / 2017 年 5 月第 1 版
印　　次 / 2023 年 5 月第 10 次印刷
开　　本 / 890mm×1240mm　1/32
字　　数 / 280 千字
印　　张 / 12.375
书　　号 / ISBN 978 - 7 - 5426 - 5719 - 0/B·496
定　　价 / 48.00 元

敬启读者，如发现本书有印装质量问题，请与印刷厂联系 021 - 66366565